특권 중산층

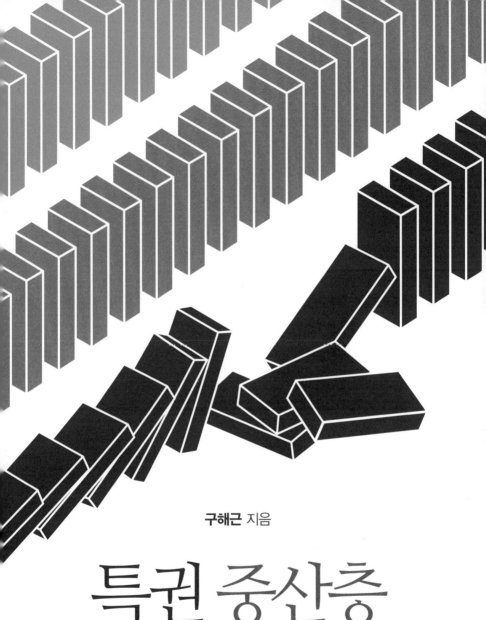

구해근 지음

특권 중산층

한국 중간계층의 분열과 불안

창비
Changbi Publishers

책머리에

이 책은 2022년 7월 미국에서 발간된 『특권과 불안: 글로벌 시대 한국의 중산층』*Privilege and Anxiety: The Korean Middle Class in the Global Era* (New York: Cornell University Press)을 기초로 수정, 보완한 결과물이다. 애초에는 영어 원본을 번역해서 약간만 손보면 되리라 싶었는데, 한국 독자를 대상으로 작업하는 과정에서 처음 생각했던 것보다 훨씬 많은 수정을 하게 되었다. 거의 다시 쓰다시피 했다고 할 수 있다. 그 이유는 영어권 독자와 한국 독자들의 관심사가 다르다고 판단한 때문이기도 하거니와, 최근에 한국 현실을 좀더 가까이서 관찰할 기회를 가지면서 나의 분석과 주장이 조금 더 명확해져야겠다고 느꼈기 때문이다.

차례

중산층은 사라지는가

현재 한국에서 가장 심각한 사회적 문제는 날로 심화하는 경제적·사회적 불평등과 이와 병행해서 진행되는 중산층의 축소와 불안정이라고 할 것이다. 경제적 양극화가 진행되면서 한국 사회는 소수의 부유층과 다수의 저소득층으로 나누어지고 그 사이를 메우고 있던 중간층은 차츰 그 규모가 줄어들며 불안한 경제 상황에 놓이게 되었다. 과거에 이 사회의 주축을 이루며 활기차고 희망적이던 중산층은 차츰 쪼그라들고 경제적으로나 사회적으로 무기력하고 좌절한 집단으로 변모하고 있는 것이다.

이런 변화는 비록 한국에서만 일어나는 일은 아니다. 21세기 거의 모든 선진 자본주의 국가에서 비슷하게 일어나는 현상이기도 하다. 따라서 경제적 양극화와 중산층의 위기는 미국을 비롯한 많은 선진국에서 주요한 화두가 되고 있다. 최근에 출판된 중간계층에 관한 문헌들에서 공통적으로 나타나는 표현들은 '쪼그라든 중간계층'squeezed middle class, '불안한 중간계층'anxious middle class, 또는 중간계층의 '위기' '몰락' '소멸' 같은 말들이다. 가장 대표적인 저서로 2019년에 OECD 연구팀이 발간한『위기에 놓인: 쪼그라든 중간계층』*Under Pressure: The Squeezed Middle Class*이라는 보고서가 있는데 여기에서는 OECD 국가들의 중간계층을 다음과 같이 진단하였다.

중간계층은 한때 하나의 열망이었다. 여러 세대에 걸쳐서 중간계층은 미래가 보장된 안정적인 직장을 통해 안락한 집에서 살면서 보람 있는 라이프스타일을 누릴 수 있는 여건을 확보한 것을 의미하였다. 또한 중간계층은 가족들이 자녀들에게 더 나은 미래를 기대할 수 있는 기반이기도 했다. 그렇지만 이제 우리가 성취한 민주주의와 경제성장의 반석이 예전처럼 안정적이지 않다는 신호들이 감지되고 있다.

많은 OECD 국가들에서 중간층의 소득은 상대적으로나 절대적으로나 거의 증가하지 않았다. 중간계층의 라이프스타일에 필수적인 요소들, 특히 주거와 고등교육의 비용은 소득보다 빠른 속도로 증가해왔다. 노동시장이 빠르게 변화하면서 일자리의 불안정성 역시 증대되어왔다. 오늘날 중간계층은 점점 더 험난한 파도 앞에 놓인 한척의 배처럼 보인다.[1]

이러한 중간계층의 모습은 한국에서도 거의 동일하게 나타나는 현상이다. 오히려 한국에서는 중간계층의 불안한 상황이 다른 선진국보다 더 단시간 내에 더 빠른 속도로 진행되어왔다. 한국의 중간계층은 20세기 중반 이후에나 본격적으로 형성되기 시작했고 1960년대부터 1990년대 중반까지 고도의 경제성장이 이루어지는 기간 동안에 급속도로 성장하였다. 1960년대 초만 하더라도 국민의 대부분이 농촌에서 농사를 짓고 있었지만 1980년 중반에 오면 거의 대부분이 도시로 이주해서 공업이나 서비스산업 분야에서 일하며 그중 많은 사람들이 화이트칼라 직업이나 자영업 등에 종사하게 되었다. 따라서 농민·노동계층 출신의 많은 사람들이 중간계층의 지위로 올라갈 수 있었으며 자녀들에게 고등교육을 시키고 더 나은 미래를 기대할 수 있게 되었다. 서울올림픽이 열리던 1988년쯤에 와서는 인구의 70%에 달하는 사람들이 스스로 중산층에 속한다고 믿을 정도로 중산층의 규모는 늘어났다.

그렇지만 이렇게 괄목할 만하던 발전 추세는 1997년 아시아 금융위기가 발발하면서 갑작스럽게 역전되기 시작했다. 한국 경제는 IMF의 엄격한 관리체제에 들어갔고 대규모의 기업 파산이나 도산 그리고 대량 해고가 잇따랐다. 실업자가 급격히 늘어나고 많은 관리직 노동자들이 조기퇴직을 강요당했다. 경제는 마이너스성장을 기록하고 갑자기 일자리를 잃은 사람들은 다시 직장으로 돌아갈 기회들을 잃었다. 이런 경제적 충격은 생산직 노동자와 사무직·관리직 노동자 모두에게 큰 희생을 치르도록 했지만, 사무직 노동자들이 이렇게 대규모로 타격을 받게 된 것은 한국의 경제발전이 시작된 후 처음 있는 일이었다. 이들 중 많은 사람들이 자영업으로 들어섰지만 일천한 경험과 부족한 자본, 그리고 자영업자들 간의 격화되는 경쟁으로 대부분의 사람들이 귀중한 퇴직금까지 날리는 상황이 되었다. 이런 경제 환경의 변화는 자연히 중산층의 위기를 동반하게 된 것이다.

다행히 한국 경제는 상당히 빠른 속도로 회복하였고 3년 만에 IMF 체제에서 벗어나게 되었다. 그러나 노동인구의 비애가 멈춘 것은 아니다. 외환위기가 지난 후에 노동시장의 신자유주의적 개혁이 더욱 폭넓게 진행되었기 때문이다. 대다수의 기업들은 회사의 인력을 줄이거나 남아 있는 정규직 일자리들을 비정규직 고용으로 전환하는 이른바 노동시장 유연화 정책을 시행하였다. 그에 따라 대다수 사무직 노동자들에게 평생고용이란 과거의 일이 되어버렸고 퇴직연령은 낮아졌으며 해고의 가능성은 항시적인 위협으로 남게 되었다. 이런 변화 속에서 중산층의 경제적 기반은 심각하게 훼손될 수밖에 없었다. 많은 사람들이 스스로 중산층에서 탈락했다고 믿게 되었고 각 일간 신문들은 부지런히 설문조사를 시행해서 이 사실을 확인하고 문제화하는 역할을 계속하였다. 한 주요 일간지에 최근에 게재된 중산층 관련 기사는 다음과 같이 기술하고 있다.

한국사회에서는 중산층이 사라지고 있다. 엄밀히 말하면 스스로 중산층이라고 생각하는 사람들, 이른바 '체감 중산층'이 급감하고 있다. 1989년 갤럽 조사에서는 국민의 75%가 "나는 중산층이오"라고 했다. 서울올림픽으로 대표되는 고도성장과 생활수준 향상이 계층상승에 대한 낙관을 불렀다. 그리고 30년. 그들 상당수는 더이상 중산층이 아니었다.[2]

그러면 중산층은 정말 사라지는가? 이에 대한 답은 그리 간단하지 않다. 왜냐하면 이에 대한 답은 우리가 중산층을 무엇이라고 정의하느냐에 따라 달라질 수 있을 것이기 때문이다. 중산층 또는 중간계층은 극히 애매하고 복합적인 개념이다. 따라서 사회학자들 간에도 공통된 정의가 존재하지 않는다. 폭넓게 얘기해서 중간계층 또는 중산층은 자본주의 사회의 기본 계급인 자본가와 노동자 계급 중간지역에 위치하며, 어느정도 경제적 여유를 즐기고, 자녀들에게 고등교육을 시킬 수 있으며 또 사회적으로나 문화적으로도 남들 하는 만큼 따라서 할 수 있는 여유가 있는 사람들로 구성된 집합체로 이해된다. 그러나 중산층 규모를 파악하기 위해서는 좀더 구체적인 방법이 필요한데, 흔히 사용되는 방법은 두가지이다. 한가지 방법은 각 개인이나 가족이 그 사회의 소득분배 과정 속에서 어디에 자리하는가에 따라 중간층 위치를 파악하는 것이다. 가장 많이 사용하는 방법은 OECD가 제안한 것으로 중산층을 중위소득의 50%에서 150%에 속하는 사람들로 규정하는 것이다. 중위소득이란 모든 가구를 소득 순서대로 줄 세웠을 때 정확히 가운데 위치한 가구의 소득을 말한다. 이것이 우리 정부가 채택하는 방법이다. 이 기준에 의하면 한국의 중산층은 1980년대에 75% 정도였으나 2010년대에는 60%대 중반으로 떨어졌다. OECD 평균 숫자보다 더 급격히 떨어진 것은 사실이지만 중산층이 사라진다고 진단하기에는 맞지 않은 것 같다. 그리고 최근 몇년간은 경제적 침체 속에서도 크게 변화가 있는 것은 아니다.

또 하나의 방법은 개인들이 느끼는 주관적 의식을 가지고 측정하는 것이다. 이 방법은 한국의 많은 여론조사기관에서 사용하는 것으로 주로 설문조사를 통해 응답자에게 "당신은 중산층에 속한다고 생각하십니까?"라고 직접 물어서 중산층 소속 여부를 측정하는 방법이다. 이것을 체감 중산층이라고도 부른다. 흥미로운 사실은 이 방법에 따라 체감 중산층의 규모를 조사해보면 무척 커다란 변화를 읽을 수 있다는 것이다. 앞의 기사가 언급한 대로 한국인들이 느끼는 체감 중산층의 비율은 1980년대 말 75%에서 2010년대 말에는 40%대로 떨어진다. 더군다나 권위있는 한국사회학회에서 2013년 조사한 바에 의하면 체감 중산층은 20%대로 나타나기도 한다.

객관적 기준과 주관적 기준에 의한 중산층의 크기가 이렇게 다른 것은 흥미로운 사실이다. 한 연구기관의 2013년 조사에 의하면 OECD 기준(그러니까 한국정부 기준)으로 중산층에 분류되는 응답자들 중에 45%만이 스스로 중산층이라고 생각하며 55%는 자신이 저소득층에 속한다고 답했다. 이것은 1980년대와 정반대되는 현상이다. 그때는 많은 사람들이 객관적 기준으로는 중산층이 못 되는데도 스스로 중산층이라고 설문조사에 답을 했기 때문이다.

그러면 왜 이런 현상이 나타난 것일까? 이에 관해서는 다음 장에서 자세히 설명하겠지만 지난 20여년간 진행된 한국의 불평등 구조와 밀접한 관계가 있다. 좀더 구체적으로 얘기하면, 1990년 대 말 금융위기 이후 가파르게 증가한 불평등이 중산층 내에서도 커다란 격차를 만들어내면서 그 과정에서 등장한 부유층이 새로운 형태의 소비와 생활양식lifestyle을 추구하게 되었고 이들이 향유하는 생활양식이 마치 중산층의 이상적인 수준인 것처럼 받아들여졌기 때문이다. 따라서 오늘날 많은 사람들이 생각하는 중산층의 기준이 지나치게 높아졌다. 최근의 여론조사에 의하면 중위권 소득자들이 생각하는 이상적인 중산층 기준은 월 소득 500만~600만원이었다. 2010년 말 한국의 중위소득이 월 250만원이 채 안 되었던 것을 감안하면 이들이 생각하는 중산층 기준은 거의 비현실적으로 높다고 할 수 있다.

이렇게 중간층 소득수준에 있는 많은 사람들이 비현실적으로 높은 중산층 기준을 상정하고 자신들이 그에 속하지 못하는 사람들이라고 생각하는 데는 분명 이유가 있을 것이다. 그 주요 이유는 심화되어가는 경제 불평등과 그것이 중산층 내에서 만들어내는 계층분열과 신분 경쟁, 그리고 계급 구별짓기class distinction에 있다고 생각된다. 이러한 현상을 만들어낸 구조적 원인은 근본적으로 지난 20여년간 진행된 경제적 불평등의 가파른 증가이다. 소득분배 자료에 의하면, 1980년대부터 1990년대 중반까지 한국의 고도 경제성장기 동안에는 놀랍게도 소득 불평등이 점차 감소하였다. 소득 불평등을 측정하는 주요 계수인 지니Gini계수가 1980년에는 0.37이었다가 1995년에는 0.28로 떨어졌다. 이것은 다른 많은 나라의 경험과 무척 다른 현상이다. 일반적으로 경제가 급속히 발전하는 기간에는 경제 불평등이 증가하는 것이 역사적 사례이기 때문이다. 하지만 IMF 구제금융 위기를 계기로 지니계수가 가파르게 증가해서 2013년에는 0.33에 다다른다. 특히 주목할 만한 변화는 과거에는 경제성장의 과실이 각 계층에 비교적 골고루 분배된 데 반해, 1990년대 이후로는 소득 상위층에 집중적으로 분배되는 현상이 나타났다는 점이다. 그래서 1999년에 상위 1%가 국가 총소득의 8.5%를 가져갔는데 2016년에 그 비율이 14.4%로 늘어났다. 그리고 상위 10%의 소득 점유율은 1999년의 32.8%에서 2016년에는 49.2%로 늘어났다. 즉, 2010년대 말에 이르면 상위 10%가 전체 소득의 절반을 가져갔다는 얘기다.

그러면 상위 10%에 속하는 사람들은 누구인가? 주로 고위 전문직, 대기업 관리직, 금융업자, 특수 기술자, 고위 공무원 등이 여기에 속한다. 또한 직업과 관계없이 많은 부동산을 소유한 사람들이 포함된다. 이들은 현재 한국의 부유층을 형성하는 사람들이다. 물론 과거에도 부자는 있었다. 그러나 그때는 평범한 사람도 부자가 될 수 있는 기회가 많았고, 또 부자가 갑자기 경제적으로 추락하는 일도 적지 않았다. 즉, 사회적 이동이 원활하게 이루어지고 있었던 것이다. 그리고 부유층과 저소득층이 지금같이 지역적으로, 사회적으로, 또는 문화적으로 뚜렷한 차이를 보이지 않았다. 그러나 IMF 위기 이후 차츰 신자유주의적 세계화

globalization가 진전됨에 따라 경제적 양극화는 심화되고 중산층의 상층부를 차지한 사람들의 구성도 달라지게 되었다. 과거에 많이 사용되던 소위 졸부라는 딱지를 떼버리고 명실공히 최고의 교육수준과 국제적 감각을 갖추고서 엘리트 전문직이나 경영직에 종사하는 고액 소득자가 주류를 이루는 새로운 계층집단이 등장하기에 이르렀다.

이러한 사실이 말해주는 것은 한국 경제가 최근에 신자유주의와 세계화된 체제로 변화하는 과정에서 중간계층 내에도 일종의 양극화 현상이 나타났다는 점이다. 양극화라고 하면 흔히 중산층 밖에서 일어나는 일로 간주하는 경향이 있다. 즉, 상위 1% 또는 0.1%에 국가의 소득과 부가 몰리고 이들과 나머지 인구 사이에 엄청난 괴리가 생기는 것을 지칭한다. 그 속에서 중산층은 숫자도 줄어들고 경제적으로 피폐해지는 것으로 이해된다. 여러 경제학 논문들은 경제적 양극화가 일어나면서 가장 희생을 당하는 집단은 중산층이라고 주장한다. 실제로 소득분배를 상, 중, 하세 소득집단으로 나누어 분석해보면 최근에 나타나는 현상은 중간소득층에 분배되는 전체 소득의 비율이 가장 낮아진다는 점이다. 이것은 한국만이 아니라 서구 선진국들도 비슷하다. 이런 자료는 물론 중산층이 몰락하거나 해체되고 있다는 사실을 뒷받침하는 증거가 될 수 있다. 그러나 이런 주장들이 간과하는 사실은 중산층이 결코 동질적인 단일 범주가 아니라 다양한 집단으로 구성된 이질적인 사회계층이라는 점이다. 그리고 주요 경제적 변동기에는 각 집단의 경제적 운명도 크게 엇갈릴 수 있다는 점

이다. 요컨대 최근의 신자유주의적 경제전환 속에서 모든 중산
층 노동자들이 똑같이 피해자가 된 것은 아니다. 오히려 특별한
인적·경제적 자산을 가진 소수의 사람들은 이 경제전환 속에서
크게 혜택을 받은 집단이 되었다. 이렇게 해서 경제적 양극화는
중산층 밖에서만 일어나는 것이 아니라 중산층 내에서도 소수의
승자와 다수의 패자를 가르는 형태로 나타난 것이다.

그러므로 현재의 신자유주의 세계화 시대에 한국의 중간계층
이 어떻게 변하고 있는가를 정확히 이해하기 위해서는 이 계층
집단의 규모가 얼마만큼 어떻게 변화하고 있는지에 대해서만 관
심을 가지고 볼 것이 아니라 이 계층의 내부 구성과 성격, 그리
고 각 집단 간의 계급적 관계가 어떻게 변하고 있는가에 관심을
기울일 필요가 있다. 즉, 이 계층의 양적 변화만이 아니라 질적인
변화에 시선을 집중시키는 것이 중요하다. 한국의 중산층은 양
적으로 그 규모가 줄어들었을 뿐만 아니라 그 내용 면에서 중요
한 변화를 경험하였다. 만약 중산층이 사라진다면 양적인 면보
다도 질적인 면에서의 변화가 더 중요하다고 생각된다.

1980년대의 중산층과 현재 21세기 초의 한국 중산층을 비교
해보면 과거의 중산층은 비교적 동질적이고 유동적이며 상향이
동적인 계급집단이었으나, 현재의 중산층은 내부 분화되고 상향
이동이 막혀 있으며 극히 불안한 계층으로 변모하였다. 1980년
대의 중산층은 대부분 경제적으로 고만고만한 위치에 있고 크
게 남부럽지 않게 살거나 곧 그러리라 믿으며, 또 자기 자식들에
게는 더 밝은 미래가 기다리고 있다고 믿는 사람들이었다. 그러

나 현재의 중산층은 과거의 동질적이고 유동적인 성격을 상실한 채 내부적으로 양분화되고 사회이동이 차츰 막혀가는 계층집단으로 변하고 있다. 경제적으로 불안하고 사회적으로 하향이동의 위협을 항시적으로 느끼고 있는 대부분의 일반 중산층과 그와 반대로 경제적으로 잘나가고 있으며 사회적으로나 문화적으로도 특권적 기회를 많이 누리는 소수 부유층으로 분화되어 있다. 그러므로 21세기 한국의 중간계층은 사회의 균형을 잡아주고 경제성장과 민주주의의 발전을 안정적으로 추동하는 세력이 더이상 못 되는 것이다. 오히려 중간계층은 경제적인 쪼들림과 중산층에서 밀려날 것 같은 불안감, 그리고 잘나가는 사람과의 비교에서 오는 심한 좌절감이 가득한 계층이라고 할 수 있다. 그리고 내부적으로는 경제적·사회적 격차가 벌어지므로 과연 누가 진정한 중산층이냐는 질문이 나오게 된다. 대부분의 중간소득자들의 눈에는 현재 한국사회의 진짜 중산층은 소수의 잘나가는 사람들, 즉 물질적·사회적으로 많은 특권적 기회를 향유하는 소수 부유층으로 비친다.

이 책의 주된 관심은 이렇게 중산층이 내부로 균열되면서 발생하는 사회적·문화적 변화를 추적해보려는 데 있다. 이것은 어떤 면에서 현재 자본주의 사회에서 심각한 문제로 떠오른 경제적 양극화가 중간계층이 놓여 있는 사회의 중간지대에서 어떻게 나타나는가를 분석하려는 것이다. 경제적 양극화에 관해서는 많은 글과 학자들의 연구가 이미 존재한다. 그러나 대부분의 연구는 경제학자들에 의해서 이루어졌고 그들의 관심은 양극화로 나타나는 경제적 불평등이 얼마만큼 어떻게 증가했는지를 기술하고 이 현상의 인과적 요인을 분석하는 데 주로 머물러 있다. 그와 달리 이 책에서 나의 관심은 경제적 불평등 자체보다는 이 경제적 불평등이 사회적·문화적인 영역으로 전이되며 어떠한 새로운 형태의 불평등과 계급 경쟁으로 나타나는가를 분석하는 데 있다.

중산층 내에서 벌어지는 새로운 변화는 주로 새로 등장한 상류 중산층이 주도한다. 이들은 경제발전이 지체되고 노동시장의 불안이 확대되는 가운데 대다수의 중산층 노동자들이 경제적 불안정을 겪고 있는 시기에 등장한 집단이다. 빠른 속도로 세계화하는 한국 경제는 온갖 고급 소비재와 서비스 상품을 제공하며 부유한 사람들의 삶의 질을 높여주고 있다. 또한 날로 격화되는 교육 경쟁은 점점 더 사교육에 의존해야 하는 구조로 변하며 경제력이 있는 가정의 자녀들에게 유리한 기회를 제공하고 있는 것이다. 이러한 변화는 21세기에 한국 경제가 신자유주의와 세계화를 적극 추진하면서 강화된 현상이다. 그러므로 소비시장뿐만 아니라 노동시장, 교육시장 등 모든 분야가 세계화의 영향을 받게 되고 그 속에서 성공한 사람과 낙오한 사람들 간의 경제적·사회적 격차가 커지게 된다.

이런 구조 속에서 등장한 신흥 부유층은 차츰 자신들이 일반 중산층과는 경제적·사회적으로 많이 다르다는 것을 느끼면서 그들과 계급적으로 차별화하고 싶어진다. 이것은 부르디외Pierre Bourdieu가 말하는 '계급 구별짓기'라고 볼 수 있다. 그가 말하는 대로 현대 자본주의 사회에서는 예전식의 자본과 노동 간의 첨예한 계급갈등이나 계급투쟁은 사라지고, 그 대신 좀더 복합적인 성격을 가진 계급집단 간의 미묘한 계급 구별짓기 현상이 증가한다. 부르디외에 의하면 계급은 단지 경제적 자본에 의해서 결정되는 것이 아니라 문화적·사회적 자본의 총체에 의해서 결정된다. 그리고 지배계급은 단지 경제적 자산으로만이 아니라 문화적 자본과 상징적인 권력으로 피지배계급을 지배하고 자기 가족들의 계급승계를 도모한다. 계급 구별짓기는 이런 목적을 위한 주요 수단이다. 그런데 계급 구별짓기는 지배계급과 피지배계급 관계에서보다는 중간계급과 노동자계급 사이에 더 유의미하게 나타났고, 부르디외의 연구도 주로 이 계급 경계선에 집중되어 있었다. 그러나 후기 산업화 시대에 접어든 사회에서는 중요한 계급 경계선이 중간계급과 노동자계급 사이가 아니라 상류 중산층과 일반 중산층 사이에 형성되는 것을 목격하게 된다. 이것은 다음 장에서 자세히 기술하겠지만 한국만이 아니라 다른 선진 자본주의 국가들에서도 비슷하게 나타나는 현상이다.

한국에서 부유 중산층과 일반 중산층 사이의 계급 구별짓기는 여러 형태로 나타난다. 이 책에서는 이 현상을 주로 세 분야에 초점을 맞추어 분석하려 한다. 즉, 소비를 통한 신분 경쟁, 주거지의 계층적 분리, 그리고 심화되는 교육 경쟁이다.

자본주의 사회에서 계급 구별짓기에 가장 중요한 역할을 하는 영역은 소비 행위이다. 소비수준은 예전부터 중산층과 서민층을 가르는 기준을 제공하였다. 중산층이 자리잡기 시작한 1970년대만 하더라도 그들을 대표하는 물품은 현대사회에서 기본적인 가전제품들, 즉 전화기, 텔레비전, 냉장고, 세탁기 등이었다. 1980년대에 들어오면서 가장 중요한 중산층의 상징은 자가용과 현대식 아파트에 입주해 사는 것이었고, 1990년대에는 수입시장의 개방과 더불어 밀려드는 각종 명품 브랜드 물품들이 중산층 내 신분 과시 수단으로 많이 사용되었다. 그러나 2000년대에 들어오면 중산층 내의 신분 경쟁은 더욱 다양해지고 고급화된다. 부유층은 일반 중산층과의 차별을 위해 거주지를 분리하고, 좀더 넓고 고급스러운 아파트에 살며, 자동차도 고급 외제 차를 선호하고, 쇼핑도 고급 백화점이나 특수 상점에서 주로 하며, 음식도 가능한 한 무공해 음식을 직접 주문해서 먹는 방식을 취한다. 가족과 일주일에 한두번씩은 좋은 식당에 가서 외식을 하고, 해외여행도 1년에 한두번씩 하는 것이 거의 정상이 되었다. 건강과 몸매를 지키기 위해 헬스클럽에서 개인 트레이닝을 받기도 하고 이름난 피부관리 클리닉의 멤버십을 유지하기도 한다. 이렇게 한국의 소비 패턴이 고급화하면서 이런 서비스를 활용할 수 있는 부유층과 일반 중산층은 차츰 더 사회적 격차가 벌어지게 되었다. 그러면서 부유층의 소비 패턴은 일반 대중 소비자들의 모방소비를 자극해 그들로 하여금 분에 넘치는 소비를 하게 만들고 따라서 그들의 가계를 더욱 어렵게 만드는 역할을 하게 된 것이다.

소비와 관련해서 중요한 현상은 주거지의 계층적 분리이다. 한국에서 부유 중산층의 등장과 병행하여 나타난 가장 중요한 현상은 아마도 강남의 등장일 것이다. 어느 사회에서나 부자 동네와 가난한 지역이 나누어져 있기 마련이다. 그러나 한국의 강남처럼 부유 중산층이 대규모로 한 지역에 밀집해서 사는 모습은 세계에서 보기 드문 현상이다. 이런 부유층의 대규모 공간 집중은 한국의 계층질서에 많은 영향을 미쳤다. 강남이라는 신도시에 경제적으로 부유한 가정들이 몰려 살게 되면서 서로 경쟁하며 신분을 과시하는 가운데 그들 특유의 '강남 스타일' 계층문화를 발달시키게 되었다. 그리고 그들의 소비 형태와 생활 모습이 미디어의 집중적인 시선을 받으면서 다른 계층에 선망과 질시의 대상으로 떠오르게 되었다. 타 지역 일반 시민들로서는 강남 부유층이 보여주는 고급 소비수준, 생활양식, 자녀교육 방법 등이 진짜 중산층이면 즐길 수 있는 생활수준이고 그에 꽤 못 미치는 자신들은 더이상 중산층이 아니라고 생각하게 된 것이다. 앞에서 얘기한 대로 2000년대에 들어와 한국 국민의 체감 중산층 비율이 거의 20~40%까지 떨어진 이유는 바로 이와 관련될 것이다.

경제적으로 풍족하지 못한 많은 사람들이 자기보다 훨씬 부유한 계층 사람들과 자신을 비교하며 상대적 박탈감을 느끼는 이유 중 하나는 한국인 특유의 강한 평등의식에 있다. 거기다가 일반인들이 보기에 강남의 부자들은 어제까지는 자신들과 별로 다른 사람들이 아니었는데 운 좋게 또는 이재에 밝아서 일찍 강남에 들어갔고, 그 지역 부동산 가격의 지속적인 상승 덕분에 축재를 한 사람들이 대부분이기 때문이다. 최근까지 강남과 관련해서 미디어에 가장 자주 나타나는 언어는, '과소비' '부동산' '사교육' '특권' 등이다. 이런 이미지는 사실이든 아니든 강남에 둥지를 튼 한국의 신新상류층이 이데올로기적으로나 문화적으로 진정한 상류층이 되기 위해서는 아직 많은 시간과 집단적인 노력이 필요하다는 것을 의미한다. 그러나 중요한 사실은 강남은 많은 사람들이 보기에 잘나가는 사람들, 즉 세속적으로 성공한 사람들이 사는 곳이다. 따라서 강남의 부자들은 많은 사람들에게 자신이 중산층 자격이 있는지 없는지를 가늠하는 중요한 준거집단이 되었다.

소비와 주거지역에서 나타나는 계급 구별짓기는 물론 중요하지만, 한국에서 계급 경쟁이 가장 치열하게 나타나는 영역은 아무래도 교육일 것이다. 한국인의 높은 교육열은 잘 알려진 사실이고 교육을 둘러싼 정치적 갈등이 끊이지 않는 것도 한국의 특징 중에 하나라고 할 수 있다. 최근에 대형 정치적 이슈가 되었던 조국 전 법무부 장관 자녀의 의학전문대학원 입학과 관련된 사건은 그중의 하나일 뿐이다. 좀더 넓게 보자면 지난 30여 년간 한국 교육시장에 나타난 가장 중요한 변화 중 하나는 공교육의 쇠퇴와 사교육시장의 팽창이고 또 하나는 교육시장의 세계화이다. 사교육시장의 기형적인 팽창은 박정희정권 때부터 시행된 고교평준화 정책과 밀접한 관계가 있다. 국가의 권력으로 학교 서열을 폐지하고 중·고등학교 교육을 정상화하려는 노력은 그 의도는 좋았으나 많은 부작용을 낳았다. 그중 가장 중요한 것이 사교육시장의 기형적 발달이었다. 경제적 여유가 있는 가정들은 소위 평준화된 공립학교 교육에 만족하지 못하고 사교육을 통해서 자식들에게 유리한 교육을 제공해주려고 노력하였다. 사교육시장은 그들의 욕구에 발 빠르게 대응했고 그 결과 사교육이 공교육을 압도하면서 명문 대학 입학 가능성을 결정하는 데 있어 부모의 경제력이 학생들의 개인적인 능력이나 노력보다도 더 중요한 요인으로 대두되었다. 또한 명성 있는 학원과 교육 카운슬링 서비스 업체가 강남의 중심지에 몰려 있게 된 것도 계층 간의 교육기회 차이를 확대시킨 중요한 요인이 되었다. 이런 기회의 차이가 부유 중산층과 일반 중산층 사이에 가장 두드러지게 나타나게 된 것이다.

1990년대 말 외환위기 이후 전개된 한국의 세계화는 경제구조뿐만 아니라 교육제도에도 막강한 영향력을 행사했다. 제일 먼저 나타난 현상이 영어교육의 중요성이 높아진 것이고 이것을 추구하는 중산층 부모들의 전략이었다. 유치원 영어교육, 원어민 가정교사 채용 등을 위시해서 영어교육을 위한 조기유학 붐이 생겨났고, 소위 기러기 가정이 급증하였다. 세계화 시대의 이러한 새로운 교육 전략은 경제적으로 부유한 층이 앞장서서 개척한 것들이다. 시간이 지나면서 기러기 가족 형태의 조기유학은 차츰 줄어들었지만 유창한 영어 능력과 국제적 교육 경험의 중요성은 날로 높아지고 그것을 추구하는 방법도 다양해졌다. 그러나 변하지 않은 것은 부모의 경제력이 자녀의 교육적 성과를 결정하는 힘이며, 오히려 국제화 교육이 진행되면서 그런 계급적 영향은 더욱 증대되었다는 사실이다. 국제 교육시장에 가장 민첩하게 대응하는 부모들은 경제적 여유만이 아니라 높은 교육수준과 국제적 경험을 갖춘 사람들이다. 그리고 일반 중산층이 이런 면에서 극히 불리한 입장에 놓이게 되는 것은 자명한 사실이다. 결과적으로 교육과정이 점점 더 사교육화되고 세계화되면서 상류 중산층과 일반 중산층의 계층적 괴리는 더욱 깊어질 수밖에 없다. 부유한 전문직·관리직 부모 밑에서 자란 자식들과 평범한 중·하층 가정에서 자란 자식들이 같은 직업전선에서 경쟁하는 것은 기울어진 운동장에서 경주하는 것과 크게 다를 수 없을 것이다.

이상 기술한 바와 같이 한국의 중산층 모두가 신자유주의적 세계화 과정에서 타격을 받고 쪼그라들어가는 것은 아니다. 물론 대다수가 경제적 불안과 계층적 위기감에 내몰린 것은 사실이지만, 세계화 경제에 잘 적응할 수 있는 기술과 교육 그리고 물질적 자산을 갖춘 사람들은 오히려 자신들의 소득과 자산이 크게 늘어나는 것을 경험하였다. 즉, 경제적 양극화가 중산층 내에서 발생하기 시작한 것이다. 그리고 이 양극화는 단지 경제적 격차가 아니라 사회적·공간적·문화적 차원의 격차와 배제 과정으로 발전하였다. 이 책의 주요 목적은 이 과정을 분석하는 데 있다.

이 사회적 과정을 분석하는 데는 앞에서 얘기한 대로 부르디외의 '계급 구별짓기' 개념이 도움이 된다. 또한 그가 제시한 대로 계급을 단순히 경제적 자본의 소유와 비소유 관계로 보지 않고 사회적·문화적 자본을 같이 포함해서 이해하는 것이 유익하다. 그러나 핵심은 계급이 단순히 다양한 종류의 자본을 소유하는 그 자체, 그리고 그 소유의 양에 의해서 결정되는 것이 아니라, 계급집단 간에 벌어지는 사회적·정치적 갈등관계에 의해서 궁극적으로 형성된다는 중요한 사실을 직시하는 일이다. 그의 계급 구별짓기 개념은 그래서 중요한 것이다.

그러나 부르디외의 계급 구별짓기 개념은 내가 생각하기에는 너무 문화적 측면을 강조하는 경향이 있다. 그의 계급이론에서 가장 주목을 받은 것은 아비투스habitus란 개념이다. 이 개념은 각 개인들이 성장과정에서 가정과 학교 등을 통해 습득한 사고방식, 태도, 언어 실력, 문화적 인지능력, 행동방식 등을 의미한다. 이렇게 각 개인의 몸 안에 스며든 문화적 습성은 그들의 계급적 배경에 의해서 다분히 결정된다. 그리고 일단 형성된 후에 이 아비투스는 각 개인들이 계급구조 속에서 어떻게 행동하고 어떤 성과를 얻는지를 결정하는 중요한 요소로 작용한다. 부르디외는 그의 유명한 저서 『구별짓기』La Distinction에서 중간계급과 노동자계급 사이에 나타나는 아비투스의 차이를 흥미있게 기술하며 어떻게 이 아비투스가 중간계급, 특히 상류 중간계급의 계급 재생산에 중요한 역할을 하는가를 설명하고 있다. 부르디외는 프랑스가 연구 대상이며 이 나라에서는 다른 나라들보다 아비투스 같은 계급문화 개념이 특히 유용하리라 믿는다.

그러나 한국은 이런 면에서 많이 다르다. 현대로 들어오면서 엄청난 사회적 변동을 겪고 또 단기간에 산업화 과정을 거쳐서 고도의 자본주의 사회로 진입한 한국에서는 프랑스같이 계급 간의 뚜렷한 문화적 차이를 발견하기 힘들다. 이 점은 다른 신흥 산업사회에서도 마찬가지라고 생각된다. 물론 한국에서도 중간계급과 노동자계급 간의 문화적 차이는 어느정도 존재한다고 볼수 있지만 그리 뚜렷하지 않고 또 확고한 것도 아니다. 또한 상류계급이라 할 수 있는 재벌집단도 아직은 문화적 헤게모니를 확보하지 못하였다. 이런 환경에서 계급 구별짓기는 문화적 측면보다는 더 실질적인 측면에서 나타나는 경향이 있다. 현재 한국사회에서 중산층과 노동자계층을 가르는 기준은 주로 경제적 조건이며 다른 사회적·문화적 요소는 별로 중요하지 않다. 그보다더 계급 경계가 중요해지는 부유 중산층과 일반 중산층 사이에는 소득 차이 이외에 소비수준, 거주지역, 여가생활 방식, 그리고 무엇보다도 자녀교육 방식에서 큰 차이가 나타난다. 그러나이런 차이는 진정한 계급문화의 차이라기보다는 경제력에 기반한 생활양식과 생활기회life chance의 차이라고 볼 수 있다. 이 생활양식과 생활기회는 막스 베버Max Weber가 신분집단status group과 경제적 계급class을 구분하기 위해서 도입한 개념으로, 한국의 계급관계를 이해하는 데도 유용하리라 생각된다. 문제는 이런 실질적인 면에서의 격차가 노동자계급과 중간계급 사이에만 존재하는 것이 아니라 중간계층 내의 상층과 그 아래층 사이에도 현격하게 나타난다는 사실이다. 급변하는 경제구조에 잘 적응해서성공한 사람들은 좀더 편안하고 우아한 생활을 누리고 싶어하고자녀들에게는 남보다 더 유리한 교육을 제공해줌으로써 그들이부모의 신분을 계승하도록 온갖 노력을 다 기울인다. 그들의 주된 관심은 자기들이 지금 향유하는 계급특권을 유지하고 강화하는 것이다. 반면 이들과 격차가 벌어지는 일반 중산층은 더이상 낙오하지 않기 위해서 그들대로 안간힘을 쓰며 부유층이 보여주는 소비와 교육방식을 따라가고 있다.

여기서 나타나는 현상은 부르디외식 계급 구별짓기 이상이라고 생각된다. 그보다는 계급 경쟁 또는 새로운 형태의 계급투쟁이 아닌가 싶다. 상대방을 억누르거나 타도하려는 투쟁이 아니라 점점 더 각박해지는 신자유주의적 경제구조 속에서 소수 집단은 더 많은 특권적 기회를 확보해서 자식들에게까지 물려주려고 노력하는 반면 다수 집단은 그런 기회에서 배제되어 불리하고 불공정한 상황에 놓이지 않으려고 애쓰는 행동들의 충돌로 보인다. 최근에 한국사회에서 공정이 극도로 민감한 이슈로 등장한 데는 이런 계급적 이유가 잠재해 있다고 믿는다. 어쩌면 현재 한국사회에서 체계적인 불평등을 경험하는 많은 사람들에게는 해결이 쉽지 않을 것 같은 구조적 불평등보다는 좀더 구체적이고 해결도 가능해 보이는 공정 문제가 더 현실적으로 가까이 다가오고 있을 가능성이 있다. 여하튼 한국의 중간계층에서 과연 무슨 변화가 일어나고 있는가를 정확히 이해하기 위해서는 단지 중산층의 집단적 추락이나 하향분해에만 시선을 두지 말고 상층지대에서 벌어지는 미묘하지만 심각한 계급 구별짓기와 새로운 형태의 계급투쟁을 주의 깊게 관찰할 필요가 있다고 믿는다. 이것이 이 책이 지향하는 분석의 목표이다.

1장

한국 중산층의
형성과 와해

2012년 대통령선거 당시 박근혜 후보는 선거운동을 하며 위기에 처한 중산층을 인구의 70%까지로 재건하겠다는 공약을 내놓았다. 이 수치는 물론 1980년대에 한국이 유지한 중산층 규모이고, 그의 부친인 박정희 대통령이 이루어놓은 눈부신 경제발전 덕에 가능했다고 대체적으로 믿어지는 것이다. 그렇지만 1997년 아시아 금융위기 이후로 한국의 중산층은 계속 감소해왔고 이는 마침내 중요한 정치적 이슈로 대두되기 시작했다. 그러자 각 정당과 정치인들이 모두 다 중산층의 복원을 주창했는데, 박근혜 후보 측에서 가장 명확하고 산뜻한 구호를 내놓은 것이다. 박근혜 후보 측이 내놓은 경제민주화 슬로건과 중산층의 인구 70% 재건 구호는 그의 당선에 많은 도움을 준 것으로 알려져 있다. 불행히도 박근혜정권은 물론 그 이후 문재인정권도 중산층의 위기를 막을 구체적 정책을 내놓지 못했다. 그러나 이 사건은 중산층 문제가, 특히 중산층이 감소하고 늘어나는 것이 온 국민에게 얼마나 큰 관심사인지를 말해주는 것이다.

| 중산층의 등장

한국에서 중산층의 등장은 20세기 후반에 이루어진 급속한 산업발전의 직접적인 결과였다. 1960년대 초반 수출지향적 산업화 프로젝트를 시작하기 전까지만 해도 한국은 인구의 대다수가 농촌에 거주하며 일하는 농경사회였다. 물론 그 이전 일본 식민지 시대에도 적지 않은 직업구조의 변동이 있었다. 식민지 산업화로 공업노동자가 늘어나고 일본제국주의 체제를 지탱하기 위한 하급 관료들과 은행원, 교사, 그리고 소수 지식인 계층이 등장했다. 이 집단을 한국 최초의 근대적 중간계층으로 간주할 수도 있을 것이다. 그러나 이 집단은 크기가 매우 작았고 식민통치와 밀접한 관계하에 존재했기 때문에 진정한 의미의 중간계급이라 부르기에는 적절하지 않다고 여겨진다. 그렇지만 1960년대에 시작된 산업화는 한국인들이 일하고 돈 벌고 삶을 영위해가는 방식을 근본적으로 바꾸어놓았다. 특히 직업구조에 큰 변화가 일어났다. 1950년대 후반에는 노동인구의 80%가 농민으로 이루어져 있었지만, 1980년대 초에 와서는 농업인구가 전체 노동인구의 3분의 1로 줄어들고 1990년대 후반에는 10%밖에 되지 않는 수준이 되었다. 이렇게 해서 불과 30여년의 기간 동안에 소작 영농의 나라가 도시 임금노동자들의 나라로 변모하였다. 장경섭이 적절히 묘사한 것처럼 한국이 경험한 산업화는 서구의 경험에 비추어보면 분명 '압축된 근대'compressed modernity라고 할 수 있다.[1]

실제로 1960년대에서 1990년대 사이에 일어난 직업구조의 변화는 놀랄 만하다. 한국통계협회가 제공하는 자료에 의하면 전문직·관리직·기술직 노동자들은 1965년에는 전체 노동자 중 2.9%만을 차지했지만 1992년에는 10%로 늘었다. 같은 기간 동안 화이트칼라 노동자의 숫자는 4.1%에서 14.4%로 세배 이상 늘었다. 전체적으로, '신중간계급'으로 범주화될 집단은 1960년대 중반에서 1990년대 초반까지 7%에서 24.4%로 늘었다. 1997년이 되자 이 신중간계급은 노동인구의 30%로 늘어났다. 또다른 특기할 만한 사실은 서비스·판매직 노동자들이 1965년 18.4%에서 1992년 29.3%로 늘었다는 점이다. 이 범주는 굉장히 이질적인 집단으로 이루어져 있어서 하나의 계급 범주로 분류하기가 쉽지 않다. 사회학자들은 그중 일부를 '구중간계급' 혹은 쁘띠부르주아지로 분류하고, 다른 하층은 '도시 주변계층'urban marginal class으로 간주한다. 그러므로 판매·서비스 직종에 속한 인구 중 절반 정도가 중간계급에 속한다고 본다면, 1997년 당시 구중간계급에 속하는 사람들은 인구의 11.5%를 차지했다는 말이 된다. 이렇듯 직업구조를 중심으로 분류한 중간계급 전체는, 구·신 중간계급 합쳐 1997년 총인구의 약 42%를 차지했던 것으로 추정된다.

| 열망의 대상으로의 중산층

한국에서 중간계급을 지칭하는 단어는 중산층이다. 왜 학자들이나 언론에서는 '중간계급' 대신에 '중산층'이란 단어를 쓰기 시작했나? 가장 중요한 이유는 물론 정치적인 고려이다. 반공을 국시로 하고 사회주의 사상을 조금도 허용하지 않는 국가에서 맑스적 개념인 '계급'을 사용하는 것은 극히 위험한 일이었기 때문이다. 맑스적 관점에서는 자본주의 사회의 기본 계급은 자본가와 노동자 계급이고 이 양대 계급의 적대적인 관계 사이에 불안하게 존재하는 집단이 중간계급 또는 중간계층이라고 본다. 그러나 '중산층'은 그런 계급적 의미를 떠나서 단순히 개인들의 경제적 위치, 즉 소득과 자산의 소유 정도에 따라서 결정되는 사회적 위치를 가리키는 탈이념적 개념이라 할 수 있다.*

중간계급과 달리 중산층이란 단어는 정치적으로 더욱 안전할 뿐만 아니라 실질적으로도 많은 사람들에게 의미가 있는 개념이다. 한국에서 중산층이란 가난에서 막 벗어나 경제적으로 여유를 찾기 시작한 사람들이 나도 이제 남만큼 살게 됐다고 느낄 때

---

* 이렇게 중간계급을 경제적으로 개념화하는 방식은 모든 동아시아 국가들에서 흔히 찾아볼 수 있다. 일본에서 중간계층은 한국의 중산층과 유사한 의미의 "추우산카이큐우(中産階級)" 또는 "추우류우카이큐우(中流階級)"라는 명칭으로 불린다(Hiroshi Ishida and David Slater, eds., *Social Class in Contemporary Japan: Structures, Sorting and Strategies*, New York: Routledge 2010). 중국 역시 중간계층을 중산계층(中産階層, zhongchan jiceng) 혹은 신중산계층(新中産階層, xin zhongchan jiceng)이라고 부르며 주로 경제적인 의미에서 정의했다(Cheng Li, ed., *China's Emerging Middle Class*, Washington, DC: Brookings Institution Press 2010).

그들의 사회적 위치를 대변해줄 수 있는 편리한 개념인 것이다. 1970~80년대 대부분의 한국인들은 자신의 현재 상태를 자신의 부모 혹은 자기 자신의 가까운 과거와 비교해볼 때 그 생활수준이 엄청나게 나아졌음을 피부로 느낄 수 있었다. 또한 한국 경제의 꾸준한 발전이 자신과 자식 세대에게 더 밝은 미래를 가져다줄 것이라고 확신할 수 있었다. 중산층의 개념은 모호하기는 했지만, 이렇듯 경제 상황의 개선과 계층상승에 대해 사회 전반에 퍼져 있던 낙관적인 기대를 함축하는 것이었다. 이 점에서 중산층은 열망의 개념aspirational category으로 이해될 수 있다. 즉, 많은 사람들이 현재 소속감을 느끼거나 혹은 가까운 미래에 속하기를 원하는 '사회적 정체성'을 제공해준 개념이 바로 중산층이었다.

그러면 중산층은 구체적으로 어떻게 정의할 수 있을까? 이 개념은 한국의 학계, 미디어, 그리고 정치권에서 무수히 사용되고 있지만 사실 정확하게 정의되는 경우는 드물다. 중산층 연구가 초기에 활발하게 일어나던 1980년대 말, 서울대학교 사회학과에서 실시한 중요한 사회조사에서는 중산층을 다음과 같이 정의하고 있다. "그렇게 잘 살지는 못하나 아이들을 대학까지 보낼 수 있고 체면치레할 만큼 교제도 하며 여름휴가엔 가족 바캉스도 다녀올 수 있고 문화적인 생활도 어느정도 즐기고 있"는 이들.[2] 이와 비슷한 예는 많았다. 예컨대, 『당신은 중산층인가』(삼성출판사 1980)의 저자는 중산층을 남부럽지 않은 수준급 생활을 유지할 수 있는 이들로 간단히 정의하고, 여기서 "수준급 생활"이라 함은 "약간의 무리는 하면서도 애들 학교 보낼 수 있고, 체면

치례할 만큼 교제도 하고, 가다가 틈틈이 문화비 지출도 가능한 정도"를 의미한다고 부연했다.[3] 결국 중산층은 어느정도의 경제적 안정과 여유를 누리는 사람들이고 이 경제적 여력으로 자녀 교육과 사회적 관계에서 남들이 하는 만큼 따라서 할 수 있는 사람들로 이해되어왔다. 중산층이 된다는 것은 사회적으로 어느정도 성공했다는 것을 의미했고, 그것은 모든 일반 노동자와 서민들이 열망하는 삶의 목표가 되었다.

| 담론과 사회계약으로서의 중산층

그렇지만 중간계급이든 중산층이든 계급의 사회적 형성이 경제적 요인으로만 이루어지는 것은 아니다. 여러 학자들이 주장하듯 중간계급의 형성은 다른 계급과 마찬가지로 이데올로기, 담론, 문화적 재현을 통해 나타나는 상징적 과정의 산물이다.[4] 한국에서 국가 주관의 정치적 담론은 중산층을 형성하는 데 특히 중요한 역할을 했다. 군사쿠데타를 통해 집권한 박정희정권 (1961~79)은 성공적인 경제성장을 통해 정치적 정당성을 확립하려 하였다. 부강한 나라를 만들고 국민을 잘살게 하는 것이 정권의 최우선 목표였고, 이는 중산층 사회를 건설하는 프로젝트로 이어졌다. 조국 근대화와 선진 한국의 성취는 박정희정권이 택한 가장 숭고한 국가목표였고, 중간계층의 빠른 팽창은 성공적인 경제성장을 가장 잘 입증할 수 있는 가시적인 징표로 받아들여졌다. 박대통령 집권기에 국민들이 제일 많이 들었던 슬로건이 '잘살아보세'와 '하면 된다'였다. 박정희는 1970년대 후반까지 모든 국민이 자가용을 소유할 수 있고 안락한 중산층 생활을 즐길 수 있는 '중산층 사회'를 이룩하겠다고 약속했다. 중산층 담론은 이렇듯 박정희정권이 국내외적으로 정권의 정당성을 확립하는 데 결정적인 기제로서 기능했다. 양명지가 적절하게 기술했듯이, "중간계급의 부상은 세계에 한국의 경제적 근대화를 전시하고 국가의 발전주의적 프로젝트를 정당화하려 했던 정부에 중요한 정치적·이데올로기적 프로젝트였다."[5] 물론 한국만 중간계급을 중요한 정치적 담론으로 활용한 것은 아니었다. 이는 동아시아의 국가 주도 발전 과정에서 흔히 볼 수 있는 관행이었다. 예컨대 중국의 중간계층 연구에서 굿맨David Goodman은 다음과 같이 주장한다.

국가가 주관하는 중간계층 담론은 중화인민공화국에서 중요한 역할을 담당한다. 이 담론은 국가가 국민에게 소비를 장려하고 근면한 노동을 독려하기 위해 고안된 것이다. 이 담론의 목적은 화합된 사회상을 강조하면서 극심한 불평등과 잠재적인 계급갈등으로부터 국민의 관심을 돌리려는 데 있었다.[6]

한국에서 중산층의 또다른 중요한 측면은 사회계약으로서의 기능이다. 중간계급이 선진국 사회에서 사회계약의 주된 기반으로 기능하였다는 사실은 여러 사회과학자들이 주장한 바이다.[7] 준즈Olivier Zunz에 의하면, "2차대전 후 선진 산업국가들에서 맺어진 사회계약은 전쟁 전 미국에서 노동계급과 중간계급이 서로 간의 어느정도 차이에도 불구하고 하나의 커다란 중간계급으로 합쳐졌던 흐름을 따라가는 한편 그 흐름을 오히려 더욱 촉진시켰다."[8] 한국에서도 비슷한 종류의 사회계약이 발전국가와 시민 사이에서 암묵적인 형태로 형성되었다. 이 계약은 국민이 각자 열심히 일하고 국가의 발전 목표를 달성하기 위해 성심껏 노력한다면 그에 대해 충분히 보상받을 것이라고 믿게 되는 것이었다. 국가는 국민에게 열심히 일하고, 스스로를 규제하고, 고용주의 말에 순종하며, 정치적 자유와 민주주의에 대한 요구는 훗날로 연기할 것을 요구했다. 그 대가로 국가는 그들의 생활수준을 향상시키고 그들이 중산층에 합류하여 남부럽지 않은 생활을 할 수 있게 만들어주겠다는 약속을 한 것이었다. 이러한 암묵적인 사회계약은 대부분의 화이트칼라 노동자들에게는 공정한 교환이었다. 그렇지만 블루칼라 산업노동자들에게는 아니었다. 공장노동자들은 저임금을 받으며 열악한 노동환경에서 극도의 착취에 시달렸고 그들이 부르짖은 최소한의 인권 보장과 정의는 1987년 대규모 노동봉기가 터져나오기 전까지는 폭력적으로 억압당했다.[9] 그럼에도 불구하고 중산층 담론은 국민 전체를 국가의 발전 프로젝트에 동원하고 헌신하도록 만드는 데 중요한 역할을 한 것이 사실이다.

| 중산층의 기준

1960년대에 일본은 '90% 중간계급' 혹은 '이찌오꾸 소오추우
류우 샤까이一億總中流社會'(1억 총중류 사회)라고 자부한 바 있다.* 박
정희정권은 이 모델을 따라잡기 위해 적어도 1980년대 중엽까지
는 한국을 중산층 사회로 도약시키겠다는 원대한 비전으로 경제
발전에 매진했다. 실제로 서울에서 열린 1988년 올림픽 당시 한
국은 거의 그 경지에 도달한 것처럼 보였다. 많은 언론매체들이
1980년대 후반에 70%가 넘는 한국인들이 스스로를 중산층이라
고 생각한다는 조사 결과를 보도했다. 각종 언론사와 연구기관
이 실시한 설문조사들은 1990년대 초·중반까지 이 비율이 지속
적으로 높아져갔음을 보여준다.** 가령 1960년대는 40%, 1970년

---

* 앤드루 고든(Andrew Gordon)은 일본에서 "일본 중간계급을 규정하는 사회적인
사고와 행동의 패턴이 (일본과 국외 모두에서) 1950년대 후반에서 1970년대에 이
르는 시기까지 하나로 합쳐졌다"고 관찰한다(Andrew Gordon, "The Short Happy
Life of the Japanese Middle Class," in *Social Contracts under Stress*, ed. Olivier Zunz,
Leonard Schoppa, and Nobuhiro Hiwatari, New York: Russell Sage Foundation
2002, 124면). 켈리(William Kelly) 역시 "일본이 '90% 중간계급 사회'라는 주장
은 이런 '주류'(mainstream)와의 동일시의 실질적인 효과가 사회적 계층화에 대한
토론을 '탈계급화'(declass)하고 '대중화'(massify)하는 것이었음에도 불구하고, 꾸
준히 이어져왔다"고 주장한다(William Kelly, "At the Limits of New Middle-Class
Japan: Beyond 'Mainstream Consciousness'," 같은 책 235면).
** 중산층 귀속감의 비율은 표본 선택방식과 설문조사에 포함된 질문의 문항에 따라
크게 좌우된다. 몇가지 예를 들자면, 1989년 갤럽 조사에서는 표본의 75%가 스스
로 중산층이라고 생각한다고 응답했다. 홍두승이 1992년도에 실시한 조사에서는
응답자의 86.8%, 1994년도 『중앙일보』 조사에서는 70.7%, 1995년 『조선일보』 조사
에서는 75%, 1995년 현대연구원 조사에서는 75.3%, 1998년 『한겨레』 조사에서는
77%가 스스로 중산층에 속한다고 답변을 하였다(이 장 주 19 참조).

대에는 60%, 1980년대에는 60~70%, 급기야 1980년대 후반과 1990년대에는 70~80% 수준으로까지 체감 중산층 비율은 계속 증가했다.[10]

그렇다면 그 당시의 한국인은 설문조사에서 자신이 중산층이 냐는 질문을 받았을 때 무엇을 떠올렸을까? 다시 말해, 그들은 어떤 기준으로 자기 자신이나 타인의 지위를 중산층이라고 여겼을까? 다행히 몇개의 설문조사에는 그와 같은 질문이 포함되어 있었다. 이화여대 사회학자들이 1999년에 수행한 한 조사는 누군가가 중산층에 속하는지 아닌지를 판별할 때 무엇을 떠올리느냐고 응답자에게 물었다.[11] 그 결과 자신을 중산층이라고 여긴 응답자 중 절대적인 다수가 '안정적인 소득과 경제적 안정'을 중산층 지위를 결정하는 데 으뜸가는 요인으로 꼽았다. 그외의 다른 요소들, 즉 '직업적 특성, 문화, 여가생활' '정치 태도 및 사회 참여' 등을 고른 응답자는 10% 미만이었다. 홍두승이 2002년에 실시한 다른 조사의 결과 역시 크게 다르지 않았다. 응답자들은 중산층을 결정하는 데 가장 중요하다고 생각되는 두가지 항목을 고르게 되어 있었는데, 그들이 선택한 항목은 소득 지위(79.5%), 소비수준(43.0%), 문화·여가생활(22.1%), 직업적 지위(21.5%), 교육(17.2%), 건강에 대한 가치관(12.3%), 시민 참여(3.3%), 그리고 마지막으로 정치적 태도(0.7%) 순이었다.[12]

이런 결과를 통해 알 수 있는 것은 한국인이 중산층에 대해 극히 경제주의적인 관념을 가지고 있었다는 사실이다. 부유하게 되는 것('잘살아보세')이 모든 사람들의 가장 큰 꿈이었고, 미디어에서 중산층이 주로 소비계급이라는 프레임으로 다루어져왔다는 사실을 고려해본다면, 이는 놀라운 사실이 전혀 아니다. 그렇지만 설문 응답자들이 중간층을 정의하는 데 사회·문화적 요소가 그토록 고려 대상 밖이었다는 점이 조금 놀라울 따름이다. 여러 설문조사에 나타난 결과를 보면 도덕적·정치적 측면은 중산층을 정의하는 데 가장 덜 중요한 요인으로 취급되었다. 물론 그렇다고 해서 한국인들이 타인을 평가할 때 도덕적·문화적 측면을 고려하지 않는다는 것은 아닐 것이고, 그보다는 도덕적·문화적 가치가 계급 간 차이를 구분하는 데는 별 의미가 없다고 판단한다는 뜻일 것이다. 이는 바꿔 말하면, 중산층이건 상류층이건 그들이 경제적으로 부유하고 남보다 더 우아한 생활을 누리고 있는 것은 인정되지만, 그렇다고 해서 그들이 서민층보다 인격적으로 더 존경받을 만하다거나 시민의식이 높고 정치적으로도 더 합리적인 사람들이라고는 생각되지 않는다는 것이다. 어쨌든 중요한 사실은 한국의 중산층이 거의 전적으로 경제적인 기준에 따라, 좀더 구체적으로 말하면, 경제력과 소비수준에 따라 결정되었다는 점이다. 그리고 문화적, 도덕적, 또는 정치적 요인들은 중산층을 구분하는 데 별로 중요한 요인이 되지 못했다는 점이다.

| 서구 중간계급과의 차이

이런 측면에서 볼 때 한국의 중간계급은 19세기 유럽이나 미국에서 형성된 중간계급과는 사뭇 다르다. 19세기 서구에서 중간계급을 대표하는 집단은 상인 및 자본가계급인 부르주아지였다. 그들은 상류 귀족계급과 하층 농민, 도시 노동자들 사이에 등장한 새로운 세력이었으며, 20세기의 물질주의적 자본가들과는 크게 다른 가치체계를 가지고 있었다. 많은 역사적 문헌들이 보여주듯이 19세기 유럽의 부르주아지는 단순히 경제적 자산의 소유를 기반으로 하기보다는 그들 특유의 도덕적·종교적 가치를 기반으로 해서 자신들의 계급 정체성을 수립하려고 노력하였다. 데이비도프Leonore Davidoff와 홀Catherine Hall은 영국의 중간계급에 대해 다음과 같이 기술하고 있다.

19세기 후반 이후로 중간계급을 대표할 만한 사람들은 차츰 더 자신들의 도덕적 우위와 영향력을 확립하려 노력하였고, 이런 태도는 이 땅에서 이룬 세속적인 부귀보다 천상에서 받는 신의 은총이 더 중요하다고 믿는 그들의 종교적 신념과 자부심에 의해 강화되었다. 토지를 기반으로 한 부를 명예의 원천으로 삼는 것을 거부하고 내적 영혼을 우선시하면서, 그들은 좋은 기독교인의 삶을 위한 필수적인 조건으로 모범적인 가정을 꾸리는 일에 집착하게 되었다.[13]

북구 유럽의 중간계급을 연구한 프뤼크만Jonas Frykman과 뢰프그렌Orvar Löfgren도 19세기 유럽의 중간계급을 다음과 같이 묘사한다.

부르주아지는 그들이 소유하고 있는 여러가지 덕목들을 근거로 자신들이 사회의 지도자가 될 자격이 있다고 믿었다. 그 덕목들이란 높은 도덕적 기준, 자기 규율과 절제, 검약과 합리성, 과학과 진보에 대한 확고한 믿음 등이었다. 그들은 자신들의 계급 위에 있거나 아래에 있는 계급 둘 다 이런 품성을 결여하고 있다고 믿었다.[14]

미국의 중간계급에 관한 문헌도 대체적으로 비슷한 중간계급 문화를 얘기한다. 특히 중간계급 특유의 가정 내 질서와 현대적인 부부와 부자 관계를 강조한다. 블루민Stuart Blumin은 19세기 미국의 중간계급 가정들이 "사회적으로 존경받을 수 있고 거친 노동자 세계나 피상적인 유행의 세계와 거리를 두고 진정으로 품위 있는 습관을 취득할 수 있는 가정환경을 만들려는 진지한 노력을 하였다"는 점을 강조한다.[15] 이렇게 근대화 초기에 등장한 중간계급이 자신들의 계급적 위치를 차별화하는 근거를 경제적 부가 아니라 도덕적·문화적·종교적 가치에 두었다는 사실은 주목할 만하다.

그에 비하면 한국의 중산층은 너무나도 경제적 소유와 소비 수준으로만 자신들의 사회적 위치를 인식하고 만족하려는 경향이 있다고 볼 수 있다. 물론 현대에 와서 유럽이나 미국의 중간계층도 과거와는 다르게 문화적 요소보다는 경제적으로 여유 있는 삶을 사는 것을 더 중요시하게 되었다. 그러나 서구 선진사회에서는 여러 면에서 과거의 중간계급 문화와 전통이 어느정도 남아 있는 것도 또한 사실이다. 적어도 물질적 소유나 소비수준으로만 누가 중간계층이냐를 판단하려는 태도는 서구사회에서는 그렇게 노골적으로 나타나지 않는 경향이 있다. 그러면 궁금한 것은 왜 한국에서는 중간계층 개념이 그렇게 물질적인 의미로 형성되었을까 하는 것이다. 그 이유는 물론 한국사회의 고유한 문화 때문은 아닐 것이다. 사실 다른 어느 나라보다 더 유교 전통에 충실했던 한국이 더 비물질적이고 윤리적인 가치를 가지고 중간계급의 개념을 발달시킬 수도 있었을 것이다. 왜 그러지 못했는가 하는 이유는 중간계층이 탄생한 역사적 맥락의 차이에서 찾아야 할 것이다. 19세기 유럽의 부르주아지는 구 봉건제도가 붕괴되고 자본주의와 산업화가 시작되는 시기에 태어났다. 이 시대에 이들은 산업화와 근대화를 이끄는 주역으로서의 역사적 임무를 맡게 되었다. 그 시대는 또한 종교개혁 이후 청교도 정신이 세차게 부활하던 때였다. 이러한 역사적·문화적 배경 속에 등장한 부르주아지는 근대화 정신과 독실한 종교적 신념을 가지고 자신들을 퇴폐한 귀족계급과 구별짓고 자기 계급의 우월성을 강조한 것이다.[16]

유럽의 중간계급과는 달리 한국의 중간계급은 그와 전혀 다른 역사적 환경에서 태어났다. 이들이 태어난 한국은 근대화의 낙오자로서 식민지배를 경험한 후 동족상잔의 참혹한 전쟁을 거치는 동안 과거의 문화적 전통이나 신분질서가 거의 완전히 붕괴된 사회였다. 근대화는 이미 선진 자본주의 국가에서 이루어졌고 한국은 그저 그것을 따라가며 복제하면 되는 것이었다. 그러므로 근대화의 주역으로 고귀한 임무를 수행한 서구의 중간계급과 달리 한국의 중간계급은 그러한 역사적 임무 대신 서구의 모델을 남보다 앞서 따라가는 것으로 자신들의 계급적 위치를 차별화하려고 하였다.* 더군다나 이들이 태어난 시기는 20세기 후반 자본주의가 고도의 소비주의 중심으로 재편되고 전세계의 경제가 하나의 거대한 자본시장으로 통합되는 글로벌 시대였다. 세계 시장을 지배하는 글로벌 자본은 소비가 포화 상태에 이른 선진국에서보다는 신생 산업국가들에서 소비시장을 개척하는 데 열을 올리게 되었고 이 지역에 새로 등장한 중간계층을 주요 고객으로 선정한 것이다. 이런 환경에서 새로 중간계층에 참여하게 된 많은 사람들이 소비를 통해서 자신들의 신분을 과시하고 확인하려고 노력하는 것은 무척 당연한 결과일 것이다. 이런 모습은 한국만이 아니라 다른 동아시아의 신흥 발전국가들에서 공통으로 볼 수 있는 현상이다.

그러나 한국의 중간계층이 주로 물질주의적으로 그리고 소비 중심적으로 형성된 데는 이러한 역사적·범지구적 환경과 별도로 한국 특유의 요인도 작용했다고 보아야 할 것이다. 물론 전쟁으로 폐허가 된 빈곤국가에서 경제발전이 급속히 일어나면서 온

---

* 오웬즈비(Brian Owensby)가 브라질의 중간계급에 대해 했던 묘사는 제3세계의 다른 국가들에도 대개 적용된다. "브라질인들은 신문과 책, 잡지, 광고, 라디오 프로그램, 사진, 영화를 통해 현대적인 것이란 무엇인지에 대한 관념을 접하게 되었다. 그것은 뉴욕, 빠리, 런던에서 유래한 현대성의 비전들에서 만들어진 관념이었다"(Brian Owensby, *Intimate Ironies: Modernity and the Making of Middle-Class Lives in Brazil*, Stanford, CA: Stanford University Press 1999, 47면).

국민의 관심이 경제적 안정과 여유를 추구하는 데 쏠려 있던 것이 가장 중요한 요인이겠지만, 그것을 극대화한 국가의 역할이 또한 무척 중요하다. 주지하다시피 박정희정권은 경제성장을 국가의 최우선 목표로 선정하고 국민들을 '잘살아보세'와 '하면 된다'라는 슬로건 아래 총동원하였다. 잘사는 것이 각 개인은 물론 국가의 위상을 결정하는 최고의 가치 기준으로 채택된 것이다. 이러한 발전주의 이데올로기가 국가 주도로 강력하게 주입되며 또한 그에 걸맞게 경제가 눈부시게 발전하는 상황에서 다른 가치관이 들어설 틈이 안 생겼다고 볼 수 있다. 이런 물질주의적인 환경에서 '부자가 되는 것'이 대부분의 국민들에게 가장 중요한 꿈이었고, 계층적 상승이나 실패도 이 기준에 의해서 단순하게 결정되는 경향이었다. 그러므로 1980년대에 그리고 현재에도 대부분의 국민들은 중산층 하면 소득, 자산, 소비수준 등 주로 경제적인 잣대로만 이들의 계급적 위치를 판단하게 된 것이다. 중간계층이 다른 계층보다 더 도덕적이고 문화적으로도 더 우수한 가치를 소유할 것이라는 가정은 적어도 아직까지는 한국에서 찾아보기 힘든 듯하다.

갑작스런 역전

1996년에 월간 『신동아』는 한국에서의 삶의 질에 대한 여론조사를 실시했다. 결과는 놀랍도록 긍정적이었다. "한국인은 세 명 중 두명이 자신이 행복하다고 답변한다. 세 사람 중 한 사람은 다른 사람보다 잘 산다고 생각하고 있으며, 대다수의 국민이 남들만큼은 살고 있다고 믿고 있다. 또 앞으로는 더 잘 살 수 있을 것이라고 생각한다." 또한 응답자 10명 중 8명은 생활수준으로 볼 때 자신들이 중산층이라고 여겼다. 그래서 이 잡지 기사는 당연히 "한국인은 낙천가이다"라고 결론을 내렸다.[17] 이 설문조사가 1996년에, 즉 금융위기가 찾아오기 바로 1년 전에 실시되었다는 사실이 놀랍기만 하다. 그러나 벼락같이 닥친 아시아 금융위기는 한국 경제와 한국 중간계층의 운명을 바꾸는 결정적인 전환점이 되어버렸다. 무엇보다도 갑자기 발생한 대규모 실업이 중산층의 근간을 흔들어놓았다. 실직 노동자 숫자는 1997년 12월의 65만 8천명에서 1998년의 170만명으로 3배 가까이 증가했다. 일자리를 잃은 이들 중 다수는 생산직 노동자였다. 그렇지만 화이트칼라와 관리직 종사자들도 그에 못지않은 비율로 일자리를 잃었다. 여러 은행이 도산하거나 다른 은행과 합병되면서 많은 금융계 종업원들이 해고되었다. 여러 재벌기업이 파산함에 따라 대량 해고가 일어났으며, 5대 재벌그룹의 노동자 중에서도 10% 가까이가 일자리를 잃었다. 다른 대기업에서도 40~50대의 많은 관리직 노동자들이 소위 '명예퇴직'이란 이름으로 조기 은퇴를 강요당했다.

이 모든 경제적 역경은 당연히 한국 중간계층에 엄청난 타격을 가져왔다. 이 암담한 경제 상황에서 '중산층의 위기'와 '중산층의 몰락'이 지배적인 담론으로 등장했고, 주요 신문사들은 예외 없이 한국 중산층의 붕괴에 대한 특집 기사들을 게재했다. 현

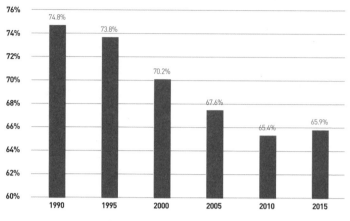

그림 1.1 중간계층(중위소득의 50~150%를 벌어들이는 이들로 측정되는) 비율

도시에 거주하는 2인 이상 가구를 대상으로 함.

출처 윤자영·윤정향·최민식·김수현·임재만·김영순·여유진『중산층 형성과 재생산에 관한 연구』, 한국노동연구원 2014; KOSIS, "Korean Statistical Information Service," Data on Household Income Distribution, Seoul: KOSIS 2017.

대경제연구원이 1999년에 실시한 조사에 따르면 응답자 중 45%만이 자신을 중산층이라고 답했다. 이는 불과 몇년 전 75%를 기록했던 중산층 규모와 비교할 때 엄청난 감소를 나타낸다.[18] 한국 통계청은 1990년대부터 OECD식 중간계층 조사 방법을 사용해서 중산층을 중위소득의 50%와 150% 사이의 소득자로 규정하고 중산층 비율의 변화를 지속적으로 조사 발표해왔다. 그림 1.1에 나타난 데이터에 따르면 한국의 중산층은 1990년의 74.8%에서 2000년에는 70.2%로, 2010년에는 65.4%로 감소했고 2015년에는 큰 변화가 없었다. 다른 선진국들에 비해 한국의 중간계층은 지난 20~30년간 상당히 빠른 속도로 감소했다. 최근

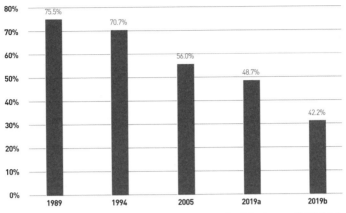

그림 1.2 주관적인 중간계급 인식

출처 1989(갤럽); 1994(『중앙일보』); 2005(『중앙일보』); 2019a(『조선일보』); 2019b(『매일경제』).

의 OECD 보고서에 의하면 1980년대 중반에서 2010년대 중반에 이르기까지 회원국의 중간소득 가구 비율은 64%에서 61%로 떨어졌다.

그렇지만 한국 중산층의 축소는 소득분배에 기초한 객관적인 위치보다 개인들이 주관적으로 느끼는 체감 중산층을 기준으로 볼 때 더욱 확연하게 드러난다. 자신을 중산층이라고 여기는 이들의 비율은 1999년의 금융위기 진행 중에 45%로 감소했다. 이 비율은 금융위기 이후 조금 회복되었다가, 2000년대 초반 이후에 다시 하락하기 시작했다. 그림 1.2에서 보듯이 『중앙일보』가 2005년 겨울에 실시한 조사에서는 응답자의 56%가 스스로를 중산층이라고 여긴다고 답했다. 1994년 조사 때는 70.7%였다. 좀 더 최근인 2019년의 『조선일보』 조사에서는 48.7%가 자신의 계급 지위를 중산층으로 답했다. 그리고 거의 같은 숫자의 응답자가 자신은 저소득층에 속하는 것 같다고 말했다. 스스로 고소득층에 속한다고 답한 이는 2.4%에 불과했다. 『매일경제』가 같은 해에 실시한 조사에서도 자신을 중산층이라고 생각한 응답자는 42.2%였다.[19] 2013년 한국사회학회가 실시한 한 조사에서는 심지어 응답자의 20.2%만이 자신을 중산층이라고 여겼다.[20]

앞에서 살펴본 것처럼 소득 지위(중위소득의 50~150%)로 정의되는 중산층은 1990년대 중반의 75%에서 2019년의 58%로 감소하였다. 그렇지만 정작 자신이 중산층이라고 생각하는 사람들의 숫자는 1980년대 말의 75% 선에서 2019년에 40% 선으로 떨어졌다. 즉, 소득수준으로는 중산층에 속하는데도 자신은 중산층이 아니라고 느끼는 사람들이 많다는 것이다. 현대경제연구원은 2013년 설문자료를 바탕으로 객관적 중산층과 체감 중산층을 교차 비교함으로써 이 흥미있는 현상을 좀더 자세히 들여다보았다.[21] 이 연구에 따르면 객관적 정의에 따라 중산층으로 분류되는 이들 중 45%만이 자신을 중산층의 일원으로 여겼고, 나머지 55%는 자신이 저소득층에 속한다고 답하였다. 놀랄 만큼 큰 편차이다. 더욱 흥미로운 점은 객관적 중산층과 주관적 중산층 사이의 이같은 편차가 1990년대 이전에는 정반대 방향으로 나타났다는 사실이다. 다시 말해, 그 당시 설문조사에서는 객관적으로는 중산층에 분류되지 못하는 많은 사람이 스스로를 중산층이라고 답했다. 예컨대 1990년대에는 노동계급의 40%가 자신이 중산층에 속한다고 믿었던 것으로 나타난다.[22] 그렇다면 개인이 느끼는 중산층 정체성이 2000년대 이전에는 과대평가되거나 부풀려져 있었던 반면, 지금은 과소평가되거나 지나치게 위축되어 있다는 말이 된다.

왜 그런 현상이 나타난 것일까? 왜 사회의 중간 정도 소득수준에 있는 많은 사람이 자신은 중산층이 아니라고 생각하는 것일까? 이에 대해 여러 조사기관이 암시하는 답은 비교적 간단하다. 즉, 많은 사람이 생각하는 중산층 기준이 너무 높이 올라가버렸기 때문이라는 것이다. 최근 『매일경제』와 잡코리아가 실시한 설문조사는 이와 관련된 좋은 자료를 제공해준다.[23] 이 조사는 응답자들이 생각하는 중산층의 이상적인 소득이 어느 정도인지를 질문했다. 이에 대해 가장 많은 응답이 나온 소득 범위는 월 500만~600만원이었다. 이 설문조사가 2018년에 실시되었는데, 그해 한국의 중위소득이 월 230만원이었다. 그렇다면 대다수 응답자는 국가 중위소득의 2배 정도를 중산층의 이상적 소득수준으로 봤다는 말이다. 자택 소유에 관한 질문에서 응답자들은 30~40평 정도의 아파트를 소유하거나 전세로 사는 것이 바람직한 중산층의 주거 조건이라고 답했고, 그것은 시장가격으로 약 5억원 정도가 되는 집에서 사는 것을 의미했다. 응답자들은 이런 경제적 소유 이외에도 '삶의 질'이 중요하다고 믿었으며, 중산층이라면 한 달에 네번 정도 가족과 외식을 하거나, 1년에 1~2회의 해외여행을 할 수 있어야 한다고 답했다. 따라서 대다수 한국인이 생각하는 중산층 삶의 기준은 과거보다 훨씬 높아진 것이 확실하다. 지난 20여년간 한국의 경제성장이 저조하고 실질소득이 정체 내지는 감소해왔다는 사실을 감안한다면, 이는 놀라운 변화가 아닐 수 없다. 사회학자 이재열의 관찰처럼, "30평 이상의 주택에 살고, 우리나라 평균 소득의 90% 이상을 벌며, 전문대졸 이상의 학력을 가지고 반전문직 이상의 직업을 가지는 이들은 객관적으로 보기에 한국인의 평균적인 생활을 하는 이들이다. 그럼에도 불구하고 스스로를 중산층으로 인식하지 못한다는 것은, 중산층에 대한 기준이 매우 비현실적으로 상승 이동했음을 의미한다."[24] 맞는 말이다. 그러면 왜 많은 사람들이 이렇게 '비현실적인' 중산층 기준을 상정하며 스스로를 중산층에 속하지 못한다고 생각하게 됐을까?

| 준거집단의 변화

이 질문에 답하기 위해서는 사회학에서 많이 사용하는 '준거집단'reference group 의 개념이 유용해 보인다. 준거집단은 각 개인이 자신의 지위나 행위를 판단할 때 비교 대상이 되는 집단을 뜻한다. 이 비교 대상이 되는 집단은 개인이 선호하고 그 무리에 속하고 싶어하며 또 그들로부터 승인을 받고 싶어하는 집단이다. 그러므로 준거집단은 사람들에게 판단의 기준을 제공해주는 집단이기도 하다. 현재 한국에서 중산층 체감 의식이 계속 낮아지는 중요한 이유는 많은 중류층 사람들이 생각하는 준거집단이 변했기 때문이다. 1980년대의 그들에게 준거집단은 자신과 비슷한 경제 상태에 있는 이웃사촌들이었다. 비슷한 소득에 비슷한 집에 살며 거의 같은 종류의 국산 차를 몰면서 비슷한 여가생활을 즐기는 사람들을 의미했다. 경제적으로나 생활방식에서 좀 차이가 나더라도 그것은 그리 큰 질투심을 자아낼 만한 것은 아니었으며, 사람들이 쉽게 따라잡을 수도 있다고 생각하는 정도였다. 그래서 많은 이들이 "나도 남만큼 산다"고 자부하면서 스스로를 중산층으로 여길 수 있었다. 그러나 2000년대에 들어와서는 판도가 완전히 달라졌다. 얼마 전까지만 해도 자기와 같은 부류라고 생각한 사람 중에 억대 단위 봉급자가 나타나고 또 적지 않은 사람들의 집값이 2배 3배 오르는 일도 벌어진 것이다. 그와 동시에 사람들이, 특히 부유층이 돈을 쓰는 스케일이나 사는 모습이 달라졌다. 살고 있는 아파트가 더욱 커지고 현대식으로 고급화되었으며, 몰고 다니는 차는 더이상 현대 소나타가 아니라 고급 국산 차 아니면 비싼 외제 차로 바뀌었고, 입고 다니는 옷이나 핸드백, 구두, 시계 등의 소지품도 소위 명품 아니면 그에 준하는 고급스러운 것으로 업그레이드되었다.

소비의 고급화가 급속히 진행된 것이다. 이는 1990년대 이후 한국정부가 적극적으로 추진한 세계화와 직결된 변화였다. 한국의 소비시장은 글로벌 자본시장에 깊숙이 통합되고 글로벌 시장이 제공하는 각종 소비재와 서비스 상품에 노출되기에 이르렀다. 20세기 말부터 글로벌 시장이 노려온 제3세계의 주요 고객은 최근에 경제 상태가 윤택해진 부유 중산층이다. 제1세계(선진 자본국) 소비시장이 포화 상태가 된 시점에 등장한 제3세계의 부유 중산층은 글로벌 자본에 반가운 고객이 아닐 수 없다. 그중에서도 한국을 포함해 경제 강국으로 등장한 동아시아 신흥 발전국가들의 부유 중산층은 더할 나위 없이 좋은 고객이다. 글로벌 자본은 그들을 타깃 삼아 온갖 고급 소비재를 생산해내고 거기에 화려한 브랜드 네임을 붙여 아시아의 고객을 공략한다. 그리고 글로벌 자본시장의 환경에서 최근에 등장한 아시아의 부유층은 자신의 계급적 위치를 다른 계층으로부터 차별화하기 위해 열심히 사치스런 소비를 한다.[25] 소비를 통해 자신의 계급 위치를 확인하고 구분지으려는 욕구는 새롭게 부상한 부유 중산층에서 가장 뚜렷이 나타나는 경향이 있다. 왜냐하면 그들은 확고한 계급 정체성을 미처 획득하지 못했으며, 일반 중산층과의 계급적인 경계선도 아직은 모호하기 때문이다.

그렇게 해서 이 새로운 부유 중산층은 일반 중산층에게 중요한 준거집단이 된다. 일반적으로 사람들은 자신과 처지가 아주 다른 위치에 있는 집단을 준거집단으로 택하지는 않는다. 일반 중산층 사람들이 아주 돈 많은 갑부나 재벌들과 자신을 비교하는 예는 많지 않을 것이다. 그 대신 최근까지 자기들과 같은 중산층에 속했던 신흥 부유층은 중요한 비교 대상이 된다. 그들의 눈에 보이는 신흥 부유층은 어제까지만 해도 자기들과 같은 계층인 줄 알았는데 이제는 여러 면에서 특권적인 기회를 향유하는 집단으로 변모해버린 사람들이다. 주거지역, 거주 주택, 그리고 생활양식과 자녀교육 방법 등에서 자신과 점점 거리가 멀어지고, 그야말로 자신들이 보기에 진짜 중산층다운 삶을 영위하는 사람들이다. 오늘의 한국사회에 나타난 중산층 기준의 '비현실적인' 상승은 바로 이런 현실에 배경을 두고 있다. 간단히 얘기해서 한국 중산층의 준거집단이 변한 것이다. 과거에 중산층이 모두 고만고만하던 때와 달리, 지금은 소수의 부유층이 일반 중산층에서 떨어져나와 생활 전반의 특권적 기회를 누리게 됨으로써 새로운 준거집단이 된 것이다. 이런 변화를 가져온 핵심적인 요인은 가파르게 증가하는 불평등이며, 불평등이 중간계층을 양극화의 방향으로 분화시키고 있기 때문이다. 물론 글로벌 자본주의가 들여오는 소비주의가 경제적 양극화를 사회적·문화적 형태의 양극화로 악화시키는 점도 중요하다.

결론적으로 한국의 중산층은 지난 20여년간의 글로벌 경제변화 속에서 그전의 산업화 시기와는 다른 무척 힘든 변화 과정을 거쳐왔다. 이 계층의 중·하층 집단은 불안정한 직업과 소득 상태로 하강 분해되고, 다른 한편에서 상층 부유 집단은 차츰 자신의 위치를 일반 중산층과 분리하고자 함으로써 결과적으로는 중산층 자체가 위, 아래를 다 잃어가는 형국이 되었다. 그러면서 중산층의 의미와 정체성도 모호해진 것이다. 결국 한국의 중산층은 단지 수적으로만 감소하는 것이 아니라 실질적으로 와해 내지는 공동화 과정을 겪고 있다고 볼 수 있다. 그 결과 중산층은 예전에 기대된 사회의 안정적·통합적 세력으로서의 기능을 상실해가고 있다. 중산층은 경제적 불안과 상대적 박탈감이 팽배한 계층집단의 성격을 띠게 되면서 오히려 정치적 불안정과 가변성을 고조시키는 역할을 하게 될 수도 있다. 오늘의 중산층 위기를 논의할 때 중산층의 양적인 감소보다는 좀더 근본적인 면에서 계층

집단 간에 일어나는 여러 형태의 변화를 면밀하게 분석해야 하
는 이유가 거기에 있다.

2장

불평등 구조의
변화

한국은 20세기 후반 급속한 경제성장을 성취하면서 동시에 비교적 낮은 수준의 소득 불평등을 유지하였다. 이런 면에서 한국은 다른 동아시아의 신흥 발전국가(타이완·싱가포르·홍콩)와 같이 제3세계의 모범이 될 만한 경제발전을 이룬 나라이다. 많은 경제학자들이 20세기 후반의 동아시아 경제발전 패턴을 '공평한 성장'growth with equity 또는 '공유된 번영'shared prosperity이라고 정의하는 이유도 거기에 있다. 실제로 한국은 1960년대 초부터 1990년대 중반까지 놀랄 정도로 빠른 경제성장을 이루는 가운데 성장의 과실이 국민 대다수에게 비교적 균등하게 분배되는 경험을 하였다. 1980년대 말 국민의 70%가 스스로 중산층에 속한다고 생각하게 된 배경이 바로 여기에 있었던 것이다. 하지만 한국의 경제는 1990년대 중반 이후 급격히 다른 방향으로 발전하기 시작했다. 1997년에 불어닥친 외환위기와 그 이후 전개된 산업구조 전환은 노동시장은 물론 소득분배 구조도 크게 악화시키는 영향을 주었다. 더이상 경제성장의 과실이 여러 계층에 골고루 분배되지 못하고 소수의 집단에게 집중되는 경향이 나타난 것이다. 그 결과 1990년대 말 이후 경제적 불평등이 급격히 심화되고 각 소득집단 간의 격차가 크게 벌어지게 되었다.

이 장에서는 지난 20여년간 한국에서 진행된 경제적 불평등의 변화를 분석하고 그것이 어떻게 계급구조에 영향을 미쳤나를 고찰해보고자 한다. 1990년대 말부터 계속 증가해온 경제적 불평등은 현재 양극화의 형태로 나타나고 있다. 그러나 이 양극화는 단순히 부자와 빈자, 또는 자본가와 노동자라는 두 계급 사이에 경제적 격차가 벌어지는 것이 아니라 좀더 복잡한 형태로 나타나고 있다.

| 소득분배의 변화

우선 소득분배의 전반적인 추세부터 살펴보기로 하자. 그림 2.1은 1990년대 이래 소득분배에 나타난 불평등 수준의 변화를 보여준다. 이 도표는 경제학에서 가장 표준적으로 사용하는 지니계수로 소득 불평등을 측정한 것이다(1990년대 이전의 통계자료는 이 그림에 포함되지 않았는데 그 중요한 이유는 소득 불평등을 측정하는 방법에 일관성이 없어서이다). 그러나 중요한 패턴은 여러 경제학자들의 분석에 의하여 잘 파악된다.[1] 즉, 소

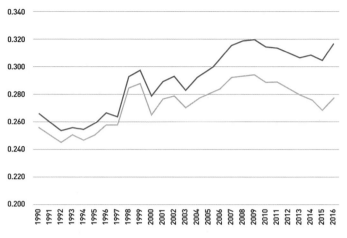

그림 2.1 **지니계수의 동향**

전체 소득 ──── 가처분소득

여기서 소득은 2인 이상 노시가구 소득을 가구원 수로 나눈 것을 지칭한다(균등화된 가구소득).

출처 국가통계포털, 각 연도.

득 불평등 지수는 1980년대 초반에서 1990년대 중반까지 감소하였다가 1990년대 중반 이후로는 증가세로 돌아서서 아시아 금융위기가 진행되는 동안 가장 가파르게 증가했다. 지니계수가 1995년 0.259에서 1999년 0.298로 뛰었다. 그후 잠깐 떨어졌다가 2009년에는 0.320까지 증가했다. 2009년 이후 잠시 하락하는 증세를 보이다가 2016년 이후 다시 상향곡선으로 바뀌었다.

소득분배를 다른 불평등 계수인 '10분위 소득분배율'(상위 10% 의 총소득을 하위 10%의 총소득으로 나눈 값)로 측정해보면 불평등 증가 현상이 더욱 뚜렷하게 나타난다. 10분위 소득분배율은 1990년 3.30에서 2000년 3.75, 2010년 4.90, 2016년 5.01로 변화해왔다.

2013년 한국의 지니계수인 0.302(가구소득 분배를 기준으로 측정)는 OECD 평균인 0.316보다 약간 낮았고, OECD 회원국 34개국 중 17위에 속한다. 그렇지만 개인소득을 기준으로 한 지니계수로 보면 한국은 소득 불평등이 가장 높은 국가 중 하나이다.[2] 이런 괴리가 발생하는 이유는 한국이 다른 선진국들보다 가구당 소득활동을 하는 이들의 수가 많기 때문이다. 이 자료들을 종합해보면 한국은 최근 몇년 동안 다른 대다수의 선진국들보다 더 갑자기 그리고 더 빠른 속도로 소득 불평등의 악화를 경험한 나라이다.

1997년 아시아 금융위기가 한국의 소득분배 패턴을 바꾸어놓은 결정적인 전환점이라는 데 많은 학자들이 동의하고 있다.[3] 이 경제위기가 가져온 엄청난 경제적 타격과 그 이후에 전개된 신자유주의적 개혁이 소득분배 추세에 치명적 영향을 준 것은 확실하다. 그러나 불평등이 증가한 원인을 온전히 금융위기 때문이라고만 보는 것은 전적으로 옳은 것은 아니라고 생각된다. 그림 2.1이 보여주듯이 경제적 불평등은 금융위기가 발생하기 2년 전인 1995년부터 증가하기 시작했다. 이 사실로 미루어보아 필경 한국 경제의 구조적 변화가 금융위기 이전부터 소득분배 구조를 악화시키는 방향으로 작용하였을 가능성이 크다. 가령 한국 경제의 기술·자본집약적 산업으로의 이행 및 시장 자유화, 그리고 중국 시장에 대한 한국 경제의 의존도 증가 등등이 중요 요인으로 작용했을 것이다. 또한 1인 가구의 증가, 인구의 고령화, 높은 이혼율 등 주요한 인구학적 변화 역시 중요한 요인으로 작용했을 것이다.⁴ 그럼에도 불구하고 1997년의 금융위기가 한국의 소득분배 구조를 변화시키는 데 결정적인 영향을 주었다는 점에 관해서는 의문의 여지가 없다고 하겠다. 그림 2.1에서 보듯이, 소득 불평등은 1997년 금융위기 이후 4년 동안에 가장 가파르게 증가했다. 1996년 0.266이었던 지니계수는 3년 동안 12%가 증가하여 2000년 0.298로 치솟았다. 상위 10%의 소득을 하위 10%의 소득으로 나눈 값(10분위 소득분배율)은 같은 기간 동안 3.46에서 3.75로 증가했고, 이후에도 계속 증가했다.

1990년대 이후에 나타난 변화의 특징은 단순히 불평등의 정도가 심해진 것만이 아니라 그 양상이 좀더 복잡해지고 다층화하였다는 사실이다. 이 변화를 적절히 이해하기 위해서 우리는 최근에 나타난 두가지 형태의 소득 양극화 현상에 주목할 필요가 있다. 하나는 노동시장에서 나타난 양극화로 정규직 대 비정규직 노동자 사이에, 그리고 대기업 대 중소기업 노동자 사이에 벌어진 소득 격차이다. 다른 하나는 소득 피라미드 상위권에서 발생한 불평등으로, 최상위 소득자들(상위 1% 또는 상위 10%)과 나머지 노동인구 사이에 벌어지는 수직적 양극화이다. 첫번째 형태의 소득 불평등은 비슷한 인적 자본을 가진 노동자들 사이에 그들이 취업해 있는 기업의 규모와 고용 형태에 의해서 나타나는 일종의 수평적 양극화를 의미하며, 두번째 형태는 인적·경제적 자본을 달리하는 집단 간에 벌어지는 수직적 격차라고 할 수 있다.

| 노동시장 균열

먼저 노동시장에서 벌어지는 소득 양극화 현상을 살펴보자. 1997년 외환위기가 가져온 가장 중요한 결과 중 하나는 기업들로 하여금 노동시장 유연화 전략을 실천할 수 있는 환경을 마련해준 것이었다. 한국의 자본가들은 1995년에 이미 노동법을 바꾸려고 시도한 바 있으나 노동계의 거센 저항에 직면하며 제한적인 성공에 그칠 수밖에 없었다. 하지만 자본세력은 외환위기 상황을 이용해서 그리고 진보정권인 김대중정권(1998~2002)의 도움을 얻어 1998년 노동법 개정을 밀어붙일 수 있었다. 이 법이 통과됨으로써 기업주들은 과잉 인력을 쉽게 해고할 수 있게 되었고 또 정규직 노동인력을 축소하고 비정규직 혹은 단기 계약직 노동자들로 대체할 수 있게 되었다. 그 결과 비정규직 노동자들의 비율이 급격히 상승하였다. 정부의 노동 통계에 따르면 비정규직 노동자들의 비율(일용직·기간직 노동자들을 포함)은 1995년 41.9%에서 2000년 52.1%로 늘어났다. 비정부 노동단체의 독자적 조사에 의하면 비정규직 노동자들의 비율은 1996년 43.2%에서 2000년 58.4%로 치솟았다. 정부는 2000년에 와서 비정규직 노동자에 대한 표준적인 정의를 개발했으며 그 이후로 이 정의를 사용해서 비정규직 노동자 규모를 측정하였다. 이 정의에 따르면 비정규직 노동자라는 범주는 기간제 노동자, 하청 노동자, 파견 노동자, 독립계약으로 일하는 노동자, 자택 근무 노동자, 일용 노동자 등을 포함한다. 정부 통계에 따르면 비정규직 노동자들의 비율은 2001년 26.8%에서 2004년 37%로 증가했고, 그 이후로 아주 느린 속도로 서서히 감소해서 2008년에 33.8%를, 2015년에 32.5%를 기록했다. 주목해야 할 사실은 2010년대 중반까지도 한국의 노동인구 가운데 3분의 1(정부 통계) 내지는 45%(노동단체 통계)가 불안정한 비정규적 일자리에 고용되어 있다는 것이다.

| 정규직 대 비정규직

물론 금융위기 이전 시기에도 임시직·일용직 노동자들의 숫자는 적지 않았다. 그러나 그때는 소위 정규직과 비정규직 노동자들이 그렇게 명확히 구분되는 노동집단을 구성하지는 않았다. 그 이유는 그때 당시는 노동시장이 비교적 개방적이고 유동적이었으며, 임시적인 일자리에서 정규적인 일자리로 이동하는 것이 그리 막혀 있지 않았기 때문이다. 게다가 표준적인 계약을 맺은 정규직 노동자들 역시 노동법이나 노동조합 등의 보호를 제대로 받지 못하고 있었다. 따라서 정규직과 비정규직 간의 차이가 그리 큰 의미가 없었다. 그렇지만 1998년 노동법 개정 이후 기업들은 정규직과 비정규직 노동자들을 정확히 구분하면서 정규직 노동자에게 높은 임금을 지불해야 하는 상황을 해결하기 위해서 비정규직 노동자의 숫자를 늘리고 그들의 임금을 낮추어 지급하는 전략을 채택하게 된 것이다.

왜 비정규직 노동이 그렇게 심각한 사회적 문제인가를 이해하

표 2.1 정규직 노동자들의 임금에 대한 비정규직 노동자들의 임금의 비율

	2002	2005	2010	2015
정규직 노동자	100	100	100	100
비정규직 노동자 1	67.1	62.7	54.8	54.4
비정규직 노동자 2	52.7	50.9	46.9	49.8

비정규직 노동자 1은 정부의 정의에, 비정규직 노동자 2는 노동단체의 정의에 따른 것이다.
출처 한국노동연구원, 한국노동사회연구소, 여러 연도.

려면 그들이 노동시장에서 경험하는 불평등과 불공정을 먼저 보아야 한다. 표 2.1에서 드러나는 것처럼, 2010년 비정규직 노동자들의 평균 소득은 정규직 노동자들의 평균 소득의 54.8%였다. 즉, 비정규직 노동자들은 같은 시간 일하고 정규직 노동자들의 임금의 약 절반 정도의 임금을 받은 것이다.

이 표에 나타난 바에 따르면 비정규직과 정규직 노동자 간의 임금 격차는 2002년에서 2015년 사이에 더욱 벌어졌다. 2002년에는 비정규직 노동자가 정규직 노동자 임금의 67.1%를 받았으나 2015년에는 그 비율이 54.4%로 떨어졌다. 정부가 비정규직 노동자를 보호하기 위한 여러 정책을 내놓았음에도 불구하고 아무 효과가 없었음이 증명된다.

더군다나 비정규직 노동자들은 정식 임금 이외에 다른 형태로 지불되는 보수나 사회보장 혜택에서도 심각한 불이익을 감수하고 있다. 비정규직 노동자는 대부분의 정규직 노동자들이 누리는 퇴직금이나 의료보험, 또는 사내 복지 혜택을 받지 못한다. 현재 한국의 노동조합은 거의 전적으로 정규직 노동자의 이익을

대표하는 조직이고 2015년 현재 비정규직 노동자의 2% 정도만
이 조합에 가입하고 있다. 비정규직 노동자를 위한 독자적인 노
동조합들이 소수 존재하기는 하나 조직력이나 영향력 면에서 볼
때 아무 힘도 발휘하지 못하고 있는 상태이다. 정규직 대 비정규
직 간의 노동시장 분열이 특히 문제가 되는 것은 이 둘 사이의 직
업적 이동이 극히 제한되어 있기 때문이다. 한번 비정규직에 들
어선 사람은 비정규직으로 노동경력을 마칠 확률이 무척 높은
것이다. 2010년대에 진행된 연구에 따르면 비정규직 노동자 중
에 고용된 지 3년 후에 정규직 일자리로 옮겨간 사람이 전체의
22.4%였고, 50.9%는 비정규직으로 계속 일하고 있었다. 나머지
26.7%는 실업 상태가 되었다.[5]

| 대기업 대 중소기업

지난 20여년 동안에 진행된 또다른 중요한 형태의 노동시장
분절 현상은 대기업과 중소기업 사이에 벌어지는 격차이다. 대
기업과 중소기업의 차이는 물론 과거에도 존재하였지만 1990년
대 이전에는 대기업과 중소기업의 노동조건이 그렇게 크게 차이
가 나는 것은 아니었다. 그러나 1997년 외환위기 이후로 한국 경
제가 급속하게 세계화되면서 대기업 중 소수는 금융위기와 세계
화의 도전에 성공적으로 적응해서 팽창하는 한편, 대다수 중소
기업들은 저임금 노동을 무기로 경쟁하는 신흥공업국과 힘겨운
경쟁을 벌이게 되었다. 표 2.2는 1980년 당시에 중소기업들의 평

표 2.2 대기업과 중소기업 간 소득 격차

	1980	1990	2000	2010	2014
대기업	100	100	100	100	100
중소기업	96.7	79.9	71.3	62.9	62.3

대기업은 300인 이상의 사업장이며, 중소기업은 그 이하를 고용한 사업장이다.

출처 장하성 『왜 분노해야 하는가: 분배의 실패가 만든 한국의 불평등』, 헤이북스 2015, 94면.

균 소득이 대기업(300인 이상 고용) 평균 소득의 96.7%에 달했다는 것을 보여준다. 그렇지만 이 비율은 1990년에는 79.9%, 2000년에는 71.3%, 2010년에는 62.9%로 낮아졌다. 다행히 2014년에는 더이상 악화가 없었던 것으로 나타난다. 여기서 볼 수 있듯이 대기업과 중소기업 노동자들의 임금 격차가 정규직 노동자와 비정규직 노동자 간의 격차만큼 크다는 것이다. 저명한 노동시장 전문가인 정이환은 현재 한국에서 대기업과 중소기업 간의 격차가 정규직과 비정규직 노동 간의 격차보다 더 중요한 문제라고 주장한다.[6] 대기업과 중소기업 간 소득 격차의 원인은 여러가지가 있지만, 가장 결정적인 원인은 많은 중소기업들이 대기업의 하청업체가 되어 지극히 불공정하고 착취적인 사업관계를 맺고 있기 때문이다. 2014년에 전체 노동인구 중 81%가 중소기업에 고용되어 있고, 19%만이 대기업에서 일했다. 더군다나 대기업의 신규 고용은 지난 10여년간 거의 늘지 않았다. 이것이 한국 노동시장의 가장 심각한 문제일 것이다.

또 주목할 사실은 대기업들이라고 다 같은 건 아니라는 점이다. 재벌기업들과 나머지 대기업들 간에도 커다란 임금 격차가 존재한다. 2014년에 대기업 피고용인들의 연간 평균 소득은 약 5만 2천 달러인 반면 삼성전자의 경우 9만 2천 달러, 현대자동차의 경우 8만 8천 달러에 달했다. 이는 대다수 대기업의 평균 소득이 최상위 재벌기업들의 소득의 60%도 되지 않는다는 사실을 의미한다.[7]

| 자영업 부문

노동시장에서 불리한 위치에 놓여 있는 취업자들이 경험하는 불평등 못지않게 자영업 종사자들이 경험하는 경제적 상황은 심각하다. 한국은 다른 나라들보다 자영업자가 많은 나라이다. 2014년에 한국의 노동인구 중 자영업자의 비율은 27%로, 34개 OECD 국가들 중 네번째로 높았다. 그중 압도적 다수인 약 74%가 피고용인 없이 혼자 일하는 사람들이다. 이들은 주로 소매업과 요식업 그리고 개인적인 서비스업에 집중되어 있다.

과거에는 시골에서 이주한 많은 이들이 자영업을 통해서 도시에서 일자리를 찾고 새로운 생활을 시작할 수 있었다. 동시에 자영업은 많은 사람들에게 교육적인 자격 없이도 개인적인 노력만으로 어느정도의 자산을 축적하고 안정된 삶을 이룩할 수 있는 기회를 제공해주었다. 많은 소상공인들이 이를 통해서 의젓한 집을 마련하고 자녀를 고등학교나 대학에 보내며 남부럽지 않은 중산층 생활을 영위할 수 있게 되었다. 이렇게 해서 도시 자영업은 한국사회가 급속하게 산업화하는 가운데 계층상승의 대안적인 통로로 기능했던 것이다.

그렇지만 자영업계는 2000년대에 들어서면서 엄청난 어려움을 겪게 되었다. 외환위기 이후 대규모 구조조정 속에서 퇴직한 많은 샐러리맨들이 자영업 부문으로 진입했는데, 경제가 침체되어 소비 수요는 위축된 환경에서 재벌과 대기업 들이 각종 체인점과 대형 슈퍼마켓을 열며 새로운 경쟁자로 등장한 것이다. 이런 사업 환경에서 아무 경험 없이 사업을 시작한 많은 퇴직자들이 그들의 귀중한 은퇴자금마저 날리게 되었다. 통계자료에 의하면 새롭게 시작한 자영업자들 중 절반 이상이 3년 내에 파산한 것으로 나타난다.[8] 자영업자들의 열악한 경제 사정은 그들과 임금노동자의 평균 소득을 비교해보면 가늠할 수 있다. 1990년대 자영업자들의 평균 소득은 임금노동자의 소득과 거의 같았으나 2000년대에 와서 엄청나게 떨어진 것이다. 1990년 자영업자들의 평균 소득은 임금소득자들의 95%였다. 그러나 이 비율은 2000년에 88%로 떨어졌고, 2014년에는 60%에 다다랐다.

│ 상위계층으로의 소득집중

현재 한국사회에서는 앞에서 살펴본 대로 노동시장에서 정규직 대 비정규직, 대기업 대 중소기업 노동자들 간에 나타나는 불평등이 가장 민감한 문제로 대두되며 학문적 연구도 그쪽으로 집중되는 경향이 있다. 그러나 또다른 중요한 변화는 국가의 소득분배가 날이 갈수록 소수 상위층에 집중되면서 이들과 대다수

인구의 경제적 격차가 넓어지고 있다는 사실이다. 이 현상은 현재 대부분의 선진 자본국에서 비슷한 형태로 나타나는 변화이기도 하다.

최근까지 한국에서 부유층에 집중해서 소득분배를 분석한 연구는 많지 않았다. 그렇지만 최근에 와서 이 문제에 관한 학자들의 관심이 고조되고, 특히 2013년 출간된 또마 삐께띠Thomas Piketty의 획기적인 저서 『21세기의 자본』Le Capital au XXIe siècle에 자극을 받아 한국에서도 그의 새로운 방법론을 사용한 연구들이 등장하기 시작했다. 과거의 연구들은 주로 가구실태조사 자료를 사용했는데, 이 자료는 상위 부유층과 저소득층을 누락하는 경향이 있었다. 그러나 최근의 연구들은 국세청에서 제공하는 조세자료를 이용해서 이 점을 많이 보강할 수 있게 되었다. 여기서는 최근에 한국의 소득 불평등에 관해서 많은 연구결과를 발표한 김낙년과 그의 동료들의 논문9과 홍민기의 논문10을 중심으로 상위 계층에 집중되는 소득분배 현상을 살펴보려고 한다.

그림 2.2에서 제시하는 자료는 상위 소득 그룹(상위 1%, 5%, 10%)에 분배되는 소득의 비율을 시기별로 보여준다. 이 분석에 활용된 데이터는 각국의 조세기관이 수집한 세금보고서 원자료로 만들어진 세계 상위 소득 데이터베이스이다.11 이 자료는 상위 소득집단의 몫이 초기(1980~85)에는 거의 변하지 않았지만, 1990년대 이후에는 크게 변한 것을 보여준다. 특히 상위 10%에 속하는 이들의 소득이 크게 증가했다. 상위 10%의 소득 비중은 1980년에서 1985년까지는 28.8%에 머물러 있다가 1995년에 29.2%로

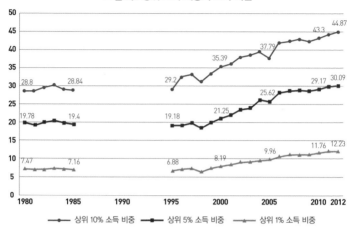

그림 2.2 상위 소득 계층의 소득 비율

● 상위 10% 소득 비중　■ 상위 5% 소득 비중　▲ 상위 1% 소득 비중

도시에 거주하는 2인 이상 가구를 대상으로 함.

출처 World Top Income Database (장하성, 앞의 책에서 재인용).

미미한 증가를 했지만, 2012년에 와서는 44.87%로 급증했다. 마
찬가지로 상위 5%와 상위 1%의 소득 비중은 1980~85년까지는
늘어나기는커녕 조금씩 줄어들었다가 상위 5%의 경우 소득 비
중은 1995년 19.18%에서 2012년 30.09%로 늘어났다. 또한 상위
1%의 경우에는 6.88%에서 12.23%로 늘어났다. 상위 1% 중의
최상위층인 0.1%의 경우는 더욱 뚜렷한 소득집중이 일어났다.

　홍민기도 국세 통계 자료를 이용하여 1958년부터 2013년까지
최상위 임금소득 비중의 추이를 분석했다.[12] 그의 분석에 따르면,
상위 10%의 임금소득 비중은 1958년 14.5%에서 1978년 29.6%
로 2배 이상 증가했다. 그리고 1980년 이후에는 지속적으로 감소
하여 1995년 23.9%까지 감소한다. 1995년 이후에는 또다시 증

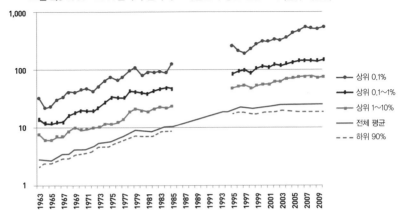

그림 2.3 1963~2009년까지 한국의 소득집단의 평균 임금소득 (단위: 백만원)

임금소득은 로그를 취해 2010년의 물가 기준으로 조정된 것이다.

출처 Nak Nyeon Kim and Jongil Kim, "Top Incomes in Korea, 1933 - 2010: Evidence from Income Tax Statistics," *Hitotsubashi Journal of Economics* vol. 56, 2015.

가하여 2013년 현재 35.2%에 이르고 있다. 1995년부터 2013년까지 상위 10% 집단의 임금소득 비중은 47% 증가하였다.

상위 집단에 유리하게 전개된 최근의 소득분배 현상을 더욱 직접적으로 파악하기 위해 소득분배율 말고 각 소득집단이 받은 평균 소득액을 비교해볼 필요가 있다. 그림 2.3은 1963년부터 2009년까지 각 소득집단에 지급된 평균 소득액의 변화를 보여준다. 첫 시기인 고도성장 기간(1963~85) 동안에는 모든 소득집단의 평균 소득이 유사한 비율로 상승했음을 볼 수 있다. 놀랍게도 하위 90%의 임금 증가율은 상위 10%와 같았다. 그렇지만 두 번째 시기(1995~2009)에는 패턴이 확연히 다르게 나타났다. 상위 10%의 소득은 계속해서 증가했지만 나머지 노동자들의 임금 증가는 미미했다. 게다가 상위 10% 중에서도 상위 0.1%의 소득은 훨씬 빨리 증가했다.

이렇게 상위 계층으로 소득이 쏠리는 추세는 현재의 글로벌 시대에 한국 경제가 변화해온 과정과 밀접한 관계가 있다. 먼저 구조적인 면에서 보자면, 가장 중요한 것은 1980년대 후반부터 한국 경제가 서서히 노동집약형에서 기술·지식집약적 경제로 변모하였다는 사실이다. 이런 산업적 전환이 일어나면서 자연스럽게 고급 기술 역량을 보유한 이들의 가치가 높아지고 따라서 그들의 보수도 빠르게 상승하였다. 그리고 1990년대 말 금융위기 이후 대기업들은 이전의 연공 기반 임금제를 버리고 성과 기반 시스템으로 대체했는데, 이는 기업체 내의 임금 격차를 확대시키는 요인이 되었다. 이와 더불어 한국 경제의 세계화가 빠르게 진행되면서 재벌급 기업들은 차츰 미국식 지배구조 방식을 채택하게 되었고 주식시장에서 단기 성과를 보여주는 것이 기업의 재정 안정과 확장을 위해서 더욱 중요하게 되었다. 자연적으로 이런 업적을 낼 수 있는 CEO와 고급 인력을 최고의 보수와 스톡옵션으로 확보하려고 노력하게 된 것이다.[13] 이렇게 해서 삐께띠가 말하는 "슈퍼경영자"supermanager 혹은 "슈퍼봉급생활자"super salariat가 한국에도 태어난 것이다.[14]

오늘날 한국의 슈퍼리치 중 한 축이 이들 CEO집단이라면, 다른 한 집단은 고소득 전문직들로 구성되어 있다. 한국의 상위 1%에 속하는 사람들의 직업 구성을 분석한 홍민기에 따르면 이들 중 대부분은 의료 분야와 금융 분야의 전문직·관리직 종사자들이다.[15] 이들 중 특히 중요한 직업집단은 의사, 약사, 그리고 금융 전문가들이다. 아마 이들은 각자의 분야에서 특별한 기술과 평판을 지닌 사람들일 것이고 또 피고용인이기보다는 자신이 직접 운영하는 사업체를 소유하고 있는 사람들일 가능성이 높다. 금융 전문가들이 최상위 소득집단으로 부상하게 된 것은 비교적 최근의 현상으로, 이는 물론 한국 경제의 신자유주의화가 동반하는 경제의 금융화financialization와 밀접한 관계가 있다. 이것은 신자유주의화를 추진한 모든 선진 경제에서 발견할 수 있는 현상이다.[16]

이와 같은 경제체제의 구조적 변화 이외에도 최상위층의 자산을 증가시킨 또다른 요인은 조세체계의 변화, 특히 부자들을 위한 세율 인하이다. 김낙년·김종일에 의하면 한국의 최상위 0.1% 소득집단에 적용된 한계세율은 1970년대 후반에는 70%였지만 1990년대에는 50%로 줄어들었고, 2000년대에는 35%로 더욱 줄어들었다.[17] 이 기간 동안 최상위 소득자들의 자본소득은 임금소득보다 훨씬 더 빠른 속도로 증가했다. 이렇게 자산과 소득이 늘어나는 시기에 조세율도 낮아짐으로써 최상위층의 부는 자연히 빠르게 늘어나게 된 것이다.

이제까지 우리는 소득분배에서 나타나는 불평등만을 고려했다. 그러나 사실 한국에서 경제적 불평등이라면 자산wealth에서 발생하는 불평등이 더 심각한 문제이다. 그러나 자산 불평등에 관한 자료나 체계적인 연구는 소득 불평등의 경우에 비해 훨씬 적은 편이다. 한가지 확실한 것은 다른 나라와 마찬가지로 한

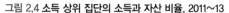

그림 2.4 소득 상위 집단의 소득과 자산 비율, 2011~13

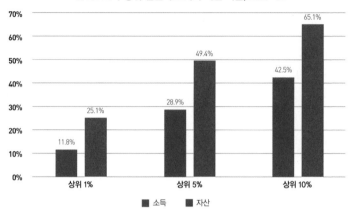

출처 김낙년 「한국의 부의 불평등, 2000~2013: 상속세 자료에 의한 접근」, 『경제사학』 40권 3호, 2016; 「한국의 소득집중도: Update, 1933~2016」, 『한국경제포럼』 11권 1호, 2018.

국에서도 자산 불평등이 소득 불평등에 비해 훨씬 크게 존재한다는 것이다. 그림 2.4는 김낙년이 상속세 정보를 이용해서 최근의 자산분배를 분석한 결과이다.[18] 이 자료에 의하면 2011년에서 2013년까지 기간 동안 최상위 1%는 국가 전체 자산의 25.1%를, 상위 10%는 65.1%를 소유하고 있었다. 상위 10%가 국가 자산의 3분의 2 가까이를 소유하고 있다는 사실이다. 같은 기간 동안 소득 상위 1%는 국가 전체 소득의 11.8%를, 상위 10%는 42.5%를 벌어갔다. 상위의 모든 집단에서 자산 불평등이 소득 불평등보다 더 크게 나타나지만 이 둘 간의 차이는 최상위 1%에서 가장 두드러진다.

▎양극화의 두 형태

우리는 앞에서 한국의 불평등이 지난 20여년간 대체적으로 양극화 형태로 나타난 것을 확인할 수 있었다. 그러나 이 양극화는 단순히 부자와 가난한 자들을 가르고 그 간격을 넓히는 것만이 아니었다. 그보다는 좀더 다양하고 복잡한 형태로 발전한 것이다. 앞에서 검토한 여러 자료들이 시사하는 추세는 두가지 형태의 양극화라고 볼 수 있다. 하나는 소득 상위층(상위 1% 또는 상위 10%)과 나머지 인구(하위 99% 또는 하위 90%) 사이에 벌어지는 격차이다. 다른 하나는 노동시장에서 나타나는 정규직과 비정규직, 그리고 대기업과 중소기업의 피고용인들 간에 발생하는 격차이다.

첫번째 형태는 소득과 자산 분배에서 나타난 경제적 양극화이다. 이것은 신자유주의 시대에 전세계적으로 나타나는 현상이기도 하다. 2008년 글로벌 금융위기의 여파로 미국에서 일어난 '월가 점령'Occupy Wall Street 운동 이후 '상위 1% 대 하위 99%'라는 구호가 유행하게 되었고, 이 구호는 다른 여러 사회들에서도 공명을 얻었다. 그리고 여러 저명한 경제학자들이 최근의 저서들을 통해 이 현상을 잘 조명하고 있다. 예컨대 삐께띠는 지난 반세기 여러 선진 자본국에서 자본소유자에게 돌아가는 이익의 배당이 얼마나 크게 증가했나를 실증적인 자료로 잘 보여주며, 노벨상 수상 경제학자인 스티글리츠Joseph Stiglitz는 미국이 어떻게 상위 1%가 모든 것을 독식하는 사회로 변모하고 있나를 날카롭게 파헤치고 있다.[19] 밀라노비치Branko Milanovic는 그의 여러 저서에서 경제적 양극화 현상이 선진 경제뿐만 아니라 신흥 발전국가들에서도 비슷한 형태로 진행되고 있음을 보여준다.[20] 이 점에서는 한국도 예외가 아니었다. 실제로 한국은 1990년대 후반 이후 대다수 나라보다 더 급속한 소득 양극화 과정을 경험하였다. 따라서 '상위 1% 대 하위 99%'라는 프레임은 한국의 양극화 현상을 포착하는 데도 적절하다고 볼 수 있다.

하지만 소득분배 패턴을 더 자세히 들여다보면 지난 20여년 동안 소득분배의 실질적인 증가를 경험한 소득층에는 상위 1%만이 아니라 상위 10%도 포함된다는 사실을 알 수 있다. 그림 2.2에서 볼 수 있듯이 1995~2009년 기간에 상위 10%의 평균 소득 수준은 거의 상위 1%만큼 빠르게 증가했다. 반면 하위 90%는 같은 기간 동안 소득의 정체를 경험하였다. 따라서 현재 한국에서 진행되는 경제적 양극화가 한개의 지점에서만이 아니라 최소한 두개의 지점에서 이루어지고 있다고 보는 것이 옳다고 생각된다. 첫번째 분계선이 최상위 1%와 하위 99%를 가르는 선이라면, 두번째 경계선은 상위 10%와 하위 90% 사이에 놓여 있다고 볼 수 있다. 물론 이 경계선들을 명확히 잡아낼 수는 없을 것이다. 소득분배나 자산분배는 연속선상에서 이루어지는 것이고 어느 선에서 명확한 분계선이 나타나는 것은 아니다. 상위 1% 대 하위 99%보다는 상위 0.1% 대 나머지 인구의 격차가 더욱 의미있다고 볼 수도 있다. 그리고 상위 10% 대 하위 90%로 보는 대신 상위 20% 대 하위 80%로 분리해서 볼 수도 있을 것이다. 이런 방법론적 어려움에도 불구하고 중요한 사실은 지난 20여년의 경제변화에서 혜택을 받은 집단에는 소수 부자들만이 아니라 좀 더 폭넓은 집단(상위 10% 전후)이 포함된다는 것이다.

두번째 형태의 양극화는 우리가 앞에서 보았던 대로 노동시장 분절화로 발생하는 정규직과 비정규직 노동자들, 그리고 대기업과 중소기업 피고용인들 간에 벌어지는 소득 차이를 의미한다. 이런 노동시장 양극화는 상위 10%보다는 그 이하의 소득집단들 간에 더 의미있게 나타난다. 노동시장을 분절하는 이 두 축은 여러 산업, 직업 집단들을 가로질렀고, 노동계급과 중간계급을 내부적으로 분열시키는 결과를 가져왔다. 따라서 노동계급과 중간계급 사이의 경계선이 모호해진 것이다. 예컨대 재벌기업의 정규직 생산직 노동자들은 중소기업의 화이트칼라 노동자들보다 더 안정된 직업 위치에서 더 높은 임금을 받고 있는 것이다. 따라서 현재 한국사회에서 계급 위치를 결정하는 데는 직업이 예전같이 중요한 역할을 하지 못하게 되었다. 그 대신 어떤 규모의 기업체(대기업 또는 중소기업)에, 또 어떤 고용 위치(정규직 또는 비정규직)로 취업을 하고 있느냐가 더욱 중요해졌다. 직업 명칭으로만 계급 위치를 측정하던 시대는 이제 지나가버린 것이다.

| 경제 양극화와 중산층

그러면 경제적 양극화는 중간계층에 어떠한 영향을 주었나? 한국의 중산층에 대한 지배적인 담론은 다른 선진국과 마찬가지로 탈산업화·세계화라는 경제적 전환 속에서 중간계층의 경제적 위치가 지속적으로 쇠퇴하고 수적으로도 줄어들고 있다는 것이다. 중산층의 규모가 1990년대 후반 이후 객관적 지표로 보나 주관적 의식으로 보나 많이 줄어든 것은 앞 장에서 살펴보았다. 그런데 중산층은 양적인 규모만 줄어든 것이 아니고 국가의 총소득이 분배되는 과정에서도 다른 계층에 비해 뚜렷이 열악한 위치에 놓이게 되었다. 신자유주의 시대 경제변화 속에서 가장 손해를 본 집단이 바로 중간소득 집단이었다. 그림 2.5에 제시된 자료가 이것을 보여준다. 이 자료는 김낙년의 연구에서 가져온 것으로, 여기서는 전체 소득집단을 중위소득을 기준으로 해서 세개의 소득집단 또는 계층으로 나누었다.[21] 상위 계층은 중위소득의 150% 이상, 중위 계층은 50~150%, 하위 계층은 50% 이하를 버는 노동인구이다. 이 그림에서 볼 수 있는 것은 1996년부터 2010년 사이에 세 소득집단이 무척 상이한 경험을 했다는 것이다. 이 기간 동안 상위 집단의 소득은 국가 전체 소득의 51%에서 65.5%로 늘었다. 하위 집단의 몫은 5.1%에서 4.3%로 약간 줄어들었다. 그러나 중간소득 집단의 몫은 43.9%에서 30.2%로 크게 줄어들었다. 이 시기에 경제적으로 불리한 위치에 처한 집단은 저소득 집단이 아니라 중간소득 집단이었던 것이다. 이런 현상은 한국적 특성만이 아니라 대부분의 선진 자본국에서 발견되는 현상이다.[22]

　이러한 자료는 으레 중산층의 몰락 또는 '중산층 쪼그라들기'middle class squeeze로 해석되곤 한다. 중간계층을 중위소득의

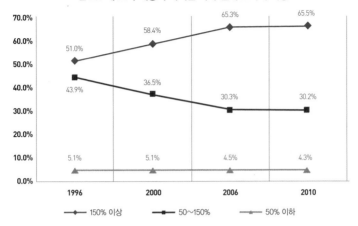

그림 2.5 세 소득 계층이 차지한 국가 전체 소득의 비중

	1996	2000	2006	2010
150% 이상	51.0%	58.4%	65.3%	65.5%
50~150%	43.9%	36.5%	30.3%	30.2%
50% 이하	5.1%	5.1%	4.5%	4.3%

세 소득 계층은 중위소득을 기준으로 상위 계층(중위소득 150% 이상),
중위 계층(중위소득 50~150%), 하위 계층(중위소득 50% 이하)으로 나누었다.

출처 김낙년 「한국의 소득불평등, 1963~2010: 근로소득을 중심으로」, 『경제발전연구』 18권 2호, 2012.

50~150%를 버는 소득집단으로 측정하는 방법은 OECD가 그동안 많이 사용했고 한국을 포함한 여러 국가들에서 널리 활용되는 것이다. 그러나 이런 식으로 중간계층을 측정하는 것은 문제가 있다. 왜냐하면 중위소득 50% 이상의 노동자라는 것은 중간계층에 포함시키에는 너무 낮은 수준이고 또한 중간층과 상위층을 구분하기에는 중위소득 150%가 비현실적으로 낮은 수준이기 때문이다. 물론 이 방법을 사용하는 연구자들은 소득집단과 계층·계급은 동일한 개념이 아니라고 하지만, 실제적으로는 이 방식이 중간계층 연구에 통용되고 있는 것도 사실이다. 어쨌든 중위소득 150% 이상의 소득을 가진 사람들 중에는 관리직·

전문직 종사자와 중소기업 사업가 등이 많이 포함되는데 이들은 대개 중산층의 일부라고 분류되는 사람들이다. 좀더 정확히 말하면 상류 중산층에 속하는 사람들이다. 이들을 제외하고 나머지 중간소득자만으로 중간계층의 변화를 분석하는 방법은 문제가 있다. 이것을 의식한 듯 최근의 OECD의 연구는 중간계층을 중위소득의 75~200% 소득집단으로 상향 조정하였다. 그리고 그 범주를 하위(75~100%), 중위(100~150%), 상위(150~200%)로 세분화하는 방법을 소개하였다.[23]

어쨌든 현재 거의 모든 자본주의 국가에서 진행되는 불평등의 패턴은 중간계층 내에서 중·하층은 하향 분화해가는 한편 상층에 있는 일부는 상향이동을 하고 있는 추세라는 것이다. 그러므로 그림 2.5에서 보이는 중간소득 집단의 감소된 소득 상황을 가지고 마치 전체 중간계층이 몰락한 것같이 해석해서는 안 될 것이다. 현재의 자본주의 변화가 중간계층의 경제 기반을 위태롭게 만들고 있는 것은 사실이지만, 그중의 일부는 오히려 이런 변화로 혜택을 받고 차츰 다른 일반 중산층으로부터 떨어져나가고 있기 때문이다.

PRIVILEGE

3장

AND

ANXIETY

특권 중산층의
등장

미국 브루킹스연구소Brookings Institution 선임연구원인 리처드 리브스Richard Reeves는 2017년 『뉴욕타임즈』(2017. 6. 10)에 「부자가 아닌 척하는 짓 그만하세요」Stop Pretending You're Not Rich라는 도발적인 제목의 에세이를 기고하여 많은 시선을 받았다. 그가 얘기하는 대상은 현재 미국 경제에서 비교적 잘나가고 있는 상위 중산층 사람들이다. 그는 최근에 경제적 양극화와 관련해서 흔히 사용되는 '상위 1% 대 하위 99%'라는 구호는 문제가 있다고 지적한다. 이 프레임에 의하면 경제적 양극화의 주범이 마치 상위 1%의 부자들만인 것같이 들리기 때문이다. 리브스는 경제적 양극화 속에서 혜택을 받은 집단에는 최고 부자들만이 아니라 그 밑에 있는 소득 상위 20%도 포함된다고 주장한다. 상위 1% 대 하위 99% 프레임은 상위 20%에 속하는 부유층으로 하여금 마치 자신들이 중·하층 사람들과 같은 배를 타고 있다고 자기기만을 하게 만드는 효과가 있다는 것이다. 그뿐 아니라 부유 중산층은 자신들의 특권적 계급이익을 유지하기 위해서 여러 분야에서 기회독점적 집단행위를 하고 있다고 리브스는 주장한다.

최근에 와서 리브스 외에 다른 여러 학자들이 미국의 상류 부유층이나 엘리트층에 관한 연구를 발표하고 있다. 이들의 공통된 견해는 현재 미국에 나타나는 경제적 양극화의 수혜자는 극소수의 최고 부자들만이 아니라 바로 그 아래층에 있는 부유 가정들과 전문직·관리직 엘리트들이라는 것이다. 그리고 이 신흥 부유층과 일반 중간계층은 경제적으로나 사회적으로나 점점 거리가 벌어지고 있다는 점이다. 결과적으로 중간계층은 차츰 더 쪼그라들어가고 있고 사회적 상승이동의 기회를 상실하고 있다. 이같은 연구들은 이 책에서 다루는 문제와 직접적인 연관이 있어서 자세히 들여다볼 필요가 있다. 그러므로 이 미국 문헌과 다른 하나의 영국 문헌을 검토해보면서, 서구 선진국의 경우와 한국 간의 유사성과 차이를 통해 한국의 신흥 부유 중산층의 계급적 성격을 규명하고자 한다.

| 신 상류 중간계급

리브스는 앞에서 소개한 『뉴욕타임즈』 글을 발표한 해에 단행본 『꿈을 사재는 사람들』*Dream Hoarders*(2017)도 출간하였다.* 이 책에서도 그는 '월가 점령' 운동이 유행시킨 '상위 1% 대 하위

99%'의 프레임이 사회운동의 구호로는 매력적일지 모르지만, 현재 미국에서 진행되고 있는 경제적 양극화는 올바로 파악하지 못한다고 비판한다. 그는 "경제적으로 번성하는 사람들은 '상류계급'만이 아니다. 그보다 더 넓은 층의 미국인들이 잘나가고 있고, (중·하층과ー인용자) 자신들을 분리시키고 있다"고 주장한다.[1] 그의 분석에 의하면, 지난 40여년간의 소득분배를 살펴볼 때 상위 20%는 하위 80%와 달리 소득이 꾸준히 증가하였다. 소득 증가 추세를 반영하듯 그들의 주거환경, 여가생활, 의료 서비스, 자녀교육 등 여러 면에서의 수준 또한 크게 향상되어왔다. 반면 하위 80%의 인구는 소득과 생활 여건에서 모두 퇴보를 경험하였다. 리브스는 상위 20%에 속하는 가정들을 '신新 상류 중간계층'the new upper middle class으로 명명했다.

리브스가 신 상류 중간계층에 주목하는 이유는 그들이 단지 경제적으로 우월한 위치에 있어서만이 아니라 자신들의 계급적 특권privilege을 유지하기 위해 여러가지 계급적 행동을 하고 있고 이것이 사회를 분열시키는 결과를 가져온다고 믿기 때문이다. 그런 행위를 그는 찰스 틸리Charles Tilly가 처음 제안했던 '기회 사재기' 또는 '기회독점'이란 개념을 사용해 설명한다. 리브스의 정의에 의하면, "기회 사재기opportunity hoarding는 가치가 있고 한정된 기회를 불공정한 방법으로 획득하는 행위이다. 이것은 어떤

---

* 이 책은 한국에서 『20 VS 80의 사회: 상위 20퍼센트는 어떻게 불평등을 유지하는가』(김승진 옮김, 민음사 2019)로 번역 출판되었다. 'hoarding'이란 단어는 한글로 번역하기가 힘든 말인데 사전적인 의미는 가치 있는 어떤 물건을 남보다 빨리 많이 사서 보관해놓는다는 뜻이다.

의미에서는 시장을 자기 이익에 맞게 착취하는 행위라고 할 수 있다."[2] 리브스는 미국사회에서 나타나는 이 기회 사재기의 대표적 예로 세가지를 제시한다. 첫째 주거지에서의 배타적 영역 구축, 둘째 명문 사립대학 입학 과정에서 사용되는 동문자녀 우대 선발제도, 셋째 인턴십 기회의 비공식적 배분 등이다.

세가지 중 미국에서 가장 심각한 문제는 토지사용제한법zoning laws일 것이다. 미국의 토지사용제한법은 근본적으로 상류 부유층에게 그들의 배타적인 주거지역을 형성할 권리를 주고 그 지역의 이미지를 손상할 수 있는 건축물이나 상업 행위 등을 법으로 금지하는 장치이다. 그럼으로써 부유 중산층은 자기들만의 동질적인 주거지역을 형성하고, 그 지역 안에 더 쾌적한 환경, 풍요한 서비스 시설, 그리고 무엇보다도 더 좋은 학교들을 유지할 수 있게 되는 것이다. 공립학교가 중요한 비중을 차지하는 미국에서는 학군이 더욱 중요한데, 이는 주거지역의 경제적 위상과 직결된다. 부유층 동네에 일류 학교가 존재하면 당연히 그 지역의 부동산 가격도 상승하게 되는 것은 어느 나라나 마찬가지다. 그런데 리브스가 지적하는 것은 미국의 조세제도가 이렇게 비싼 동네에 사는 사람들의 모기지mortgage 이자에 대한 세금을 감면해줌으로써 그들을 도와주고 있다는 점이다.

리브스는 원래 영국 출신으로 미국에 귀화한 사람인데, 그가 특히 관심 있게 본 미국 제도는 유명 사립대학의 동문자녀 우대 제도legacy policy이다. 이 제도는 자기 대학의 동문 자녀들에게 입학 사정 과정에서 특혜를 주는 제도인데, 리브스의 얘기대로 영국의 케임브리지대학이나 옥스퍼드대학 등 일류 대학에서는 그런 제도가 폐기된 지 오래되었는데도 유독 미국에서 그런 제도가 아직 보존되고 있다는 것은 신기한 일이라고 할 수 있다. 확실히 미국 중상층의 특이한 기회축적 현상 중 한 예라 할 만하다.

| 미국의 신흥 귀족

리브스의 책이 나온 다음 해에 매슈 스튜어트Matthew Stewart라는 또다른 연구자는 『애틀랜틱』The Atlantic지에 「미국의 신흥 귀족의 탄생」The Birth of the New American Aristocracy이란 제목으로 긴 에세이를 발표하였다.[3] 리브스와 마찬가지로, 그는 미국에서 불평등 문제를 얘기하려면 최고 상류계급만이 아니라 그 밑에 등장한 새로운 특권계층에도 시선을 집중할 필요가 있다고 주장한다. 미국에서 최고의 부유층은 상위 0.1%에 속하는 사람들이지만 그 바로 아래 9.9%에 속하는 사람들이 또한 적지 않은 부와 특권적 기회를 향유하는 집단이라는 것이다. 스튜어트는 이 상위 9.9%가 미국의 '신흥 귀족'new aristocracy으로 등장했다고 말하는데, 왜냐하면 이들은 일반 시민과는 엄연히 다른 생활양식과 특권적 기회를 향유함은 물론 그런 기회를 자식들에게 전수하고 있기 때문이다. 그가 말하는 상위 9.9%는 여러 면에서 일반 중간층과 대조된다. 그의 묘사에 의하면, "우리 9.9%는 안전한 동네에 살고 있으며, [자식들은-인용자] 더 좋은 학교에 다니고, 통근 시간은 짧고, 고품질의 의료 서비스를 받고, 또 어떤 경우에라도 필요가 생긴다면 더 좋은 감옥에서 형기를 보낼 수도 있다. 또한 우리를 새로운 고객에게 소개해준다거나 우리의 자녀에게 유리한 인턴십을 알선해줄 수 있는 친구들도 더 많이 가지고 있다."

리브스와 스튜어트는 상류 소득집단을 규정하는 방법에 차이를 보인다. 리브스는 소득 상위 20%를 일반 중산층과 분리해서 신 상류 중간계층이라고 부르고, 스튜어트는 (상위 10%에서 최상위 0.1%는 빼고) 상위 9.9%를 신흥 귀족으로 규정한다. 그러나 두 사람 다 같이 강조하는 현상은 지난 30여년간 미국에서 경제적 불평등이 고조되는 가운데 혜택을 보는 집단은 최상위층에 속하는 상위 1%나 0.1%만이 아니라 그 밑에 등장하는 상위 고소득 집단이라는 점이다. 이들을 신흥 귀족이라 부르든 신 상류 중간계층이라 부르든, 중요한 사실은 이 집단이 경제적인 면에서뿐만 아니라 사회적·문화적인 면에서 다른 일반 중산층과 차츰 격차를 벌리고 있다는 데 있다. 그와 동시에 새로운 상류집단들은, 리브스가 말하는 대로, 기회 사재기를 통해 다른 일반 대중에게 가야 할 기회마저 독차지하려고 노력한다는 데 있다.

| 능력주의 엘리트

더 최근에 나온 중요한 저서는 예일대학 법대 교수인 대니얼 마코비츠 Daniel Markovits가 쓴 『능력주의의 함정』 *The Meritocracy Trap*(2019)이다.* 이 책은 미국의 중간계층이 아니라 새로운 엘리트층을 다루고 있다. 그러나 마코비츠의 주요한 관심은, 책의 부제가 암시하듯, "미국의 기반이 되었던 신화가 어떻게 해서 불평등을 싹틔우고 중간계급을 해체하며 엘리트층을 잠식하고 있는가"이다. 그의 주된 논지는 능력주의라는 이상(즉 사회경제적 보상이 혈통이 아니라 능력과 성취에 기반해야 한다는 신념)이 미국에서는 하나의 시민 종교같이 되었고 미국의 엘리트 계급이 형성되는 데 결정적인 요인으로 작용하고 있다는 것이다. 마코비츠는 능력주의가 현재 미국사회 엘리트의 성격을 결정짓고 있다고 주장한다. 능력주의 엘리트는 대개 최고 엘리트 대학을 나오고 미국 자본주의의 핵심 분야에 전문 기술자나 관리자로서 일하는 집단이다. 이들의 특징은 남보다 엄청나게 열심히 장시간 일하며 그 대가로 전례 없이 높은 수준의 보상을 받는 것이다. 마코비츠에 의하면 능력주의는 두가지 측면에서 엘리트 형성에 중대한 영향을 주었다. 첫째는 교육과정에 미친 영향이다. 능력주의는 교육과정을 엘리트층 진입을 위한 치열한 경쟁의 장으로 만들었고, 엘리트 대학과 다른 대학의 차이를 벌려놓았다. 둘째, 능력주의는 엘리트 노동자가 무척 높은 보수를 지급받도록 하면서 동시에 그들의 노동을 엄청나게 강도 높고 스트레스 많은 노동으로 전환시켰다.

마코비츠는 능력주의 엘리트의 부상이 다른 계층에 어떤 영향을 미치는가에도 많은 관심을 보인다. 그의 주장에 따르면, "능력주의는 중간계층 자녀들을 열등한 학교로 보내고, 중간계층

* 이 책은 한국에서 『엘리트 세습: 중산층 해체와 엘리트 파멸을 가속하는 능력 위주 사회의 함정』(서정아 옮김, 세종서적 2020)으로 번역 출판되었다.

노동자들은 진로가 막힌 보잘것없는 일자리로 보낸다. 그렇게 해서 시민 대다수를 사회의 변두리로 밀어내는 것이다."⁴ 그가 지적하듯이, 20세기 중엽까지만 하더라도 미국사회의 중추는 중간계층이었으며, 부유층도 이 다수의 중간계층에 자연스레 합쳐져 있었다. 그러나 오늘의 능력주의는 사회를 양분화하고 있다. 부자들과 일반 중산층은 그들이 일하는 직장만이 아니라 사는 주거지역, 쇼핑하는 곳, 즐겨 찾는 식당, 여가를 보내는 곳, 심지어 일요일에 나가는 교회까지도 각각 다르다. 그렇기 때문에 능력주의 엘리트층의 부상은 중간계층의 몰락과 밀접한 관계가 있다는 것이 마코비츠의 주장이다.

구체적으로 누가 능력주의적 엘리트 범주에 속하는가? 마코비츠는 정확한 정의를 피하면서도, 대략 국민소득 상위 1%에 해당하는 사람들이 이 집단의 핵심을 형성하며 아울러 그들을 둘러싸고 있는 사람들(상위 5~10% 소득층)이 넓게 보아 능력주의 엘리트 범주에 속할 것이라고 암시한다. 직업적으로는 대기업 고위 관리자, 헤지펀드 매니저, 유명 전문의, 경영 컨설턴트, 대형 로펌의 파트너 같은 사람들이 이 그룹에 속한다.

| 열망 계급

미국에서 새롭게 부상한 엘리트 계층에 접근하는 또다른 방식은 이 집단의 문화적 측면을 강조하는 것이다. 엘리자베스 커리드핼킷Elizabeth Currid-Halkett의 2017년 저서 『작은 것들의 총합: 열망

계급 이론』*The Sum of Small Things: A Theory of the Aspirational Class*이 대표적이다. 이 책에서 그는 현재 미국에서 새로운 형태의 상류계층이 등장했는데, 그들은 경제적 지위보다는 생활양식이나 문화자본에 의해서 다른 계층과 구분된다는 것이다. 커리드핼킷은 새로 등장한 상류층을 '열망 계급'*aspirational class*이라고 명명했다. 약간 생소한 개념이긴 한데, 그의 설명에 의하면 "이 새로운 계급은 무엇보다 공통된 문화자본을 통해서 정의된다. 즉, 그들은 동일한 언어를 사용하고, 유사한 지식을 습득하며, 동일한 가치를 공유하는데, 이 모든 것이 그들의 집단적 의식을 형성하는 것이다."[5] 따라서 그들은 서로 비슷한 지식과 정보를 교환하고 격에 맞는 대화 상대가 된다.

소비를 통한 신분 경쟁도 물론 중요하지만, 커리드핼킷이 강조하는 것은 오늘날의 부자들이 베블런^{T. B. Veblen}이 말한 유한계급과는 상당히 다른 방식으로 소비에 임하고 있다는 점이다. 과거와 달리 오늘날은 신분 경쟁에 사용되는 많은 과시적 재화들이 대중화되었기 때문에, 부유층은 될 수 있으면 일반 중산층이 접근할 수 없는 재화들로 자신의 신분을 과시하고자 노력한다. 그래서 부유층이 취하는 태도는 흔한 과시성 사치품보다는 자신과 가족에게 더욱 실질적으로 도움이 되는 물품과 서비스를 많이 확보하는 것이다. 예컨대 자녀들 사교육, 가사 도우미, 정원 관리사, 고급 의료 서비스, 해외여행, 은퇴 후를 위한 보험 등에 많은 지출을 한다. 그리고 이런 생활양식에 필요한 것에는 금전적 여유뿐만 아니라 고급 정보와 문화지식이 포함된다. 커리드핼킷이 말하는 열망 계급과 일반 중산층의 계급적 차별화는 이렇게 문화자본 소유의 차이에 의해서 만들어지는 것이다.

┃ 영국의 엘리트 계층

미국의 연구들이 제시하는 계급구조의 변화는 다른 선진 자본주의 사회에서도 비슷하게 나타나고 있다. 최근에 발표된 영국의 중요한 계급 연구가 좋은 비교 자료가 될 수 있다. 2010년대 초에 저명한 영국 사회학자 마이크 새비지Mike Savage가 이끄는 연구팀이 BBC 후원으로 대규모(응답자 수 16만 1천명) 서베이Great British Survey를 실시했고, 그 조사 결과를 공저자들과 함께 『21세기의 사회계급』Social Class in the 21st Century(2015)이란 책으로 출간했다. 책에서 저자들이 제기한 가장 중요한 주장은 영국사회가 소수의 엘리트와 다수의 불안한 계층으로 확연히 양분되어 있으며, 그 양대 집단 사이에 다양한 중간집단이 존재한다는 것이다. 양극화의 두 축을 이루는 집단을 저자들은 '엘리트'elite와 '프리카리아트'precariat라고 부른다.

엘리트층 위에 영국의 전통적인 상류계급이 존재하지만 숫자도 극히 작고 또 경제적으로나 정치적으로 큰 영향력을 발휘하지 못하는 상징적 존재이다. 그 대신 경제적·정치적 엘리트들은 최근 들어 더욱 그들의 부와 특권적 위치를 강화해왔다. 새비지의 설명에 의하면, "우리 사회의 엘리트들은 많은 논평가들이 말하는 '1%'와는 다르다고 할 수 있다. 우리가 말하는 엘리트집단은 그보다는 훨씬 규모가 커서 인구의 약 6%를 포함한다."[6] 이 엘리트층에 속하는 사람들은 대기업 CEO, 금융 매니저, 마케팅 및 판매 매니저, 엘리트 전문직 종사자 등이다. 그들은 마코비츠가 말하는 미국의 '능력주의 엘리트'와 거의 동일한 집단이라고 볼 수 있다. 새비지팀의 조사에 따르면 영국의 부유 엘리트는 대부분 런던이나 그 외곽지대에 살고, 학교도 명문 대학 출신이 대부분이며 첨단 경제 분야에 포진해 있다. 새비지팀은 이들을 전통적 상류계급과 분리해 '부유 엘리트'wealth elite 또는 '일반적인 엘리트'ordinary elite라고도 부른다.

영국에서 엘리트층이 점점 공고화되고 중간계층과 분리되는 현상은 주목할 만하다. 이들의 분석에 의하면 양극화하는 영국 계급구조의 중간지대에는 하나의 중간계급이 존재하는 것이 아니라 두개의 조금 다른 성격을 가진 중간계층이 존재한다. '전통적인 중간계층'the established middle class(25%)과 '기술적 중간계층'the technical middle class(6%)이 그들이다. 둘을 합쳐도 인구의 3분의 1이 채 못 되는 것으로 추정된다. 그외에 새로 등장하는 '신 부유 노동자층'new affluent workers(15%)도 일종의 중간계층 성격을 가진 집단이다. 어쨌든 영국의 양극화로 꼭대기의 부유 엘리트층과 밑바닥의 불안계층precariat(15%)이 확연히 갈라지고, 중간계층은 그 중간지대에서 내부적으로 분화하여 경제적으로나 사회적으로 불안정한 위치를 차지하게 되었다.

| 한국 부유층의 부상과 특이점

지난 20여년간 한국에서 나타난 경제 불평등의 심화와 상위 계층으로의 부의 집중 현상은 앞에서 본 미국·영국의 패턴과 크게 다르지 않다. 경제적 양극화가 계급구조를 재편하는 방식도 많이 비슷하다. 이 양극화는 과거처럼 단순히 자본과 노동의 계급 양분화로 나타나는 것도 아니고 부자와 빈곤층으로 간단히 갈라지는 것도 아니다. 한층 복잡한 형태로 경제적인 격차가 벌어지면서 중간계층의 위치도 모호하게 만드는 경향이 있다. 이런 공통점이 있는 반면 한국 특유의 경험이 나타나는 것도 사실이다. 다른 선진 자본국들의 경험과 비교해서 한국의 계급변화에 어떠한 공통점과 상이점이 있는지 좀더 자세히 들여다보기로 하자.

가장 중요한 사실은, 미국·영국과 마찬가지로 한국에서도 최근에 소득과 자산의 불평등이 가파르게 증가했고 그 가운데 가장 많은 혜택을 받은 집단이 최상위인 소득 상위 1%라는 점이다. 이 최상위층은 소득보다는 자산이 더욱 두드러지게 증대한 집단이다. 경제적 피라미드 꼭대기로 올라갈수록 노동에서 얻는 소득보다 자산 증식을 통한 부가 더 중요한 몫을 차지하는 것은 모든 사회에서 동일한 현상이다. 그러면서 또한 중요한 것은, 한국에서도 부자는 아니지만 그 밑에 있는 상위 10% 정도의 인구 역시 지난 20여년간 괄목할 만한 소득의 증가를 경험했다는 사실이다. 그러므로 리브스가 강조한 것처럼 경제적 양극화를 '상위 1% 대 하위 99%'라는 프레임으로만 보는 것은 적절하지 않을 수 있다. 왜냐하면 그 프레임은 최상위층 아래에서 진행되는 또다른 형태의 양극화가 간과되는 결과를 가져오기 때문이다.

2장에서 보았듯이 한국에서는 지난 20여년간 불평등이 심화되는 가운데 상위 10%와 나머지 인구 간에 커다란 격차가 벌어졌다. 1990년대 말 외환위기 이후 한국 경제가 기술적으로 더 심화되고 세계화되면서 새로운 체제에 필요한 지식과 기술을 갖춘 소수 노동자와 나머지 일반 노동자에 대한 경제적 보상이 크게 달라진 것이 중요한 요인이었다. 또한 수출시장 위주의 대기업과 국내 시장 위주의 중소기업 사이에 임금 격차가 벌어진 것도 원인이었다. 이처럼 급변해온 경제체제에서 혜택을 받는 노동자들이 상위 10%만이라고 단정할 수는 없을 것이고, 상위 20%의 노동인구도 어느정도 경제발전의 수혜자라고 볼 수 있다. 그러나 소득만이 아니라 자산 소유까지 합쳐서 보면 상위 10%가 단연 우위에 있다고 볼 수 있다. 우선 평균 소득만 보더라도 꽤 큰 차이가 난다. 통계청의 가계 동향 조사에 따르면 2018년 현재 상위 10% 가계소득은 연 1억 1520만원이고, 상위 20%는 연 8500만원이다.[7]

| '세습 중산층'

앞 장에서 우리는 한국의 노동시장이 기업 규모와 취업 형태에 따라 양극화되어가고, 노동인구도 1차 노동시장과 2차 노동시장에 속하는 두개의 층으로 양분되는 추세를 보았다. 노동시장의 양분화 과정을 좀더 자세히 들여다보면 1차 노동시장 가운데 재벌기업과 준재벌기업 수준의 대기업에 정규직으로 종사하는 노동자와 그외의 중소기업 종사자와 비정규직 노동자 사이에는 커다란 경제적·사회적 격차가 존재한다. 이런 노동시장의 분절화가 한국 중산층의 변화에 미친 영향은 지대한데, 최근에 이 문제를 심도 있게 분석한 연구가 발표되었다. 조귀동의『세습 중산층 사회: 90년대생이 경험하는 불평등은 어떻게 다른가』(생각의힘 2020)이다. 이 책은 내가 최근에야 발견했기 때문에 나의 영어 책『특권과 불안: 글로벌 시대 한국의 중산층』*Privilege and Anxiety: The Korean Middle Class in the Global Era*(2022)에서는 인용을 못하였지만 여기서는 많이 참조를 하려고 한다.

조귀동의 주된 주장은 현재 한국사회에서 중산층에 진입하는 문은 점점 좁아졌고 그 진입에 성공하기 위해서는 이미 중산층에 속해 있는 부모의 재정적·사회적 지원이 절대적으로 필요해졌다는 것이다. 그러므로 중산층은 세습적으로 지위가 계승되는 폐쇄계층이 되었고, 그 변화를 가장 절실히 체험하는 세대가 1990년대생이라는 것이다. 그 전 세대만 해도 부모의 지위와 상관없이 중산층 지위를 획득할 가능성이 많이 열려 있었으나 지난 10여 년간 사정이 크게 달라졌다고 그는 말한다. 조귀동에 의하면 그 주요 원인은 노동시장의 양분화에 있다. 노동시장은 1차 노동시장과 2차 노동시장으로 양분화되는데, 1차 노동시장에 참여하는 노동자는 대기업의 정규직, 전문직, 그리고 공공부문 정규직 취업자들이고, 2차 노동시장에 속하는 노동인구는 대기업 비정규직, 중소기업 취업자, 기타 비정규직·일용직 취업자들이다. 1차 노동자는 '내부자'로, 2차 노동자는 '외부자'로 부를 수 있는데, 중요한 것은 이 두 노동시장 사이의 사회적 이동이 거의 단절되어 있다는 점이다. 한번 내부자가 되면 웬만한 일이 일어나지 않는 한 내부자로 남지만, 반면에 외부자가 되면 끝까지 외부자의 삶을 살아야 한다. 그가 인용한 자료에 의하면 1차 노동시장에 속하는 노동자의 비중은 대기업 정규직 14.5%와 공공부문 정규직 7.9%로 총 22.4%이다. 전체 노동자(자영업과 가족 종사자 포함) 기준으로 보면 16.5%이다.[8] 이들을 조귀동은 중산층이라고 규정한다. 1차 노동시장에서 제외된 모든 비정규직 노동자들과 중소기업 취업자들은 당연히 중산층 범위에서 제외된다.

이런 현실에서 모든 청년들이 추구하는 목표는 1차 노동시장에 진입해 소위 '번듯한 일자리'를 얻는 것이다. 그런데 이 번듯한 일자리가 2010년 이후 늘어나기는커녕 많이 줄어들었다. 당연히 취업 경쟁이 더욱 치열해졌다. 2017년 대학·대학원 졸업자 중에서 12.5%만이 이런 일자리에 취업할 수 있었다. 누가 운 좋게 이런 '번듯한 일자리'에 취업할 수 있었을까? 대부분(69.7%)이 명문대 또는 10개 상위권 대학 출신들이다. 대학 졸업자 숫자는 늘어나고 번듯한 직장 숫자는 오히려 줄어드는 상황에서 명문대의 가치는 더욱 중요해졌다. 조귀동이 인용한 자료에 의하면 대졸자의 출신학교 서열에 따라 취업률은 물론 월평균 초임도 크게 차이가 난다. 그러면 누가 명문대 또는 상위권 대학에 가

는가? 조귀동의 주장에 따르면, "90년대생의 세계에서 부모 세
대가 대졸 사무직으로 중산층 지위를 확보하지 못한 경우, 자녀
세대인 그들이 명문대 졸업장을 받기란 낙타가 바늘구멍에 들어
가는 수준으로 어려워졌다."⁹ 이 주장은 어느정도 과장되었다고
볼 수도 있겠으나 한국에서 부모의 사회·경제적 위치가 자식의
교육 성취에 중대한 영향을 미치고 있음은 잘 알려진 사실이고,
최근의 사회학적 연구들은 자녀교육에 작용하는 부모의 영향력
이 지난 10여년 사이에 더욱 강화되었음을 입증해준다.¹⁰

조귀동이 말하는 '세습 중산층'은 자신들이 획득한 경제적·사
회적 자원을 이용해서 자식들의 사회적 성취를 도와주고 계급승
계를 도모하는 계층집단을 의미한다. 그리고 이러한 세대 간 계
급세습을 가장 절실히 체험하는 세대가 2010년 이후 노동시장
에 진출한 젊은 세대이다. 그러므로 조귀동이 결론적으로 주장
하듯이 "결국 한국에서 90년대생들은 전문직이나 대기업 일자
리를 가진 부모가 확보한 경제력과 사회적 네트워크, 문화자본
을 바탕으로 명문대 졸업장과 괜찮은 일자리를 독식하는 '세습
중산층의 자녀 세대'를 처음으로 경험하는 집단이라 할 수 있다.
바로 이것이 오늘날 20대가 경험하는 불평등이 이전 세대가 경
험한 불평등과 질적으로 다른 이유다."¹¹

조귀동의 책에서 주장된 내용은 내가 이 책에서 전개하는 논
지와 맥을 같이한다. 그러나 그가 사용하는 중산층 개념에는 문
제가 있다고 생각된다. 그는 중산층을 소득 상위 15% 정도를 차
지하는 대기업 정규직 노동자나 전문직 종사자 가정으로 간주하

는데, 이는 그가 인정하듯이 '중·상위층' 또는 상위 중간계층과 동일한 개념이다.[12] 중산층 개념을 이렇게 상위 중산층에 한정함으로써 세습적인 중산층의 모습은 더 부각시킬 수 있었겠지만, 이는 다른 많은 중산층 연구자들이나 나의 접근 방법과는 차이가 난다. 한국의 중산층은 객관적 수준이나 주관적 수준 면에서 그보다는 더 넓은 사회집단이다. 계급세습을 할 수 있는 가정만 중산층으로 간주한다면, 그렇지 못한 다른 중간소득층 사람들은 더이상 중산층이 아니란 말인가? 아니면 중산층의 범위 안에서 세습 중산층과 비*세습 중산층을 갈라서 보는 것이 좋을까? 그리고 무엇보다 현재 한국사회에서 중산층 부모와 자식 사이에 일어나는 계급적 연속성이 그들을 '세습 중산층'이라고 부를 만큼 공고한가? 이 점에 관해서는 좀더 자세한 조사가 필요하겠지만, 아마도 그 정도는 아니라고 생각된다. 물론 상위 0.1% 또는 상위 1% 상류층에서는 충분히 가능한 일이지만 말이다. 부유한 중산층 가정에서 자란 자식들이 교육적으로나 직업적으로도 성공할 확률이 많지만, 오늘같이 경쟁이 치열한 시대에 그들이 부모 세대의 위치를 계승하는 일은 그리 쉬운 일이 아니다. 이것이 바로 상류 중산층 가정들이 경험하는 불안의 근본 요인이다.

| '부동산 계급'

앞에서 우리는 새로 부상하는 부유 중상층을 주로 소득분배의 양극화 현상과 노동시장에서 나타나는 분절화 과정을 통해 이해하려고 하였다. 그러나 한국 부유 계층의 형성과 중산층의 내부 분화를 정확히 이해하기 위해서는 직업과 소득분배에 나타난 불평등만 보아서는 불충분하다. 왜냐하면 한국에서 상류층 또는 상류 중산층에 진입하는 데는 직업을 통해서 얻는 근로소득 이외의 다른 불로소득이 중요한 역할을 해왔기 때문이다. 특히 부동산을 통한 자산 형성은 많은 부유층 가정에 가장 중요한 물질적 기반을 제공해주었다. 『부동산 계급사회』(후마니타스 2008)에서 저자 손낙구는 "한국에서 경제적 능력이나 사회적 지위는 부동산 자산을 얼마나 소유하고 있느냐로 결정된다"고 주장한다.[13] 항간에서 많이 하는 얘기 중에 '우리나라 부자들은 거의 다 부동산으로 돈을 번 사람들이다'라는 말은 결코 틀린 얘기가 아닐 것이다. 사실 부자만이 아니라 많은 중산층 가정도 부동산을 통해서 중산층 지위를 확보할 수 있었다. 2013년에 출간한 『아파트 게임: 그들이 중산층이 될 수 있었던 이유』(휴머니스트 2013)에서 박해천은 1970년대 이후에 일어난 세차례의 부동산 버블이 어떻게 중산층 가정의 운명을 결정했는지 잘 보여준다. 그가 주장하듯, "경제개발의 성과가 구체화된 1970년대 이후, 중산층을 꿈꾸던 사회 구성원 중 상당수는 이 버블을 몇차례 경험했느냐에 따라, 그리고 어떻게 대응했느냐에 따라 그들의 '집'과 '계층'이 결정되었다."[14] 부동산 버블은 2020년대까지 계속되고 있고, 최근에 와서는 집을 두채 이상 소유한 부유층과 한채만 소유한 가정의 격차가 더 커지고 있다.

부동산을 통한 자산축적에 관해 상세한 자료는 구하기가 힘들다. 그러나 몇가지 유용한 자료를 통해 다음과 같은 패턴을 발견할 수 있다. 우선 손낙구가 제공한 자료에 의하면 1963년에서 2007년 사이 서울 땅값은 1176배, 대도시 땅값은 923배가 올랐다. 같은 기간 도시 노동자의 실질소득은 15배 증가했다. 따라서 대도시 땅값은 실질소득의 60배 이상, 서울 땅값은 70배 이상 오른 셈이다.[15] 좀더 최근의 자료도 비슷한 추세를 보여준다. 경제정의실천시민연합이 2017년에 발표한 바에 의하면 "1988년 이래 노동자 평균 임금이 약 6배 오른 데 비해 서울 강남권(강남, 서초, 송파구) 아파트 값은 임금 상승치의 43배, 비강남권은 19배 올랐다."[16] 이 사실은 직업을 통한 근로소득보다 불로소득을 통한 자산축적이 얼마나 중요한가를 잘 보여준다. 부동산 버블로 혜택을 보는 인구는 소득 계층별로 뚜렷한 차이가 난다. 경제정의실천시민연합이 발표한 또다른 자료에 의하면 "1964~2015년 땅값 상승분 6702조원 가운데 상위 1%가 38.1%(2551조원), 상위 5%가 65.5%(4391조원), 상위 10%는 82.8%(5546조원)를 차지했다."[17] 부자들의 재산 증식은 1980년대까지는 토지 소유를 통해서 급속도로 이루어졌고, 그 이후 시기에는 아파트 소유가 재산 증식에 더욱 중요한 역할을 했다. 전체 부동산의 소득 계층별 분포를 보면 상위 10%의 평균 부동산 순자산(담보대출과 전세보증금 등 제외)은 7억 8천만원이고, 상위 10~20%의 평균 부동산 순자산은 3억 6천만원이다.[18] 서울지역 부동산 가격 상승의 혜택을 가장 많이 받은 층은 상위 10%이다. 예컨대 2016~18년 사이에 상위 10%의 부동산 순자산은 4.6% 증가한 반면, 상위 11~20%

는 2.9% 증가했다. 여기서 볼 수 있듯이 상위 10%는 상위 20%와 비교해 근로소득보다 자산 소유에서 더 뚜렷한 차이를 보인다.

그러면 좀더 구체적으로 부동산으로 자산축적을 많이 한 사람들은 누구인가? 이에 관한 자료는 더욱 희소하고 이를 정확한 자료로써 입증하기도 힘들지만, 대략의 윤곽은 잘 알려져 있다. 그들은 투자할 자본을 어느정도 소유하고 부동산시장의 흐름에 민감하며 또 필요한 정보를 접할 수 있는 사람들이다. 물론 지난 반세기 또는 그 이전부터 부동산으로 가장 많이 혜택을 본 집단은 재벌들이다. 박해천에 의하면, "1989년 말에 국내 30대 재벌이 소유한 부동산의 총면적은 약 1억 4천만평으로 서울시의 70%를 넘는 규모였다."[19] 한국 부동산시장의 동향을 누구보다 날카롭게 파헤친 손낙구의 말에 따르면, "투기의 주역은 자금 동원력이 막강한 재벌기업들이며 이들은 관벌·정치권·언론·관변 학자 등과 '부동산 5적'을 형성해 투기로 불로소득을 거머쥐는 부동산투기 먹이사슬의 정점에 있다."[20] 그다음은 정치인과 고위 관료다. 박해천의 보고에 의하면, "실제로 상당수의 장·차관급 공직자들이 두채 이상의 주택을 소유하고, 검찰 고위 간부들 일부는 개발 정보를 이용해 경부고속도로 일대의 토지를 투기 목적으로 매입했으며, 국회의원과 그 가족이 보유하고 있는 전국의 땅은 모두 800만~900만평으로 여의도의 열배나 되는 넓이였다."[21]

그러나 부동산으로 혜택을 본 사람들이 재벌이나 권력자만은 결코 아니다. 경제적 여유가 있는 많은 중산층 가정은 1980년대 이후 아파트 붐으로 재산을 늘릴 수 있었다. 이것은 강남 개발과 밀접하게 연관된 일이고 다음 장에서 좀더 상세히 논의할 것이다. 과거에는 부동산 투자로 부자가 된 사람들을 흔히 졸부라고 불렀다. 돈은 많지만 도덕적으로나 학식 면에서 부족한 신흥 부자를 지칭하는 말이었다. 그러나 2000년대 와서는 아파트 시장에서 수익을 많이 얻는 사람들 중에는 전문적 부동산 투자자만 있는 것이 아니라 대기업 고액 봉급자나 상위 전문직에 있는 사람들이 많아졌다. 많은 경우 이들 가정의 경제적 기반은 그들이 직업을 통해서 받는 고액 임금보다 부동산 투자에서 얻는 소득이 더 큰 비중을 차지한다. 같은 변호사나 교수라도 어느 지역에 어떤 규모의 아파트에 살고 있느냐가 중요하다. 더욱이 임대용 아파트를 한두채 가지고 있는 경우 경제적 위치는 더욱 달라진다. 한국의 상류 중산층이 부동산 축재를 통해 형성되었다는 주장이 설득력을 갖는 이유가 여기에 있다.

| 계급적 정당성 결여

이러한 이유 때문에 한국의 상류층은 도덕적으로나 이데올로기적으로 진정한 상류계급을 형성하지 못하고 있다. 한국의 상류계급이라 할 수 있는 재벌집단은 물론 새로 등장하는 신흥 부유 중상층에 대한 일반 대중의 시선은 극히 부정적이고 비판적이다. 그들이 누리는 특권적 위치가 권력이나 부동산투기 등을 통해서 형성되었다는 인식이 사회에 널리 퍼져 있기 때문이다. 한국의 자본가계급은 서구에서와 달리 독립적으로 성장하지 못하고 국가의 통제와 보호하에 기업을 발전시켰으며 국가권력과 친밀한 관계를 유지함으로써 특혜를 받아왔다. 그뿐 아니라 대부분의 재벌기업들은 앞에서 얘기한 바와 같이 정상적인 기업활동 외에 부동산을 통해서 엄청난 자본을 축적한 것이다.

자본가계급 밑에 있는 상위 10% 정도의 부유층은 대부분 고학력자며 명문대 출신이 많다. 이들은 미국에서와 같이 능력주의 이데올로기로 자신들의 우월한 지위를 정당화할 수 있을 것이다. 그러나 아직까지 이들을 마코비츠가 얘기하는 '능력주의 엘리트'라고 부를 수 없는 이유는, 앞에서 지적한 대로 한국의 부유층 중에는 부동산이나 권력에 따른 지대地代, rent를 통해 재산을 축적한 사람들이 많기 때문이다. 그리고 최근에는 고임금자들이 부동산만이 아니라 주식을 통해서 재산을 불려나갈 수 있는 기회가 확대되는 추세이다. 이런 기회는 자연히 고임금과 고자본 수익을 얻을 수 있는 집단과 그런 기회 구조에서 밀려난 대다수 중산층의 격차를 넓히는 결과를 가져온다. 어쨌든 부유층의 특권적 지위가 그들의 전문적 지식이나 직업적 지위만이 아니라 그들이 이런 위치를 이용해서 창출하는 불로소득에 크게 의존하고 있다는 인식이 사회에 팽배한 이상 한국의 신흥 상류층은 능력주의 엘리트로서의 계급적 정당성을 아직 확보하지 못하고 있는 것이다.

한국 상류층은 이처럼 도덕적 정당성을 결여함으로써 특권적 기회를 추구하는 방법에서 미국과 흥미있는 차이를 만들어낸다. 리브스가 얘기하듯이 미국의 중상층은 토지사용제한법이나 동문자녀 우대제도, 또는 학자금 저축에 대한 세금감면Plan 529 같은 제도를 만들어서 합법적인 방법으로 자신들의 계급적 이익을 확보하고 있다. 그리고 대체적으로 미국의 일반 대중은 이런 제도가 불공정하다고 인식하지 못한다. 그러나 이런 제도를 한국에서 만들자면 큰 저항에 부딪힐 것이다. 그래서 한국에서는 최소한 아직까지 세금제도 말고는 상류층의 특권을 제도적으로 보장해주는 제도가 많이 발달하지 않은 듯하다. 미국의 동문자녀 우대제도 같은 것은 상상도 못할 일이다. 그런 면에서 아마 한국이 미국보다도 더 민주주의적이라고 할 수 있다. 그러나 문제는 바로 그렇기 때문에 권력과 돈 있는 사람들이 비합법적이고 비윤리적 방법으로 자신의 이익을 추구하는 일이 자주 일어난다는 점이다. 예컨대 좋은 학군에 자식을 보내기 위해 거주지 위장 전입을 하거나 자식을 군대에 보내지 않기 위해 허위 의료증명서를 만드는 일 등은 고위 공직자 임명 때마다 너무나 자주 노출되는 한국식 기회축적의 작은 예일 것이다. 2019년 가장 뜨거운 사회적 이슈가 된 조국 전 법무부 장관 자녀 사건도 그중 하나이다.

이처럼 여러 면에서 나타나는 한국 상류 중산층의 도덕적·이데올로기적 문제점에도 불구하고 최근에는 한국 경제의 구조적 변화 속에서 중요한 변화가 일어나고 있음을 주목할 필요가 있다. 경제체제가 지식·기술집약적 산업을 중심으로 진화하고 세계 자본시장에 깊숙이 진입하면서 직업구조도 많이 바뀌었다. 글로벌화한 경제체제가 필요로 하는 고위 전문기술직·관리직·경영직 종사자들의 숫자가 많이 늘어났고, 그들은 자동화로 쉽게 대체될 수 있는 일반 사무직 노동자들과 크게 다른 대우를 받게 되었다. 상업과 서비스 분야에도 창의적이고 세련된 아이디어와 기술을 소유함으로써 높은 소득을 올리는 전문가들이 등장하고 있다. 이런 변화에 따라 부유층의 인적 구성도 달라져서, 부자 하면 예전에 자주 떠오르던 '졸부'라는 이미지는 차츰 희석되는 경향이다. 오늘날 기업 엘리트와 전문직 종사자들은 학력이 높고, 그중 다수는 해외 대학원에서 학위를 받고 돌아왔으며, 미국의 능력주의 엘리트 못지않게 매우 열심히 일한다. 따라서 그들은 자신의 우월한 계급적 위치를 자신의 높은 교육수준, 재능, 근면한 노동과 같은 능력주의적 가치를 통해 정당화할 수 있게 되었다. 이런 경향이 지속될 경우, 한국의 부유 중상층도 미국의 엘리트층과 마찬가지로 능력주의 이데올로기를 가지고 자신들의 계급적 위치를 확고히 정착시킬 수 있을 것이다.

신흥 중상층의 권위와 정당성을 돕는 또 한가지 요소는 '세계화'이다. 한국이 1990년대 후반 이래 적극적으로 추구한 세계화가 불평등을 심화시킨 것은 잘 알려진 사실이다. 세계화의 파고에 성공적으로 적응한 이들과 그러지 못한 이들 간에는 경제적으로 커다란 격차가 벌어졌다. 세계화는 경제적 불평등만 증가시키는 것이 아니라, 그 불평등이 사회적으로나 문화적으로 전환될 수 있도록 도와주는 역할도 한다. 한국 경제의 시장 전면개방은 다양한 소비재, 패션, 오락, 레저 스타일이 국내에 들어오도록 했고, 해외여행을 자유롭게 했으며, 세계 교육시장으로 교육의 기회를 확대했다. 그러므로 세계화된 소비재 시장과 교육시장에 어떤 형식으로 참여하는가는 오늘날 부유 중상층과 일반 중산층을 가르는 척도가 되었다. 외국에서 수입되는 각종 명품 브랜드 상품, 건강식품, 화장품, 고급 가구, 레저 상품 등은 부유층의 생활양식을 더 풍요롭게 해주고 있다. 또한 교육시장의 세계화는 영어와 외국 유학 경험의 중요성을 더욱 높여줬고, 경제적 여유가 있는 가정의 자녀들에게 더욱 확고한 경쟁력을 마련해주었다. 세계 시장의 새로운 기회 구조에 적극 참여해 혜택을 받을 수 있는 인적·물질적 자산을 갖춘 집단과 그런 자원이 결여된 집단의 격차가 벌어지는 것은 당연하다. 그리고 이 격차는 부유 중상층과 일반 중산층 사이에 가장 뚜렷하게 나타나고 있다. 이와 같이 세계화는 중산층 내의 계층분열을 촉진하는 중요한 기제 노릇을 하고 있는 셈이다. 그런 의미에서 나는 한국이나 다른 신흥 발전국가에 새로 등장한 상류 중간계층을 '글로벌 중간계층'global middle class이라고 부를 수 있다는 주장을 이전 논문에서 개진한 바 있다.[22] 그러나 한국에 새로 등장한 부유 중상층의 특징을 세계화의 측면에서 강조하는 것은 그리 적합하지 않을지도 모른다. 한국에서는 상류 중산층만이 아니라 중산층 전체가 세계화 추세에 깊게 영향을 받고 있기 때문이다. 그들의 소비 형태나, 취향, 태도, 그리고 추구하는 이상 등 모든 면에서 글로벌화는 이제 사회 전체의 주류 패턴이 되었다. 그러므로 글로벌화하는 형태나 내용 면에서 계층 간의 차이는 물론 엄연히 존재하지만, 신흥 중상층의 특징을 그것만으로 대변할 수는 없을 듯하다.

| 특권적 계층에 대한 접근 방법

앞에서 살펴본 대로, 현재 여러 자본주의 선진국에서 나타나는 중요한 현상은 경제적 불평등의 심화 속에 새로운 특권적 계층이 등장하였다는 사실이다. 그들은 최상위 자본가층 밑에 있으면서 일반 중간계층과는 경제적·사회적으로 격차가 크게 벌어지는 신흥 부유층을 말한다. 그 집단을 구체적으로 어떻게 정의하느냐에 관해서는 학자들 간에 아직 공통된 의견이 존재하지 않는다. 위에서 보았듯이 리브스는 소득 상위 20%를 하위 80%와 구별해서 '신 상류 중간계층'으로 정의했고, 스튜어트는 상위 9.9%를 지목해서 미국의 '신新귀족'으로 지칭했다. 마코비츠는 좀더 작은 규모의 전문직·관리직 집단을 선정해 '능력주의 엘리트'라고 불렀다. 그는 이 집단의 규모를 정확히 기술하지는 않았지만, 대충 5~10%로 추산했다. 새비지도 마코비츠와 비슷한 측면에서 영국에 새로 등장한 상류층을 '부유 엘리트'로 지목하면서 그 규모를 대충 6%로 추정했다.

앞 장에서 나는 한국의 소득 상위 10%를 부유 중산층으로 보는 것이 유의미하다고 생각하며, 그 주요 이유로 소득과 자산 면에서 그들과 하위 90%의 격차가 크게 벌어진다는 점을 들었다. 그러나 사실 상위 10%와 하위 90% 사이에 명백한 경계선이 존재하는 것은 아니다. 어떤 면에서는 상위 20%까지 포함시켜서 중상층으로 보는 것도 의미가 있다. 또한 상위 10% 중에서도 상위 5% 정도에 속하는 사람들의 소득이 더 빨리 상승했다.[23] 소득과 자산을 동시에 고려해서 상위 10%의 상위층을 구분한다면, 이 계층집단은 리브스가 말하는 '신 상류 중간계층'이 될 것이다. 만약 5%에서 선을 긋는다면, 마코비치나 새비지처럼 '능력주의 엘리트' 또는 '부유 엘리트'라는 명칭을 사용할 수도 있을 것이다. 이 점에 관해 명확한 판단을 하려면 앞으로 좀더 많은 관련 자료가 수집되어야 할 것이다. 다만 현재로서는 한국에 새로 등장한, 비교적 부유하고 경제적으로나 사회적으로 일반 중산층보다 더 많은 특권적 기회를 누릴 수 있는 집단을 대략 상위 10% 집단으로 추정해 이들을 '신 상류 중산층'(약칭 '신중상층') 또는 '특권 중산층'이라고 부르고 싶다. '신 상류 중산층'이란 이름은 이들이 차지하고 있는 경제적·사회적 위치를 기준으로 해서 규정하는 것이고, '특권 중산층'이란 이들이 그 위치에서 향유하는 특권적 기회를 강조하여 구분해서 보는 것이다.

이 계층집단을 소득·자산 상위 10%로 규정하는 것은 자의적이라고 할 수 있다. 사실 계급 경계선을 정확히 정하는 것은 결코 쉬운 일이 아니고, 또한 큰 의미가 있는 일도 아니다. 과거 봉건사회와 달리 현재 자본주의 사회에서 계급 경계선은 원천적으로 그리 명확하지 않으며 또 자주 변한다. 특히 중간층 내에서 일어나는 계층분화의 경계선은 더더욱 불분명하고 불안정하다. 어쨌든 이 책의 주요 목적은 한국의 계급구조 자체에 관한 정교한 분석을 제공하는 데 있는 것이 아니다. 그보다는 사회의 중간층 지대에서 전개되는 새로운 계급관계와 계급동학class dynamics을 폭넓게 관찰해보려는 데 있다. 단지 그 목적을 위해서 새로 등장하는 신중상층에 시선을 집중할 필요가 있는 것은 이 계층집단이 여러 면에서 새로운 계급 행위를 선도하고 있기 때문이다. 하지만 이 계층에만 지나치게 집중하면 사회 전체에서 일어나는 더 큰 움직임을 간과할 수도 있다는 점을 주의해야만 한다.

중간계층은 동질적인 계층이 아니며 과거에도 중산층 안에 비교적 부유한 중산층 가정들이 있었다. 그러나 새로 등장한 신중상층과 과거의 부유층의 가장 큰 차이점은 예전에는 경제가 빠르게 발전하는 가운데 거의 대부분의 인구가 어느정도 공평한 혜택을 받았고 누구나 열심히 일하면 어느정도 경제적으로 성공할 수 있는 기회가 주어진 반면, 현재는 그러한 상승이동의 기회가 막혀 있다는 사실이다. 현재의 신중상층은 대다수 중산층 사람들이 경제적 불안을 겪으며 하향이동을 할 때 자신들의 경제적 상황은 호전되는 것을 경험한 사람들이다. 즉, 현재의 부유층은 경제적 양극화가 대다수 인구를 패자로 몰아가는 가운데 승자로 등장한 집단이라고 볼 수 있다. 그러므로 그들은 자신을 일반 중·하층 집단과 구별짓고 싶어하며, 그 욕구를 자신의 차별화된 거주지역, 소비 형태, 생활양식 등을 통해서 추구하고자 한다. 무엇보다도 점점 불안해져가는 사회에서 자신이 획득한 계급적 위치를 자식 세대가 계승할 수 있도록 사교육을 통한 교육 경쟁에 매진하게 되는 것이다.

여러 면에서 신중상층의 가장 중요한 특징은 그들이 특권적 기회를 향유하는 계층이라는 점이다. 내가 여기서 특권이라고 말하는 것은 비단 정치권력적인 것을 의미하지 않는다. 그보다는 좀더 넓은 의미에서 영어의 'privilege'와 같은 뜻을 내포한다. 'privilege'는 단지 정치적 권력을 사용하는 행위만이 아니라, 경제적·사회적·문화적 부문에서 남들이 쉽게 즐길 수 없는 기회를 향유하는 것을 뜻한다. 한국사회에서 신중상층이 일반 중산층과 구별되게 누릴 수 있는 특권적 기회는 여러 분야에서 나타난다. 우선 그들은 노동시장에서 특권적 위치에 놓여 있다. 신중상층 구성원은, 조귀동이 서술했듯이 대부분 직업 안정과 꾸준한 임금 인상이 보장되는 1차 노동시장에 취업해 있다. 그중 많은 이들은 고도로 발전한 자본주의 경제에서 요구되는 고급 기술을 소유하고 있다. 그러므로 그들은 대기업이 채택한 신자유주의적인 업적 위주 봉급 체제의 수혜자인 것이다. 그리고 대기업의 생산직 노동자 중 강력한 노조에 소속된 노동자들은 일반 사무직보다 훨씬 나은 임금을 받으며 고용을 보장받는 특권적 노동자의 위치에 있다.

신흥 부유층에게 할애된 특권적 기회는 날로 발달하는 소비시장과 서비스시장에서 한층 가시적으로 드러난다. 자본주의의 진전에 따라 발달된 소비시장은 주로 부유한 소비자를 대상으로 온갖 종류의 고급 물품과 서비스 상품을 제공한다. 돈이 많으면 주택, 실내 가구, 자동차, 의류, 먹거리, 의료 서비스, 레저 등 여러 면에서 더 풍요한 삶을 즐길 수 있다. 이런 것들도 다 특권적 기회privilege라고 볼 수 있다. 과거의 부자들은 설령 돈을 많이 가지고 있어도 이런 기회가 극히 적었다. 국내 시장의 미발달이 이유이기도 했지만, 국가의 통제 때문이기도 했다. 그러나 수입시장의 완전 자유화는 온갖 고급 상품들을 국내로 들여왔고, 세계화가 이뤄지는 가운데 서비스시장에서도 선진국 수준의 갖가지 고급 서비스가 제공되기 시작했다. 상품시장이나 서비스시장 모두 가장 구매력이 높은 고객을 일반 고객과 구분하고, 그들의 구미에 맞는 상품들을 계속 만들고 또 업그레이드하고 있다. 따라서 시장은 차츰 부유층을 위한 상류층 시장upscale market과 서민층을 위한 서민 시장downscale market 으로 양분되어가는 추세이다. 마코비츠는 미국에서는 부유층과 일반 중산층이 쇼핑하는 장소를 비롯해 이들이 즐겨 찾는 식당, 미용실, 헬스클럽, 게임홀, 결혼식장 등 여러 면에서 뚜렷하게 시장이 양분화되었다고 관찰한다. 한국에서도 같은 현상을 목격할 수 있다. 그러면서 부유층은 외적인 생활 조건만 사치스럽고 고급스러운 것이 아니라, 실질적인 생활의 질에 있어서도 크게 향상된 수준을 누리게 되었다. 바로 이것이 생활 전반에 나타나는 특권적 기회라고 할 수 있다.

계급특권이 가장 민감하게 나타나는 영역은 다름 아닌 교육 분야일 것이다. 소위 번듯한 직장에 취업하기 위해서는 미국이나 한국 모두 명문대 졸업장이 예전보다 더 중요해지고 있다. 자녀를 좋은 초등학교와 고등학교에 보내기 위해서는 부모가 좋은 학군에 거주지를 정하는 것이 더욱 필요해졌다. 한국같이 사교육이 중요한 역할을 하는 나라에서는 부모의 재정적 능력이 자식의 교육에 미치는 영향이 다른 나라들보다 더 크다. 부유한 가정은 자녀들에게 유치원 때부터 원어민 영어교육을 시키기 시작하여 대학입시 때까지 비싼 사교육을 받게 해주고, 또 고급 입시

컨설턴트를 고용해 일류 대학 입시 전략을 짤 수도 있다. 그리고 자녀가 국내에서 명문 대학에 입학할 가능성이 없다고 판단되면 자녀를 일찍 외국 유학을 보낼 수도 있다. 이 모두가 중요한 계급 특권이다.

그러므로 나는 이 책에서 새로 등장하는 한국의 상류 중산층을 그들이 향유하고 또 경쟁적으로 추구하는 특권적 기회의 측면에서 접근해보고자 한다. 그들이 특권적 기회를 누릴 수 있는 것은 현대 자본주의 시장이 그 기회를 계속해서 만들어내기 때문이다. 21세기 자본주의 시장은 당연히 경제적으로 쪼들려가는 중·하층 소비자보다는 소득과 자산이 불어나는 부유 중산층을 너 우내하고 그들로부터 많은 이윤을 얻고자 한다. 그래서 너 그고 더 고급스런 아파트를 짓고, 더 고급스런 명품 의류와 장식품을 생산하며, 더 다양한 럭셔리 레저 기회를 제공하고, 더 다양한 VIP 서비스 상품을 소개한다. 그뿐 아니라 확대된 사교육시장이 공교육을 압도하는 상황에서 좋은 교육을 받을 수 있는 기회 자체가 점점 더 주거지의 소득수준별로 계층화되어간다. 이러한 자본주의 시장의 구조적 변화 속에서 신흥 부유층은 되도록 더 많은 특권적 기회를 소유하고 싶어하고 동시에 그 기회를 자식들에게 물려주고자 노력한다. 그러나 미국의 엘리트층과는 달리 한국의 신흥 부유층은 아직 그들의 특권을 담보할 만한 도덕적 정당성은 물론 제도적 장치를 구축하지 못한 상태이다. 그렇기 때문에 비합법적인 수단이 자주 동원되는 것이다. 따라서 많은 사회적 알력과 불안이 발생하고 있다. 특권적 기회에서 제외된 다수 국민은 가계 사정과 상관없이 부유층의 소비수준과 교육 전략을 따라가려고 노력하는 경향이 있다. 그 결과 경제적 불안이 깊어지고 강한 좌절감과 상대적 박탈감을 느끼게 된다. 결과적으로 상류 중산층과 일반 중산층 모두 종류는 다르지만 같은 정도의 불안을 안고 살아갈 수밖에 없다.

4장

강남 스타일
계급 형성

2012년에 나온 가수 싸이의 글로벌 히트곡 「강남스타일」 덕분에 강남은 세계적으로 잘 알려진 지역이 되었다. 외국에 여행을 다니면 강남이 어디에 있는 곳이고 '강남 스타일'이란 어떤 것이냐고 묻는 사람들을 가끔 만나게 된다. '강남 스타일'이 무엇인지 잘 설명할 수 있는 사람은 한국인 중에서도 많지 않을 것 같다. 무언가 모던하고 세련되고 소위 '힙'^{hip}하고 '쿨'^{cool}하며 다소 쾌락적인 라이프스타일을 통틀어 의미하는 것 같다고 대답해줄 수밖에 없다. 그런데 어떻게 이런 라이프스타일이 강남이라는 지역과 관련을 갖게 되었을까? 물론 '강남 스타일'은 싸이나 대중미디어가 만들어낸 문화적 개념(기호)일 뿐 실존하는 강남과는 관계가 없을 수 있다. 그러나 불과 몇십년 사이 허허벌판에 새로 들어선 초현대적 도시 강남은 여러 면에서 독특한 형성 과정을 보여주며, 거주자들의 사회·경제적 특성이나 생활양식도 다른 지역과 비교해 많은 차이를 드러낸다. 그것은 비단 강남 스타일 패션이나 유흥 문화가 아니라, 강남 특유의 자산형성 과정, 자녀교육 방법, 지위추구 전략 등 여러 면에서의 차별성이다. 그런 의미에서 지난 반세기 강남이라는 특수한 지역이 서울 남쪽에 형성된 것과 한국의 계급구조·계급관계 사이에는 불가분의 연관성이 있다. 무엇보다도 이 지역에 중산층 가정이 대규모로 집결하여 살게 되었고 그들 특유의 계급적 행위를 전개하게 된 것은 한국의 계급 지형도가 크게 바뀌게 만든 원인이 되었다. 강남의 등장은 한국의 신 상류 중산층 또는 특권 중산층 형성에 가장 직접적이고 중요한 영향을 미친 것이다. 이 현상을 나는 일종의 '강남 스타일 계급형성'이라고 규정하려 한다. 이 장의 주요 관심사는 강남의 발달이 어떻게 한국의 계급지형을 바꾸어놓았으며 무엇보다도 특권적 중상층 형성에 어떠한 기여를 했는지 검토하는 데 있다.

| 강남 개발

도시 주거지역이 계급적으로 공간 분화를 하는 현상은 현재 많은 나라에서 발견되고 있다. 그러나 한국의 강남처럼 부유 중산층이 대규모로 한 지역에 밀집해 살며 동질적인 중산층 도시를 형성하고 있는 것은 세계에서 보기 드문 현상이다. 어떻게 이런 도시가 형성되었을까? 50년 전만 하더라도 강남은 논밭과 허허벌판이었다. 이 신도시는 국가 근대화 프로젝트의 일환으로 국가의 전폭적인 재정적·정책적 지원 아래 만들어졌다. 물론 애초 목적은 경제발전 과정에서 수도 서울로 폭주하는 인구를 수용하기 위해서였고, 그와 더불어 군사적인 목적에서도 강북에 몰려 있는 인구를 강남으로 분산시킬 필요가 있어서였다. 그러나 1980년대 이후부터는 선진국 수준에 도달한 국가 경제를 이끌어가고 국가의 위상을 세계에 드높일 수 있는 새로운 초현대적 수도가 필요하게 되었다.

한국의 군사정권은 그런 도시를 1970년대 이후 불과 20~30여 년 사이에 창조해냈다. 한국형 압축적 근대화의 또다른 표상이라 할 수 있다. 모든 것을 군대식으로 일사불란하게, 효능 만점으로 진행한 것이다. 새 도시의 미적인 측면이나 생태적 영향, 또는 다른 도시들과의 균형 등에 대해서는 별 고려가 없었다. 대규모 신도시를 건설하기 위해서는 물론 막대한 정부 투자가 필요했다. 초기에는 서울의 남과 북을 잇는 대교를 여럿 건설했고, 도로를 깔았으며, 하부구조와 전기·통신시설을 신설했고, 녹지대를 정비했다. 이런 기초 작업 외에도 국가는 강남의 선택적 발전을 위해 모든 수단을 동원했다. 서울과 지방을 잇는 고속버스 노선의 허브를 강남으로 옮기고, 서울 지하철 시스템이 개발되었을 때는 대부분의 노선이 강남을 반드시 지나가도록 결정했다. 강북에 있던 여러 공공기관들(예컨대 대법원, 검찰청, 대한무역투자진흥공사, 관세청 등)을 강남으로 옮기고, '예술의 전당'과 올림픽경기장 같은 문화·체육시설도 설립했다. 이같은 강남 선호

정책뿐만 아니라 더 노골적인 강북 억제책까지 도입해가며 강북 지역에 백화점이나 도매업소 또는 유흥업소 등의 신설을 불허하기도 했다. 그리고 중산층 가정을 강남으로 유치하기 위한 가장 효과적인 방법으로 강북에 소재한 몇몇 일류 고등학교를 강남으로 이전시켰다.

강남 형성의 가장 특이한 양상 중 하나는 주거지 형태가 단독주택이 아닌 아파트 중심으로, 그것도 주로 중산층을 위한 것으로 건설되었다는 점이다. 왜 아파트였나? 두가지 이유가 중요했던 것으로 보인다. 첫째는 건설 효능 면의 이점이다. 아파트를 짓는 것이 더 빨리, 더 경제적으로 많은 주택을 공급하는 방법이었고, 따라서 최단시간 내에 신도시를 건설하려는 국가의 기획과 맞아떨어졌기 때문이다. 둘째는 아파트가 중산층이 선호하는 주거 형태였기 때문이었다. 현대적인 주방시설과 거실, 화장실 등을 겸비한 아파트는 단연 전통적인 단독주택보다 편리하고 현대적인 삶을 표상하는 것이었으므로 대부분의 중산층 가정이 이상화한 주거 형태였다.

그러나 많은 나라에서 아파트는 고급 아파트도 있지만 오히려 저소득층 아파트가 더 많은 것이 사실이다. 한국에서도 1960년대 말에 지어진 소수의 아파트에는 저소득층 다주택 건물이 많았다. 그러나 이 아파트들은 가령 와우아파트 붕괴 사건처럼 대체적으로 좋지 않은 경험을 남기고 사라져갔다. 이런 경험 때문에라도 정부는 강남에 새로 중산층을 위한 아파트를 건설하려고 하였던 것 같다. 이렇게 해서 강남은 애초부터 중산층 도시 형성을 목적으로 만들어진 것이다.

ㅣ특권적 기회의 도시

국가의 전폭적 지원으로 급격히 발전한 강남은 대부분의 한국인이 공감하듯이 특권적 기회의 지역으로 자리잡았다. 2010년에 실시된 한 설문조사에 의하면, 강남에 살지 않는 비거주인 응답자 117명 중 93명이 강남으로 이주하고 싶다고 대답했다. 강남은 만인이 살고 싶어하는 곳이란 말이 결코 틀린 얘기가 아님을 알 수 있다. 왜 그렇게 많은 이들이 강남에 살고 싶어하는 걸까? 강남이 정말로 살기에 쾌적하고 조용하고 편안한 곳이기 때문은 아닐 것이다. 그보다는 강남 거주가 주는 많은 이점이 있기 때문일 것이다. 도시 인프라가 잘 발달돼 있고, 교통이 편리하며, 도시 구획이 잘 정돈되었고, 녹지대도 많다는 장점도 중요하겠지만, 진짜 중요한 이유는 지역이 제공해온 특권적 기회에 있다. 그 중에서도 가장 중요한 요인이 부동산을 통한 자산 증식의 기회, 그리고 좀더 유리한 교육을 받을 기회이다. 이 두 요인이 서로 밀접한 관계를 맺으며 강남 발전을 촉진시켜왔다.

강남을 얘기할 때 부동산을 빼놓을 수 없을 정도로 부동산은 강남 발전에 절대적인 영향을 미쳤다. 강남의 부동산 가격 상승은 실로 놀라울 만큼 빠른 속도로, 그리고 지속적으로 진행되었다. 한 전문가의 발표 자료에 의하면 1963~79년 사이 강북 용산의 지가가 25배 상승한 데 반해 강남지역의 지가는 800~1300배

가량 상승했다.[1] 또한 앞서 인용한 바와 같이, 경제정의실천시민 연합이 수집한 자료에 의하면 "1988년 이래 노동자 평균 임금이 약 6배 오른 데 비해 서울 강남권(강남, 서초, 송파구) 아파트 값은 임금 상승치의 43배, 비강남권은 19배 올랐다."[2] 이러한 추세 속에서 부동산을 소유한 사람과 소유하지 못한 사람 사이에는 엄청난 경제적 격차가 벌어졌고, 그 가운데 강남에 일찍 이주해서 자가 아파트를 한채 또는 그 이상 소유하게 된 사람들은 당연히 큰 이익을 보았다. 그 이후에도 강남에 아파트를 매입한 사람들은 모두 계속 상승하는 강남 아파트 가격의 수혜자가 되었다. 그들에게는 직업으로 얻는 수입보다 부동산 소유로 얻는 수익이 더욱 중요한 자산 형성의 원천이 된 것이다. 하지만 최근 들어 강남 아파트 시세가 너무 높아짐에 따라 일반 중산층 가정들은 더이상 강남에 진입할 수 없게 되었고, 따라서 강남과 비강남의 경계선은 더욱 깊은 의미를 갖게 되었다.

강남의 부동산 가격이 이렇게 계속 상승한 이유는 지역이 주는 특권적 교육기회와 밀접한 관계가 있다. 사실 강남의 발전은 한국의 초경쟁적 교육 환경을 떼놓고는 설명할 수 없다. 앞에서 기술한 대로 박정희정부는 강북에 거주하는 중산층 가정을 강남으로 이전시키기 위해 강북에 있던 옛 명문 학교들을 강남으로 옮기는 정책을 폈다. 그리하여 1976~81년 사이에 경기고, 휘문고, 서울고, 숙명여고 등이 강남구·서초구를 중심으로 서로 인접한 지역에 자리잡게 되었다. 그 지역이 곧 '강남 8학군'이라 불리는 교육특구가 되어 중산층 가정이 가장 선호하는 주거지역으로 발전한 것이다. 당연히 그 지역에 위치한 아파트의 가격이 폭등했으며 이는 다른 강남지역에도 연쇄반응을 일으켰다. 그럼으로써 자식의 교육을 위해 강남으로 이주한 가정은 비단 자식의 교육 면에서뿐만 아니라 경제적으로도 예상치 못한 큰 혜택을 받기에 이른 것이다. 조장훈의 표현대로, "그들 스스로도 예상하지 못했겠지만 이 교육열 충만한 부모들은 강남으로 이주하며 자식이 아니라 자신의 신분과 계급을 업그레이드했다. 이제 강남은 돈 없어도 무조건 가야 하는 곳이 되었고, 후세의 계급상승을 위해 노력한 부모들은 현세에서 구원받았으니 이보다 호소력 있는 신화와 종교는 일찍이 없었다."[3]

입시 명문 8학구으로 교육적 특권을 과시하게 된 강남은 1990년대 중반 이후 특수목적고등학교(특목고)가 등장하고 사교육시장이 확대되면서 사교육의 메카로 성장했다. 교육열 높은 부유 중산층이 몰린 강남은 당연히 전국에서 가장 경쟁적인 사교육 서비스를 유치하게 되었는데, 그 중심이 곧 대치동 학원가였다. 결국 강남은 학원의 천국이라 불릴 만큼 각종 학원의 숫자가 많고 그 질이 높은 지역으로 발달하였다. "'돈 있으면 강남 가고, 강남 가면 명문대 간다'는 말이 전국에 회자"[4]될 정도로, 강남은 명실공히 특권적 교육기회의 노른자위 지역으로 자리잡았다.

| 신상류층의 요람

평균 소득이나 평균 아파트 가격, 납세율, 상속세 비율 등 여러

면에서 강남이 대한민국 어느 지역보다 부유하다는 것은 잘 알려진 사실이다. 그러나 계급적 측면에서 특히 중요한 사실은 강남이 한국의 파워엘리트 집결 지역이라는 점이다. 2000년대 초반에 이미 변호사 중 61.3%, 의사 56.4%, 기업가 54%, 금융권 매니저 52.8%, 공무원 50.2%, 언론인 36.2%는 강남에 사는 것으로 나타났다.[5] 당시 강남 인구가 서울 전체 인구의 15%에 불과했음을 감안할 때, 강남은 파워엘리트의 과잉 밀집 지역이라고밖에 볼 수가 없다.

따라서 많은 비판적 학자들은 강남을 한국의 새로운 상류계급이 탄생한 곳으로 규정한다.[6] 예컨대 조명래는 "강남은 한국사회를 지배하는 신상류층이 둥지를 틀고 있는 방주가 되어 있다"라고 묘사하고,[7] 강내희는 "강남은 지배적 계급연합이 사회적 투자와 재원을 전유한 곳으로서 특권적 지위를 지닌 공간이다"라고 주장했다.[8] 지주형은 "현대 한국에서 강남이라는 기호는 특권, 지배계급, 전문직 고소득층과 부유층, 명품 소비 등을 표상한다"고 기술했다.[9] 물론 강남 주민 모두가 부유한 것은 아니며, 적지 않은 숫자의 저소득층 가족이 강남 변두리 지역에 살고 있는 것도 사실이다. 그렇지만 강남이 다른 어느 지역보다 더 많은 숫자의 부유층과 파워엘리트로 구성된 주거지역이라는 점은 누구도 부정할 수 없을 것이다.

한국에서 강남의 부유 중산층 또는 신상류층을 바라보는 시각은 거의 공통적이다. 요컨대 근본적으로 졸속 개발 과정에서 발생한 부동산투기가 만들어낸 계층집단이라는 것이다. 강남의 모든 주민이 부동산투기에 참여한 것은 물론 아니겠지만, 그 지역에 일찍 이주해 온 모든 가정이 부동산 가격 폭등으로 큰 혜택을 본 것은 사실이다. 당연히 그들은 강남지역의 부동산 가격이 계속 오르기를 바라는 입장이며, 이 점에서 계급적 공동체의식을 공유한다. 그렇기 때문에 강남 상류 중산층의 성격을 규정하는 데는 부동산을 통한 재산축적이 절대적인 요소로 등장하는 것이다. 여러 학자들의 강남 계급에 관한 시각에도 이 점이 부각되어 있다. 조명래의 주장대로 "강남 땅이 창출하는 투기적 부는 강남으로 이주해 오는 사람에게 무차별하게 제공되면서 한국사회에 중·상류층이 탄생하는 물질적인 바탕이 되었다."[10] 물론 부동산 소유는 다른 지역의 중산층에게도 절대적으로 중요한 자산의 기초가 되고 있다. 그러나 강남의 부동산은 특별한 가치를 지닌다. 지주형은 이렇게 설명한다. "한국의 다른 지역과 마찬가지로 중산층 이상 강남 주민의 경제적 부의 기초가 되는 것은 부동산 자산이다. 강남의 아파트 대다수는 웬만한 근로소득을 모아서는 구입이 불가능할 정도로 서울 시내의 다른 지역들에 비해 가치가 높은 편이다. 게다가 강남 아파트는 마치 삼성전자 주식과 같이 '우량주'나 '대장주'로 간주될 정도로 환금성이 좋고, 경기가 좋을 때는 가장 많은 수익을 내고 불황기에도 다른 곳에 비해 하락률이 제일 낮은 편이다."[11] 양명지도 중간계급의 형성에 투기적이고 배타적인 부동산 투자를 통한 부의 축적이 결정적인 역할을 했다고 강조하며,[12] 박배균·장진범은 좀더 넓은 시각에서 부동산투기가 한국의 도시화 과정의 중요한 특징으로 그 과정을 선도한 것이 바로 강남이라는 점을 지적하고 있다. 그들이 주장하듯이, "결국 강남화의 과정은 한국의 도시 중산층을 부동산 가치 상승에 의존하는 투기적 주체로 구성했고, 이는 투기 지향적 도시개발이 한국의 지배적 도시 패러다임이 되도록 만드는 데 크게 기여했다."13

그러나 강남에 등장한 부유 중산층을 부동산 축재의 개념으로만 이해하는 것은 충분치 못할 수도 있다. 2000년대 들어 강남은 차츰 경제적으로나 문화적으로나 명실공히 글로벌 도시global city로 발전했으며, 지역 주민들의 직업 구성도 많이 변했다. 강남이 과거의 소비 중심 도시에서 4차산업을 주도하는 글로벌 도시로 발전하면서 주민들 중에 첨단산업 관리직이나 고부가가치 서비스업의 고위 전문직·기술직 종사자의 비중이 크게 증가하였다. 그들은 당연히 다른 중산층 노동자보다 훨씬 소득이 높을 수밖에 없는데, 이런 직업적 변화가 강남 계급의 프로필을 바꾸는 역할을 하게 되었다. 1980년대 또는 1990년대만 해도 강남 부자들이라면 주로 부동산투기로 돈 번 사람들이 연상되었지만, 2000년대 들어서는 그들이 대기업 관리자나 고수익 전문직 종사자로 대치된 것이다.

그러나 그들 두 집단이 사회적으로나 계급적으로 뚜렷이 분리되는 것은 아니다. 사실 그들은 대개 한 가족에 속해 있는 경우가 많다. 부모 세대가 사업이나 부동산 투자로 돈을 번 쁘띠부르주아지 계층이라면, 자녀 세대는 전문직·관리직에 종사하는 신 상류 중산층에 속할 가능성이 크다. 요는 한 세대가 지나가면서 강남의 부유층은 과거에 '졸부'라고 불리곤 하던 집단에서 이제는 고급의 전문적·기술적 능력과 글로벌 문화자본을 소유한 '글로벌 중간계층'으로 진화해왔다. 강남 인구에서 후자 집단이 부상했다는 사실은 강남의 신상류층이 더 강화된 계급적 특권과 문화적 정당성을 소유하게 되었음을 의미한다. 그럼에도 불구하고 또 하나 중요한 사실은, 이 고소득 관리직·전문직 종사자들이 여전히 부동산을 통한 축재 활동을 하고 있다는 것이다. 최근에 와서는 주식시장의 발달로 투자 대상의 폭이 넓어졌지만, 한국의 부동산시장은 계속해서 불로소득을 생산해내는 가장 중요한 수단으로 작용해왔고, 그 결과 한국의 계급 불평등 구조에 막대한 영향을 미쳐왔다.

그러므로 강남에 거주하는 부유 중산층은 근본적으로 강남 부동산 가치에 기반한 공통의 이해관계자들이다. 그들은 자신이 소유한 부동산의 가치가 계속 보전되거나 더 상승하기를 원하며, 그것을 위협하는 어떤 정책이나 경제변동에도 민감하게 반응한다. 그런 태도는 다른 지역에 사는 자가주택 중산층 가정에도 비슷한 형태로 나타나지만, 강남의 경우 부동산 가치를 지키려는 욕구가 특히 강하게 주민들 전체의 정치적 태도와 행동을 지배한다고 볼 수 있다. 총선 시기마다 각 정당은 자산소유자들의 민감한 이익을 거스르지 않으려고 노력하기 마련이지만, 특히 강남지구에서는 부동산 이슈가 다른 모든 이슈를 압도한다. 1996년 총선 이후 강남, 서초, 송파 세 핵심 자치구의 주민들은 몇몇 예외를 제외하고는 거의 일관되게 보수 후보들에게 투표해왔다. 이러한 보수 성향의 투표 행위가 해당 지역 주민들의 교육 수준이나 정치적 이념과 상관없이 일관되게 나타난다는 사실은 부동산에 근거한 그들의 물질적 이해관계가 얼마나 강한 영향력을 발휘하는지를 보여준다. 소위 말하는 '강남 좌파'도 이 면에서는 보수적 강남 주민과 다른 점이 없는 것이다.

| 미디어에 재현된 강남 문화

강남은 이미 1970년대부터 여느 도시와는 크게 다른 소비 행태와 문화를 지닌 곳으로 미디어의 집중적 관심을 받아왔다. 미디어는 대체적으로 비강남 주민들이 강남 주민들에 대해 가지고 있는 비판적이고 부정적인 이미지를 반영하여 강남의 사치스런 소비문화에 초점을 맞추면서 강남의 공적 이미지를 구축하는 데 기여했다. 흔히 강남 문화 또는 '강남 스타일'이라고 하는 것은 실제 현실보다 미디어를 통해 구성된 측면이 있다. 1980년대부터 비교적 최근까지 미디어에 가장 자주 나타난 강남 관련 단어들은 '부동산' '사치' '과소비' '왜곡된 소비문화' 등이었다. 강남의 대중문화를 디스토피아 또는 천민자본주의를 상징하는 문화로 간주한 작가들도 여럿이다. 그러나 강남이 세계적인 도시 형태로 발전함에 따라 강남의 이미지 또한 서서히 변하게 되었고, 이 변화는 한국의 계급구조에서 차지하는 강남의 위상 변화와 밀접한 관계가 있다. 이영민은 1970년대 후반에서 2000년대 사이 각 신문에 나타난 강남 소비문화의 변천사를 자세히 분석했다.[14] 그의 분석은 강남의 소비문화와 그 소비문화를 다루는 미디어, 그리고 비강남 주민들의 태도가 여러 단계를 거치면서 미묘하게 변해온 과정을 잘 보여준다.

첫번째 단계는 1970~80년대이다. 미디어가 영동을 중심으로 발달한 '유흥가로서의 강남'에 초점을 맞추던 시기로, 강남의 소비문화는 주로 퇴폐적이고 향락적인 것으로서 묘사되었다. 강북 억제정책으로 강북지역에 유흥업소 신설이 불허되자 영동지역에 많은 유흥업소들이 들어섰고 부동산투기로 갑자기 큰돈을 번 사람들이 주요 고객으로 등장했다. 영동에 생겨나기 시작한 많은 유흥업소들이 차츰 신사동, 논현동, 압구정동 등으로 퍼져나가던 이 시기에 미디어는 강남 문화의 극히 물질주의적이고 퇴폐적인 성격을 보도하는 데 열을 올렸다.

두번째 단계는 1980~90년대 초기 시기로, 압구정동이 사치스러운 소비와 고급 패션의 중심으로 부상했다. 1987년 민주화와 1988년 서울올림픽 직후이기도 했던 이 시기에 경제적 자유화가 이루어지고 전반적으로 소비 수요가 급증하게 되자, 압구정동이 고급 소비문화를 이끌었다. 특히 미디어의 눈을 끈 것은 신흥 부잣집 자녀들이 고급 외제 차를 타고 다니며 미국식의 고급 소비생활을 즐기는 모습이었다. '여피족' '오렌지족' '야타족'이란 단어들이 유행했다. 각종 미디어는 강남을 '사치와 과소비의 온상'으로 자주 묘사하곤 했다.

세번째 단계는 1990년대 중반~2000년대 초반 시기이다. 이 시기에 강남의 대중문화는 성숙기로 접어들며 다각화되었다. 강남의 소비문화는 압구정동을 넘어 새로운 지역으로 퍼져나갔으며, 강남에서 가장 부유한 지역으로 알려진 청담동과 그와는 대조적으로 청년·저소득층의 주 소비공간이 된 강남역, 삼성 코엑스몰 등이 강남의 문화와 스타일을 확장하고 다양화하는 데 기여했다. 이 시기 미디어에 나타난 새로운 동향은 강남 문화에 대한 비판적 논조의 감소였다. 이영민의 얘기대로 "강남을 사치와 과소비의 온상으로 공격했던 언론 기사들은 1995년경부터 비판의 수위가 낮아져 강남을 사치와 과소비보다는 다양한 고급 소비문화 지역으로서 바라보기 시작"했다.[15] 미디어는 강남의 고급 소비문화를 "암묵적이고도 수용적으로 묘사"하는 경향을 띠었다.

네번째 단계는 2000년대로, 강남의 소비문화가 더욱 확장되고 다양화되어 미디어의 강남 문화에 대한 비판 또한 한결 약해진 시기를 가리킨다. 미디어에서 논평가들은 강남 문화가 단순히 이 지역에 국한된 독특한 문화가 아니라 국가 전체 소비문화의 일반적 동향이라는 사실을 강조하기 시작했다. 상업적 이해관계에서 강남을 새로운 상품과 패션의 테스팅 지역으로 바라보는 시각도 등장했다. 세계화의 영향이 컸다고 하겠다. 세계화 추세를 열심히 따라가는 한국인들은 이제 서양의 고급 소비문화에 대한 거부감이 줄어들었기 때문이다. 더 중요한 변화는 미디어나 논평가들이 강남 문화를 비판할 때도 그 표적을 과시적인 소비보다는 강남 문화의 "배타성"으로 돌렸다는 점이다. 이영민이 지적하듯이, 미디어가 너무 비싸고 고급스런 강남 업소들을 비판하는 순간에도, "정작 비판적 기사들의 논조의 핵심은 그러한 업소들의 폐쇄성, 즉, '그들만의 공간화'가 엄격하게 유지되고 있다는 데 맞춰져 있었다."[16] 즉 '강남다운' 세련됨과 고급스러움은 인정하되 그것이 그들만이 향유하는 특권이 되고 있는 것만큼은 받아들이기 힘들다는 얘기일 것이다. 강남 부유층에 대한 일반 중산층의 반감, 질시, 그리고 동시에 부러움이 잘 드러나는 대목이다.

| 계급 정체성

현재 한국사회에서 강남에 산다는 것은 일종의 계급적 기호로 인식되어 있다. 미디어에서는 강남 사는 사람들을 흔히 부유하고, 학력 높고, 유행에 민감하고, 건방지고, 외모에 신경 쓰는 사람들로 표상한다. 그런 인식에도 불구하고 많은 사람들은 은근히 강남 거주자에 대해 신분적 우월성을 인정하는 태도도 가지고 있다. 어느 인터뷰 조사에서 한 응답자는 이렇게 말했다. "어디 가서 사는 곳을 말할 때 꺼려지지 않고 제가 아무렇지 않게 청담동에 산다고 말하면 왠지 모르게 사람들이 인정해주는 게 있어요."[17] 강남에 사는 사람을 인정해주는 방식은 사람마다 다르겠지만, 대체로 강남 주민들이 경제적으로 더 부유하고 여유 있다는 점은 인정한다. 그런 경험을 통해 강남 사람들은 스스로 강남에 산다는 것에 대한 자부심을 가지게 된다. "나 강남 살아요"라는 말은 계층적 자긍심을 나타내는 신호이기도 하다.

강남 밖에 사는 사람들이 흔히 강남 사람들을 물질주의적이고, 사치스럽고, 이기적이고, 건방지거나 까칠한 사람들이라고 보는 것과 대조적으로 강남 주민들은 자신들을 다른 사람들보다 교양 있고, 세련되고, 점잖고, 학식 있는 사람들로 인식하는 경향이 있다. 그들이 생각하는 '강남스러운' 사람들은 좀더 여유 있고, 품위 있으며, 고급문화적 취향을 소유한 사람들이다. 여러 학술조사 결과가 보여주는 것처럼, 강남 거주자들이 강남 밖의 세상을 대하는 태도는 무척 부정적이고 폐쇄적인 면이 있다. 그들은 강남의 생활공간은 '편한 곳' '좋은 곳'으로 여기는 반면 바깥 세상은 '불편한 곳' '나쁜 곳'으로 간주하는 경향을 보인다. 따라서 강남 주민들은 자기들이 이루고 있는 테두리 내에 머무르는 것을 선호하고, 되도록이면 비강남 주민들과 어울리고 싶어하지 않는 성향을 보인다.[18] 그리고 강남에 거주하는 성인들의 이런 태도는 자녀들에게도 전승된다. 이영민에 따르면 많은 강남 아이들은 "비강남을 '구리고, 촌스럽고, 난잡하고, 번잡하고, 불안한' 곳으로 인식하면서, 자신들이 사는 강남은 안전하고 살기 편한 곳"으로 생각하며 심지어 강남을 벗어나는 것을 두려워하기까지 한다.[19] 그들은 강남 안에서 학교 다니고 친구를 사귀며, 대학에 진학해서도 주로 강남에서 자란 친구들과 교제를 계속하는 경향을 보인다. 성인들도 마찬가지이다. 이향아와 이동헌의 관찰에 의하면, "강남 사람들은 자기네 동네 사람들끼리 친하고, 절대 강남 안에서 안 나가는 사람들이다. 강남 사람들은 강남 내에서 취향이 같은 강남 사람들끼리만 관계를 맺으면서 이러한 배타성을 도구 삼아 자신의 정체성을 유지하고 있다."[20]

따라서 강남에 사는 사람들은 가능한 한 강남을 떠나 다른 곳으로 이사하지 않으려고 노력한다. 혹시 경제적으로 쪼들려서 비싼 강남의 아파트를 팔고 다른 지역으로 이주하는 것이 합리적인 선택일 수 있더라도 그러지 않는 이유는 미래의 부동산 가치를 보전하기 위해서이기도 하지만, 그보다는 강남 주소가 주는 신분적 가치 때문인 것 같다. 강남 주소는 혼기에 있는 자식을 가진 부모들에게 특히 중요하다. 이런 면에서 강남 주소는 미국에서 부유한 거주지의 우편번호$^{zip\ code}$가 갖는 것과 비슷한 의미를 지닌다. 미국에서 우편번호가 주거지의 경제·사회적 위치를 판단하는 기준이 된다면, 한국에서는 강남과 비강남이 그런 기능을 한다. 강남 주소가 갖는 상류 중산층의 신분적 이미지는 화이트칼라 구직 활동에도, 그리고 회사의 소재지를 결정하는 데도 무척 중요한 영향을 미친다. 강남에 사는 부모들은 대개 자녀들이 결혼한 후에도 강남에서 계속 살기를 원하는 것으로 알려져 있다. 그렇게 되도록 재정적 지원을 아끼지 않을 뿐 아니라, 자식들이 배후자를 찾을 때도 되도록 강남에 거주하는 상대를 만나기를 원한다고 한다. 물론 강남 내에서도 각 지역마다 미묘한 계층적 차이가 존재한다. 그러나 최소한 강남의 중심지역인 강남구·서초구·송파구(강남 3구)는 단연 부유한 중산층 지역으로 자타가 인정하는 지역이고 따라서 이 지역 주민들의 계급적 정체성도 그에 걸맞게 형성되어 있는 것이다.

강남 주민들 사이에 퍼져 있는 비강남과의 차별의식과 자기들끼리의 동질의식은 자연적으로 강남을 배경으로 한 사회적 인간

관계를 강화시킨다. 재정적으로 부유하고 직업이나 정치적으로도 영향력이 있는 이들이 모여 사는 강남은 사람들이 사회적으로 필요한 연줄을 만들기 편리한 지역이다. 그러므로 주민들은 서로의 가치를 인식하고 의식적으로 친교관계를 맺으려고 노력한다. 인접한 아파트 단지에 살며, 같은 학교에 자녀를 보내고, 같은 백화점에서 쇼핑하고, 같은 교회에 나가고, 같은 헬스클럽에서 운동하는 이들이 가까워지는 것은 결코 어려운 일이 아니다. 더군다나 그들이 서로의 필요를 의식하며 인적 네트워크를 강화하려고 노력한다면 그것은 더욱 쉬운 일이다. 그렇게 해서 형성한 친분관계를 통해 직업이나 사업상의 중요한 고급 정보를 얻을 수도 있고, 필요시에 동원할 수 있는 연줄도 만들 수 있다. 결국 강남은 사회적 상승이동을 추구하는 사람들에게 중요한 사회적 자본을 축적하는 데 매우 유리한 장소가 되는 것이다. 이것이 강남 거주가 가져다주는 또 하나의 특권적 기회라고 볼 수 있다.

이런 여러가지 여건으로 보아 강남에 사는 부유한 가정들을 하나의 계급집단으로 보는 것은 타당해 보인다. 물론 이들이 한국의 신중상층 또는 신상류층 전체를 대변하는 것은 아니다. 엄격히 말해서 강남의 부유층은 새로 등장하는 한국의 신중상층의 일개 계급분파라고 보는 것이 맞을 것이다. 경제적으로 중·상 계층에 속하는 사람들은 서울의 강북이나 지방 다른 도시에서도 찾아볼 수 있다. 그러나 강남의 특이성은 부유 중산층이 대규모로 밀집해서 산다는 점이다. 지리적·공간적 밀집성은 서로 비슷한 경제적 위치에 있는 주민들 사이의 신분 경쟁을 치열하게 만드는 효과를 가져온다. 또한 부유한 소비자가 몰려 있는 지역에는 당연히 고급 소비와 서비스 시장이 발달해서 주민들의 소비활동을 부추기게 된다. 그러므로 강남 주민들은 다른 어느 지역보다도 고급 소비를 통해서 신분 경쟁을 할 수밖에 없다. 그들은 각 가정이 소유한 자동차 종류, 아파트 브랜드와 평수, 인테리어디자인과 가구 등을 서로 비교하며 경쟁을 하는 것이다. 강남의대외적 이미지가 과소비, 사치, 또는 왜곡된 소비문화로 받아들여지는 이유가 여기에 있다. 그리고 소비뿐만 아니라 교육을 통해서도 신분 경쟁을 한다. 어느정도 경제적 여유가 있으면서 자식의 성공을 바라는 부유 중산층 가정 간의 교육 경쟁은 사교육시장을 발달시킨 가장 중요한 원인으로 꼽힌다. 흔히 한국에서사교육시장이 과도하게 발달한 이유를 박정희정권이 시행한 고교 평준화 정책에 찾지만, 사실 더 근본적인 이유는 부유층의 이기적 교육열일 것이다. 사교육은 평준화된 교육에 만족하지 못하고 자기 자식에게 더 유리한 교육을 시키기 위해 부유층 가정이 선택한 수단이기 때문이다. 이렇게 부유층의 공간적 집중은소비와 교육을 통한 경쟁을 강화시켰을 뿐만 아니라, 한국의 신상류 중산층의 계층문화를 극히 물질주의적이고, 이기적이며,지극히 경쟁적인 것으로 만드는 주요 요인이 되었다.

| '강남화'와 준거집단

2000년대 와서 강남은 고급 고층 건물들이 들어찬 경관, 최첨단 시설을 갖춘 아파트, 가장 현대적인 도시 인프라, 편리한 교통, 전국에서 알아주는 교육시설, 고급 쇼핑센터, 그리고 무엇보다 계속 상승하는 부동산 가치 등, 도시인이 선망하는 모든 조건을 갖춘 모델 도시로 자리잡았다. 당연히 강남은 대다수 한국인이 살고 싶어하는 지역이 되었고, 강남 고급 아파트촌에 사는 주민들은 부러움과 질시의 대상이 되었다. 최근에 와서는 강남 부동산 가격이 너무 높아져서 그곳에 진입하는 것 자체가 일반 중산층 가정에는 불가능한 일이 되었다. 그에 따라 강남 대 비강남이라는 구도는 사회적 계층을 나누며 구별하기 위한 중요한 기준으로 자리잡았다.

그러자 강남과 같은 도시에서 살아가고자 하는 욕망이 강남과 비슷한 도시를 복제해 따라가려는 도시개발 형태로 나타나기 시작했다. 서울 주변의 분당, 일산, 수서, 평촌 같은 신도시뿐 아니라 부산, 대구 등에도 비슷한 신도시가 형성되었다. 박배균은 이런 현상을 '강남화'라고 부른다. 좀더 정확히 말해서, "강남 스타일의 물리적 공간과 건조 환경을 복제하여 건설하고, 강남 스타일로 여겨지는 삶의 방식을 바탕으로 도시를 규정하고 상상하며, 강남 스타일의 도시 공간을 욕망하고 소비하는 과정"을 한국 도시성의 '강남화'라고 정의한다.[21] 모든 신도시 공간들은 강남식으로 고급 쇼핑센터, 명성 있는 학교와 학원, 일급 대형 병원, 고급 레스토랑과 카페, 트렌디한 여가시설 등을 갖춤으로써 다른 도시와 차별화를 시도한다. 이렇게 개발된 신도시들은 그 지역의 다른 도시와 차별화를 이루는 데는 어느정도 성공했을지

몰라도, 역시 강남의 명성과 경제 규모는 따라잡을 수가 없으며, 부동산 가치의 상승에서도 강남에는 사뭇 못 미치는 형편이다. 하지만 강남화 추세는 전국 곳곳에서 꾸준히 나타나는 한국 도시 발달의 주요 현상이라 할 수 있다.

박배균이 말하는 강남화는 단지 도시적인 면에서의 '강남 따라 하기'만을 의미하는 것이 아니다. 이 현상은 좀더 넓은 의미에서 사람들이 강남에 자리잡은 부유 중산층 내지 신상류층을 사회적 성공의 모델로 삼아 자신과 비교하며 따라가고 싶어하는 욕망을 대변한다. 이는 달리 말하면 강남의 부유층이 한국의 주요 준거집단이 되었음을 뜻한다. 앞 장에서 설명했듯이 준거집단은 각 개인이 자신의 가치관과 사회적 위치를 가늠할 때 비교의 대상으로 삼는 집단이다. 현재 한국의 중산층이 자신이 중산층에 속하느냐 아니냐를 판단할 때 사용하는 주된 비교 대상이 바로 강남의 부유층이다. 강남의 부유층은 많은 이들이 보기에 세속적으로 성공한 사람들, 즉 잘나가는 사람들이다. 번듯한 직장에 다니고, 좋은 아파트에 살며, 고급 자동차를 타고 다니고, 자녀교육도 남보다 더 전략적으로 잘 시키며, 자산 증식도 약삭빠르게 잘하는 사람들이다. 강북이나 지방 도시에 사는 일반 중산층 소득자가 보기에 현재 한국사회에서 진짜 중산층을 형성하고 있는 부류는 바로 이들 강남 부유층 또는 그에 걸맞은 위치에 있는 사람들이고, 자신은 이미 중산층에서 미끄러져 내려온 사람이다. 하지만 강남 부유층은 어제까지만 해도 일반 중산층의 일부였고 아직 상류층이 된 것은 아니다. 그렇기 때문에 현재 경제적으로 쪼들리고 있는 많은 중산층 사람들이 강남의 부유 중산층을 자신의 주요 비교 대상으로 삼을 수 있는 것이다. 일반 중산층은 강남의 중상층을 주된 준거집단으로 삼아 그들과 자신의 가정을 계속해서 비교하며 그들의 행동 양상과 성공 전략을 따라가고자 노력한다. '강남 따라 하기' 또는 '강남화'는 도시 형태뿐만이 아니라 계급관계에서, 그리고 사회관계 전체에서 나타나는 중요한 한국적 현상이라고 하겠다.

5장

명품, 웰빙, 계급 구별짓기

오늘날 아시아에서 사람들은 무엇을 입느냐에 따라서 구분된다. 구찌 백과 페라가모 구두는 젊은 여성들에게 사치 이상의 것이다. 또한 아르마니 양복과 롤렉스 시계 역시 직장 남성들에게 허영 이상의 것이다. 이런 것들은 몸에 걸친 가시적 브랜드들로 사람들의 정체성과 가치를 판단하는 사회에서 꼭 필요한 하나의 사회적 의례이다.*

근대사회에서 소비가 사회적 지위를 결정하는 결정적인 요인이라는 것은 많은 학자들이 동의하는 사실이다. 한국에서는 처

* Radha Chadha and Paul Husband, *The Cult of the Luxury Brand: Inside Asia's Love Affair with Luxury*, London: Nicholas Brealey International 2006, 2~3면. 이 책은 『럭스플로전: 아시아, 명품에 사로잡히다』(김지애 옮김, 가야북스 2007)로 번역 출판되었다. 본서의 인용 면수는 영어 원본의 것이다.

음부터 중산층 개념을 소비수준을 중심으로 이해하고 정의해왔다. 남부럽지 않은 수준의 소비활동에 참여하는 것이 객관적으로나 주관적으로나 중산층 지위를 유지하는 필수적인 요건으로 간주되어온 것이다.[1] 그렇지만 한국에서 경제발전 초기에 소비를 통해 나타난 계급 간 차이는 그리 크지 않았다. 그 주된 이유는 당시 한국의 경제 수준이 낮고 내수시장이 충분히 발달하지 못했기 때문이며, 어쩌면 더 중요하게는 박정희정권이 소비재 수입을 금지하고 부자들의 과시적 소비를 엄격히 통제했기 때문이다. 그러나 1980년대 들어와서 한국의 소비시장은 크게 변했다. 지속적인 경제성장에 더하여 1987년 민주화와 1988년 서울 올림픽은 사회적으로도 자유로운 분위기를 확대시키고 소비주의를 부상시키는 계기를 가져왔다. 1980년대 말에 와서는 '과소비'가 새로운 사회문제로 주목받고 언론에서도 자주 거론되는 이슈가 되었다. 그러나 그때만 해도 소비는 주로 중산층이 주도하며 광범위하게 참여하여 이루어졌다. 자동차, 에어컨, 컬러텔레비전, 냉장고, 세탁기, 오디오, 컴퓨터 등 새로운 중산층의 필수품이 늘어나면서 그들의 소비도 계속 늘어났다. 과소비를 한다는 사회적 비판이 있었지만 중산층 가정의 경제 사정은 비교적 여유가 있는 편이어서 큰 문제가 되지는 않았다. 그리고 아직 고급 사치품 시장이 발달하지 않았기 때문에 중산층이 부유층을 상대로 상대적 박탈감 같은 것을 크게 느끼지 않았다. 1980년대까지는 아직 소규모였던 부유층과 다수의 중산층은 대체로 같은 소비시장에 참여했고, 두 집단의 소비 스타일 역시 그리 큰 차이가 나지 않았다.

그러나 1990년대 들어서부터 한국의 소비시장과 사람들의 소비 형태가 크게 변하기 시작했다. 그 이유는 첫째, 한국의 경제 자유화와 수입개방 정책이 1990년대에 와서 본격적으로 진행된 데다, 1997~98년 금융위기 이후에는 수입시장이 활짝 개방되면서 온갖 수입 제품이 국내 시장에 들어오게 되었기 때문이다. 둘째 이유로는 앞 장에서 기술한 대로, 경제발전과 소득 불평등에 따른 부유층의 양적 증가와 그들의 (강남을 중심으로 한) 공간적 집중을 들 수 있겠다. 일반 중산층보다 훨씬 풍요한 경제 자원을 소유한 그들은 자신만의 사회적·계층적 차별성을 원했다. 그들의 계급 차별화 욕구는 우선 소비에서 나타났으며, 특히 고급 사치품을 소유하고 과시하는 행동으로 발현되었다.

| 명품 열풍

이러한 변화를 가장 잘 읽을 수 있는 현상이 소위 말하는 '명품 열풍'이다. '명품'은 원래 이름난 장인이 만든 고품질의 제품을 의미하며 주로 훌륭한 도자기, 악기, 오디오 등에 쓰이던 단어였다. 그러나 1990년대 후반에 유통시장 개방으로 각종 사치품 수입이 크게 늘어나면서 그중 유명 패션 브랜드를 차별화하는 용도로 명품이란 단어가 유행하기 시작했다. '명품'은 '사치품'이란 말이 주는 부정적 이미지와 달리, 디자인이 세련되고 질적으로 우수하며 따라서 그 물건을 소유한 사람의 미적 취향을 빛

내주는 것처럼 여겨졌다. 1990년대 중반 이후 루이비통, 샤넬, 에르메스를 위시해서 구찌, 프라다, 살바토레 페라가모 등 유명 브랜드의 의복, 핸드백, 구두, 액세서리, 시계 등이 한국 시장에 본격적으로 들어왔다. 그리고 1997년 외환위기의 충격에도 불구하고 명품 시장은 이후 빠른 속도로 발전했다.

유럽의 유명 브랜드 상품에 대한 열풍은 일본에서 10년 앞서 시작된 현상이다. 1980년대 거품경제로 호황을 누리던 일본인들이 세계 전역을 여행 다니면서 명품 브랜드를 싹쓸이하듯이 사가지고 귀국하곤 했다. 곧이어 홍콩이 명품 시장으로 명성을 날렸고, 그다음엔 타이완, 싱가포르, 한국, 태국, 인도네시아 등으로 명품 열풍이 퍼져나갔다. 『사치품 브랜드에 대한 숭배』The Cult of the Luxury Brand(2006)의 공동 저자이자 마케팅 전문가인 차다Radha chadha 와 허즈번드Paul Husband에 의하면 한국은 정부 통제로 명품 소비가 비교적 늦게 시작되었음에도 그 확산 속도는 다른 나라보다 빠르다고 한다. 그리고 명품 소비 패턴도 다르다고 한다. 더 경쟁적이고 더 개인적인 성격이 나타난다는 것이다. 그들의 기술에 따르면, "더하고 덜함 없이 모두가 똑같은 것을 따라가는 일본과는 달리 한국은 타인보다 내가 앞서 나가야 한다는 경쟁심리가 강하다. 따라서 이들은 항상 친구와 이웃을 자신과 비교하며 자신의 집과 소유물, 자신이 이룬 성공과 자녀의 성적, 남편의 직업 등 모든 것을 남들과 비교한다. 따라서 남들에게 무엇 하나 뒤지지 않아야 한다는 강박관념 속에서 혹시라도 체면을 잃지 않기 위해 자신의 능력을 벗어난 소비도 서슴지 않는다."[2] 외국인으로서 무척 수긍이 갈 만한 관찰을 한 것으로 보인다. 그런데 왜 이런 경쟁심이 그렇게 비싼 외국 패션 브랜드를 소유하려는 욕구로 나타나는 것일까? 루이비통 백이든 아르마니 슈트든 스위스 시계든 진품인 경우 보통 한국의 중산층이 구매하기에는 너무나도 비싼 물품이 아닌가 싶지만, 답은 간단하다. 그토록 비싸기 때문에 신분 과시용으로 가치가 있는 것이다. 차다와 허즈번드가 설명한 대로, 명품의 인기가 아시아 신흥 국가들을 사로잡은 이유는 그들이 이룩한 경제발전 과정에서 등장한 부유 중산층이 자신의 신분을 과시하고 다른 중·저소득층과 계층적으로 차별되고자 하는 욕구 때문이다. 경제발전과 근대화를 이룬 사회에서 가 개인의 신분은 더이상 가문이나 전통적인 규범이 아니리 무엇을 소유하고 어떻게 자신을 치장하는가에 의해 주로 결정된다. "오늘날 아시아에서 사람들은 무엇을 입느냐에 따라서 구분된다"는 차다와 허즈번드의 말이 조금 과장된 면은 있어도 꽤 타당한 표현이라 할 수 있다.

명품의 주요 고객은 물론 부유 계층에 속한 사람들이다. 그러나 이들만 명품 시장에 참여하는 것은 아니다. 가령 진품 명품이 진열된 갤러리아백화점이나 신세계백화점 명품관에 들어가 윈도우쇼핑조차 할 수 없는 많은 이들은 위조 명품이나 이미테이션 제품을 소유함으로써 명품을 통한 신분 경쟁에 참여한다. 2000년대 초 가장 인기가 있던 루이비통 백은 한때 서울에 사는 여성의 약 절반가량이 소유하고 있다는 말이 돌기도 했다. 시내에서 보이는 이 백의 대부분은 필경 위조품(짝퉁)이나 모방품일 가능성이 높다. 따라서 명품을 통한 신분 경쟁에서 사람들의 주요 관심은 상대방이 소유한 명품 브랜드가 과연 진품이냐 아니면 고급 짝퉁이냐를 판별하는 데 쏠릴 수밖에 없다. 진품 명품은 경제적으로 여유 있는 연인 간에 주고받는 특별한 선물이 되기도 하고, 중산층 가족 간에 오가는 결혼 예물의 필수품으로도 자리잡았다. 차다와 허즈번드가 본 한국의 명품 소비에 관한 모습을 다시 인용해본다.

명품은 이제 한국사회에서 필수품이다. 이들은(중산층들은—인용자) 슈퍼마켓에 나갈 때나 미용실에 갈 때, 직장이나 학교에 갈 때도 명품 옷을 입는다. 그리하여 언제 어디서든지 누군가 자신을 지켜보고 있다는 사실을 의식하며 명품으로 자신을 무장한 채 긴장을 늦출 수 없게 되었다.[3]

| 명품의 민주화

2010년대에 들어와서 시중에 판매되는 명품은 —진품이든 고급 위조품이든 —그 숫자나 종류가 크게 늘어났을 뿐 아니라 그것을 구매하는 채널도 무척 다양해졌다. 고급 백화점의 명품관만이 아니라 명품 아울렛, 인터넷 쇼핑몰, 면세점 등에서도 명품을 구할 수 있게 되었다. 이제 명품은 실로 중산층 정도의 경제 수준에 있는 이들이라면 최소한 하나씩은 소유해야 할 생활용품 같이 되어버렸다. 이처럼 명품이 흔해졌다는 사실은 이른바 '럭셔리의 민주화'democratization of luxury가 일어났음을 말해준다. 럭셔리가 소수의 전유물이 아니라 널리 일반 대중에게도 접근이 가능해진 것이다.

그러나 정말로 신분 경쟁에서 발휘되는 명품의 역할이 줄어든 걸까? 그렇지는 않다. 오히려 럭셔리 명품은 상류층과 중산층을 가르는 데 더욱 중요한 역할을 하게 되었다고도 볼 수 있다. 단지 럭셔리의 수준이 더욱 높아지고, 럭셔리 내에서의 위계가 생겼을 뿐이다. 희소가치가 없는 물품은 럭셔리로서의 가치가 없게 된다. 따라서 명품의 대중화 또는 민주화가 일어나면서 부자들은 명품 중에서도 더욱 비싸고 고급스러운 브랜드를 택하며, 국내에 미처 소개되지 않은 특별한 해외 럭셔리 물품을 찾게 된다. 그런 물품을 찾고 구입하는 일은 단지 돈만 많다고 가능한 것이 아니다. 그에 관한 정보와 지식이 필요하다. 그러므로 당연히 교육수준이 높고 해외 경험이 많은 사람들, 즉 코즈모폴리턴 지식과 경험을 가진 사람들이 럭셔리 경쟁에서 더 앞서 나갈 수밖에 없다. 대다수 중산층 사람들이 브랜드 로고가 뚜렷이 박힌 명품 가방이나 의복을 하나씩 소유하려고 아우성치는 반면, 부유층은 차츰 로고가 잘 드러나지 않으면서도 자기들끼리는 명품임을 알아볼 수 있는 좀더 우아하고 세련된 상품에 돈을 쓰고자 한다. 이처럼 명품의 민주화 또는 일상화는 신분 경쟁에서 명품의 구실을 약화시키기보다는 무엇이 가치 있는 럭셔리인가의 기준을 계속 업그레이드하는 효과를 가져오게 되어 있다.

| 웰빙 열풍

한국 경제가 발전하고 국민의 생활수준이 높아지면서 나타난 또 하나의 중요한 소비 패턴은 건강과 수려한 신체적 외모에 대한 관심이 더욱 커지고, 그것을 얻기 위해 사람들이, 특히 부유층 사람들이 많은 돈과 시간을 투자하게 된 것이다. 이같은 변화 속에서 2000년대 초반부터 소비와 관련해서 나타난 사회적 화두가 바로 '웰빙'well-being이다. 웰빙은 2003년경부터 일간지와 잡지에 자주 등장하기 시작한 단어이다. 웰빙의 사전적 의미는 안녕, 행복, 복지 등으로 정의되지만 일반적으로는 잘 먹고 건강하게 잘 살자는 것을 뜻한다. 단지 육체적으로만이 아니라 정신적으로도 건강하게 살면서 여유를 갖고, 더 나아가 자연과 인간이 조화를 이루는 삶을 추구하고자 하는 욕구를 나타낸 말이다. 웰빙에 대한 관심이 한국에서 급작스레 사회적 화두로 등장한 배경에는 2002년에 찾아온 사스SARS(중증급성호흡기증후군) 위기, 악화 일로에 있는 중국과 몽고발 황사, 미디어에 자주 노출되는 중국산 수입 식품의 오염 문제, 그리고 광우병 사건 등이 있다. 그러나 근본적인 요인으로는 한국의 생활수준이 높아짐에 따라 건강하고 여유 있는 삶을 즐기고 싶어하는 사회계층이 증가했다는 점을 꼽을 수 있다.

사실 유럽이나 미국의 웰빙 문화는 애초에는 소비문화를 배척하면서 좀더 친자연적이고 비물질적인 생활을 지향하는 운동으로 시작하였다. 이딸리아의 슬로우푸드 운동, 영국의 다운시프트 운동, 미국의 로하스 운동 등이 대표적이다. 그들 지역에서는 아직도 그 운동에 참여하거나 일상생활에서 자신의 가치관을 실현하려고 노력하는 사람들이 적지 않게 발견된다. 그러나 한국에서 나타난 웰빙 문화는 환경문제나 공적인 이익에는 별로 관심이 없고 주로 개인이나 가족의 건강과 안녕을 증진하는 데 역점을 두고 있다. 웰빙 열풍은 우선 먹거리 시장에서 나타났다. 유기농 농산물과 과일이 등장해 중산층 가정의 인기를 끌게 되면서, 각 백화점이나 대형 식료품점에서는 유기농 식품 코너가 따로 설치되었다. 그외에 몸에 좋다는 각종 건강식품과 건강보조품이 쏟아져나왔다. 건강식품은 대부분 미국에서 수입되지만, 한국의 전통 음식도 중요한 역할을 하고 있다. 흥미있는 사실은 웰빙에 대한 관심이 높아짐에 따라 한국의 전통 음식과 음료수가 다시 각광받게 되었다는 점이다. 예컨대 과거 가난한 농가에서 주로 먹던 보리밥과 열무김치 같은 음식이 갑자기 웰빙 푸드로 전환되어 강남의 트렌디한 레스토랑 인기 메뉴로 등장한다든가, 한국의 전통주나 차가 건강에 좋다며 인기를 끄는 것을 볼 수 있다. 토착 상품에 대한 선호가 늘어나는 것은 육류에서 더욱 뚜렷이 관찰된다. 1990년대의 무역 자유화 이후 농산물 수입이 엄청나게 증가함과 동시에 한국인들은 국산 농산물이 수입품보다 맛도 더 좋고 품질도 더 믿을 만하다는 것을 깨닫게 되었다. 현재 대부분의 식당에서 육류 원산지를 명확히 밝히면서 국내산과 수입산의 가격 차이를 크게 두는 것은 2000년대 이후 나타난 재미있는 현상이다. 국내에서 생산된 육류나 채소가 우수하다는 인식은 소위 '신토불이身土不二'라는 국수주의적 슬로건을 만들어내기도 하였다. 즉, 우리나라 땅에서 생산된 농산물이나 육류가 우리 몸에 가장 좋고 안전하다는 믿음 말이다.

국산 농산품에 대한 인식이 변하면서 농가의 생산방식도 변하기 시작했다. 특히 눈에 띄는 것이 유기농 중심의 특화된 농산물 재배인데, 이런 농산물은 주로 서울과 다른 대도시의 부유 가정에 공급된다. 그리고 이런 공급 서비스를 가능하게 해준 것이 한국의 저 유명한 택배 시스템이다. 오늘날 한국에서는 도심의 교통체증을 뚫고 달리는 오토바이로 거의 모든 것을 즉시 배달받을 수 있다. 돈 있는 사람들은 집에 앉아서 바로 문 앞까지 배달되는 각종 우량 농산물과 과일, 제철 해산물 등을 받아 먹을 수 있게 되었다. 한국의 농수산업이 고부가가치 생산으로 이행하면서 부유층의 생활 역시 더욱 편리하고 건강에 이로운 방향으로 발전한 것이다. 식재료뿐만 아니라 이미 조리되거나 반쯤 조리된 음식의 배달 산업도 최근에는 놀라운 속도로 확산되었다. 과거에 집으로 배달해 먹던 것은 짜장면이나, 좀더 최근 들어서의 피자처럼 상대적으로 저렴한 대중 음식이었다. 그러나 현재는 일류 주방장이 조리하고 깔끔하게 포장된 고급 음식을 배달하는 기업들이 나타나고 있다. 이 분야의 선두주자인 마켓컬리는 밤 11시까지 주문을 받아 다음 날 아침 6시까지 고객의 문 앞에 식품을 배달해준다. 지난 3년간의 코로나19COVID-19 기간 동안 이 분야 산업은 엄청나게 발전하고 다양화되었다. 그 결과 경제적 격차에 따른 생활기회의 차이가 더욱 확대되고, 부유층의 특권적 위치가 더욱 강화되기에 이른 것이다.

웰빙이란 화두가 회자된 지 2~3년 만에 그 단어는 급속도로 상업화되면서 모든 영역에 적용되기 시작했다. 그러면서 웰빙 식품, 웰빙 의류, 웰빙 주택, 웰빙 가구, 웰빙 여행, 웰빙 화장품 등 웰빙이란 단어가 안 붙는 곳이 없을 정도로 웰빙 열풍이 퍼져 나갔다. 앞에서도 얘기했듯이 웰빙은 원래 신체적인 건강만이 아니라 심적인 안정과 여유, 그리고 몸과 자연의 조화를 지향하는 가치를 의미한다. 그러나 웰빙이 고도로 상업화되면서 그것은 단순한 자연주의 생활 태도를 넘어 웰빙산업의 갖가지 고급 서비스를 향유하는 세련된 라이프스타일을 의미하게 되었다. 웰빙에 관한 잡지와 영상물도 끊임없이 쏟아지고, 일급 호텔에서는 저마다 웰빙 푸드, 마사지, 뷰티 케어, 요가 등을 포함한 갖가지 패키지로 고객들을 유치한다. 미디어에서 자주 묘사하는 웰빙족의 모습을 보면 다음과 같다.

유기농 야채와 곡식으로 만들어진 신선한 건강식을 섭취하기 위해 돈을 좀더 들이는 건 이들에게 전혀 아까운 일이 아니다. 이들은 사무실 주변에서 유기농 식재료만을 사용하는 레스토랑을 정해놓고 다니며 방목된 닭과 유정란만 사서 먹는 깐깐함을 고집하기도 한다. (…) 컨디션이 좋지 않은 오후에는 아로마테라피 요법을 곁들인 스파와 마사지, 스킨 케어를 받고, 명상 음악을 들으면서 커피 대신 솔내음 가득한 차를 마신다.[4]

웰빙 열풍도 명품 열풍과 비슷한 방식으로 계급 차별화를 조장한다. 둘 다 경제적으로 여유 있는 계층을 주요 고객화한 소비 패턴이고, 새로 등장한 부유한 중상층이 여기서 주역을 맡고 있다. 그들은 자본주의 시장이 계속해서 제공하는 고급 상품과 서비스를 통해 특권적 삶을 향유함은 물론, 자신과 다른 중·하층 사람들의 계급 차별화를 추구한다. 한국에서는 이런 계급적 차별이 자주 강남과 강북의 차이로 발현되는 것이 특징적이다. 웰빙과 관련해 어느 일간지에 실린 기사가 재미있게 묘사하고 있는 것처럼 말이다.

여자의 허리 치수에도 지역 편차가 있다나. 한 백화점이 조사해보니 강남의 여자들 허리 치수가 강북 여자들의 그것보다 1인치 정도나 적다고 한다. 강남 사는 여인네들이 더 날씬하다는 뜻. (…) 강북 사람들은 그럭저럭 배불리 먹을 만큼은 됐지만 몸을 관리하고 가꾸는 여유를·갖기에는 아직 역부족. 강남 사람들은 먹는 것 해결은 문제도 아니고 이제는 나쁜 기름기 빼고 좋은 것만 고를 만한 시간적·경제적 여유가 있다는 뜻. 삶의 질을 강조하는 '웰빙' 바람, 좋은 현상이긴 하지만 지역구 형태로 부는 게 문제다.[5]

| 외모에 대한 집착

명품과 웰빙에 나타난 현대 한국인의 소비 방식과 신분 경쟁은 또 하나의 새로운 문화 트렌드를 조성했으니, 바로 신체적 외모에 대한 집착과 그것을 위해서 엄청난 돈과 노력을 투자하는 시대 풍조이다. '럭셔리' 개념이 개인의 건강과 외모뿐 아니라 개인의 신분을 결정하는 요소로 등장한 것이다. 과거의 럭셔리 소비가 단순히 고급 명품을 소유하고 전시하는 것에 그쳤다면, 새로운 경향은 럭셔리 재화를 몸으로 소비하고, 그 결과를 몸으로써 표현하는 것이다. 물론 외모는 어느 사회에서나 중요한 관심 대상이다. 그러나 한국인들이 자아의 존중감과 사회적 지위를 뽐내기 위해 외모를 중시하며, 이처럼 더 나은 외모를 위해 쏟아붓는 노력은 유별나다고 할 수 있다. 한 일간지의 칼럼에 나온 글이 이 점을 잘 묘사해준다.

한국인들은 연령을 막론하고 외모에 집착하며, 자신들이 매력적이 되기 위해 혹독한 몸 단련 운동에서부터 성형수술에 이르기까지 무엇이든지 감수할 수 있는 자세를 가지고 있다. 이 집착의 배후에는 외모가 인생의 성공과 실패를 좌우한다는 집단적인 의식이 깔려 있다. (…) 이런 현상은 사람들로 하여금 자존감을 잃게 하고 자신을 완전히 사물처럼 여기게 만들수도 있다.[6]

이런 관찰은 사실 외국인들이 보는 한국인의 모습과도 일치한다. 한국을 방문하는 외국인들이 자주 하는 얘기는 한국인들이 모두 옷을 잘 차려입고 외모에 무척 신경을 쓰는 사람들이라는 것이다. 사실 미국에 산 지 오래된 나의 눈으로 보아도 한국인들은 무슨 옷을 입었는지, 어떻게 몸을 치장했는지에 대해 미국인보다 사뭇 더 많은 신경을 쓰는 것 같다. 그리고 이 점은 돈 있는 사람이나 없는 사람이나, 서울 사는 사람이나 지방 사는 사람이나 별로 큰 차이가 없는 듯하다. 그렇다면 한국인은 왜 이렇게 외모에 집착하는 걸까? 바로 나올 수 있는 답은, 앞에 인용한 기사 내용처럼 많은 한국인이 외모가 자신의 사회적 지위에 지대한 영향을 준다고 믿기 때문이다. 일자리뿐만 아니라 연애와 결혼 상대를 고르는 데도 물론 중요하다고 믿는다. 사실 외모가 직업과 결혼 시장에서 중요한 영향을 미치는 것은 다른 나라에서도 어느정도 비슷할 것이다. 그러므로 한국적 현상을 설명하기 위해서는 왜 외모가 중요한가 안 중요한가보다는 외모에 대한 사회적·문화적 인식이 현대사회에서 어떻게 변화해왔고, 아름다운 외모를 성취하기 위한 수단들이 어떻게 형성되어왔는지를 살펴볼 필요가 있다. 즉, 한국에서 외모의 중요성과 그에 대한 집착이 최근 크게 증가한 배경에는 전세계적인 흐름과 더불어 한국 특유의 요인들이 공존한다는 점을 주목해야 한다.

우선 거시적 안목에서 보면 현대의 탈산업사회는 외형적인 몸을 사회적 지위의 상징으로 보는 문화가 지배적이다. 산업사회에서는 물질적인 소유를 중시했지만, 탈산업사회에서는 비물질적이고 상징적인 징표가 그것 못지않게 중요해졌다. 상류계층은 사치재를 단순히 소유하는 것을 넘어서, 그에 걸맞게 잘 가꾸어진 몸을 통해 자신의 신분을 효과적으로 과시할 수 있어야 한다. 사회학자 리치티Mark Liechty가 주장했듯이, "유행에 앞서간다는 것 being fashionable은 단순히 무엇을 소유하고 있냐가 아니라 그것을 어떻게 몸으로 보여주는가의 문제다."[7] 한국적인 표현을 쓴다면, 명품은 명품 몸매를 가진 사람이 소유할 때 제대로 빛이 난다는 말이 된다. 바로 그런 맥락에서 웰빙 열풍도 발달한 것이다. 웰빙 운동, 웰빙 스킨케어, 웰빙 마사지, 웰빙 스파 등이 현대 자본주의 사회가 이상으로 하는 몸매를 갖추는 데 필요한 주요 수단이 된 것이다.

21세기의 '웰빙' 또는 '웰니스'wellness 붐에서 우리가 읽을 수 있는 큰 흐름은 몸이 계급 간 구별짓기의 대상 또는 수단으로 점점 더 주목받고 있다는 것이다. 호주의 어느 패션 전문가가 표현하듯이, "사람들은 자신을 상품처럼 생각하며 투자하고 있다. 그들은 화려한 옷으로 치장할 뿐만 아니라 거기에 걸맞은 멋진 몸도 갖고 싶어한다."[8] 한편, 『보그』Vogue지의 한 기자는 이렇게 말했다. "당신이 무슨 차를 가지고 있고 얼마나 버는지를 자랑하면 팔불출이지만, 헬스클럽에 가서 얼마나 열심히 피트니스 사이클을 돌리는지를 자랑하는 것은 받아들일 만하다. 물론 그것도 짜증나는 얘기이긴 하지만."[9] 그런데 개인이 몸을 가꾸기 위해 무슨 운동을 하는가도 중요하지만, 더 중요한 것은 어떤 의상을 입고 어디서 하느냐 하는 것이다. 또다른 패션 해설자가 말했듯이

"당신이 요가 강습에서 어떤 교습을 받고 있냐가 중요한 것이 아니라 어떤 요가복을 입고 어떤 요가 매트를 들고 가는지가 중요한 것이다."[10] 서구의 마케팅 전문가들이 보는 이런 추세는 한국에서도 똑같이 나타나는 현상이다. 즉, 외모에 대한 한국인들의 태도는 근본적으로 여타 선진국의 경우와 크게 다를 바 없다.

그러면서도 한국에서 외모에 대한 집착이 20세기 후반부터 더욱 강해지고, 그것을 추구하는 방식이 다른 나라와 다르게 발현되는 것은 한국 특유의 상황이 작동하기 때문일 것이다. 여러가지 요인 중에 한가지 특히 중요한 측면을 꼽는다면, 내 생각에는 고도로 발달한 성형수술과 뷰티산업이 가져온 사회적 영향이다. 한국의 성형기술은 세계적으로 잘 알려져 있다. 덕택에 매년 중국과 일본, 동남아시아 등에서 성형수술을 받기 위해 수천명의 관광객이 한국을 방문한다. 한국의 뷰티산업은 성형수술과 함께 피부와 몸매 관리에 대해서도 출중한 서비스를 제공한다. 강남, 그중에도 청담동은 뷰티 서비스 지역으로 유명하고, 최첨단 성형수술과 피부관리 시설을 갖춘 클리닉들이 지역의 중심가를 메우고 있다. 고도로 발달한 뷰티산업이 한국 경제에 큰 도움이 되는 것은 사실이나, 한국사회에 미친 그 영향이 긍정 일변도라고는 할 수 없다. 고도로 발달한 뷰티산업은 국내 시장 확대를 위해 극히 공격적이고 세련된 광고로 소비자를 유인한다. 한국인들은 거의 매 순간 TV, 인터넷, 신문, 잡지 등을 통해 성형수술에 관한 광고를 접하고 있다. 심지어 전철이나 버스 안에서도 성형수술 광고는 피할 수 없게 되었다. 그 결과 너무 많은 사람들이 성형수술이나 다른 뷰티 서비스의 소비자가 되어버린다. 어느 보고서에 의하면 20대 한국 여성의 절반 이상이 성형수술을 받았다고 한다.[11] 20대가 성형수술을 한다면 중년 여성들은 피부와 몸매 관리에 많은 돈을 들인다. 부유할수록 고급 미용 서비스를 받는 것은 당연한 일이다. 그러한 추세가 생긴 것은 소비자 자신의 욕구 때문이기도 하겠지만, 더 중요한 요인은 그 서비스를 제공하는 한국의 막강한 뷰티산업에 있다. 이 산업이 기형적으로 발달하며 공격적 광고만이 아니라 다른 교묘한 방법으로 신체적 아름다움에 관한 기존 개념에 변화를 유도해왔다. 요컨대 개인의 외모는 출생과 함께 결정되는 것이 아니라 개인의 노력으로 충분히 바뀔 수 있는 가변적이고 조형 가능한 대상이라는 믿음을 심어준 것이다. 차츰 외모는 최신 성형기술과 좋은 화장품, 미용 관리 등의 도움으로 얼마든지 향상시킬 수 있는 것으로 여겨지게 되었다. 이같은 환경에서 살아가는 국민이 외모에 집착하게 되는 것은 당연한 일일 것이다.

| 경제 불평등과 럭셔리 소비

경제적 불평등과 소비를 통한 신분 경쟁은 밀접한 관계가 있다. 일반적으로 불평등이 증대될수록 소비 경쟁은 더 심해진다. 특히 현재 한국과 다른 선진 경제에서 보듯이 소득이 상위 소수 계층에 집중되어 있을 경우 럭셔리를 둘러싼 경쟁은 더욱 치열해지기 마련이다. 미국의 경제학자 로버트 프랭크Robert Frank는 다음과 같이 주장한다.

소득이 최상위층에서만 증가하고 다른 층에서는 정체되면서, 우리는 점점 더 많은 비중의 국민소득이 럭셔리 소비에 집중되는 것을 목격하게 된다. 그 주된 결과는 무엇이 럭셔리인가에 대한 기준이 계속 상승하는 것이다.[12]

그 이유는 비교적 간단하다. 부유층의 소득과 자산이 크게 늘어나면, 그들은 더욱 고급스럽고 화려한 생활을 즐기고자 하면서, 동시에 자신을 다른 일반 중산층으로부터 분리하려고 노력한다. 그러면 자본주의 시장은 이 신흥 부유층이 원하는 럭셔리 제품을 새로 만들어 공급한다. 이것을 바라보는 중산층은 낙오되지 않기 위해 부유층의 소비 형태를 모방하며 따라가려고 애쓴다. 그러면 부유층은 좀더 희소가치가 있고 품격 높은 럭셔리를 찾게 되고, 시장은 다시금 그런 제품과 서비스를 창출한다. 일반 중산층은 또다시 이 새로운 럭셔리를 쫓아가려고 노력하게 되며, 다시 또 새로운 사이클의 경쟁이 일어난다. 이런 식으로 럭셔리의 기준은 계속 상승하게 되는 것이다. 바로 이 패턴이 우리가 앞에서 살펴본 한국 소비시장의 주요 변화이다.

이런 소비 패턴은 명품 시장에서 가장 잘 나타났다. 명품은 근본적으로 일반 대중이 흔히 소비하는 물품과의 차별화라는 목적 아래 등장한 것이다. 과거 유럽의 귀족이나 사용하던 물품의 이름을 따와 현대의 부유 고객에게 어필할 브랜드로 만들어 대량 생산한 것이 현대의 명품이다. 명품의 특징은 대량 생산이 되면서도 생산량과 가격 그리고 판매 채널이 극히 제한됨으로써 제품의 상징적 가치가 높다는 데 있다. 한국에서 명품 시장이 발달하기 시작한 시기는 1990년대 말이다. 한국 경제가 외환위기로 엄청난 타격을 받고 수많은 노동자들이 일자리를 잃었던 때였다. 중산층의 몰락이 사회적 화두가 된 시점이기도 하다. 그럼에도 불구하고 그 시기에 해외에서 수입된 고급 사치품 시장이 그토록 빨리 발달한 이유는, 앞 장에서 기술한 대로 외환위기와 그 직후의 경제변동 과정에서 소수의 자산소유자가 자산을 크게 늘릴 수 있는 기회를 가졌기 때문이다. 금융위기가 모두에게 피해를 가져온 것은 아니었다. 그 시기에 축재를 할 수 있었던 사람들이나 이후 노동시장의 신자유주의적 변화 속에서 소득이 크게 오른 사람들로서는 충분히 고급 명품을 소비할 수 있는 경제적 여유가 생겼고, 또 계급적인 동기에서도 그러고 싶은 욕구가 크게 증대한 것이다.

이와 같은 변화가 웰빙 시장에서도 비슷하게 나타났다. 명품과 달리 웰빙은 원래 경제학자들이 일컫는 이른바 '지위재'positional goods가 아니다. 지위재는 상대적 가치를 가진 물품으로서 지위 경쟁에서 소유자의 상대적 위치를 나타내는 재화를 뜻한다. 소유자가 사는 아파트, 몰고 다니는 차, 입고 다니는 옷, 가방, 구두, 시계 등이 대표적인 지위재이다. 지위 경쟁은 이런 지위재를 둘러싸고 주로 일어난다. 반면 우리가 집에서 무슨 음식을 먹는지, 어떻게 여가 시간을 보내는지, 또는 어떤 의료보험을 가지고 있는지 등은 신분 경쟁에서 중요한 종목이 되지 않는 비지위재nonpositional goods 이다. 많은 저소득층 젊은이들이 집에서는 자주 라면으로 식사를 때우면서도 차는 비싼 것을 몰고 다니는 이유가 바로 지위재와 비지위재의 차이로 설명될 수 있다. 그러나 웰빙 유행에서 볼 수 있는 흥미로운 변화는 웰빙에 포함된 먹거리, 운동, 여가 활동이 빠른 속도로 상업화되면서 과거에는 극히 사적이었던 영역의 것들이 차츰 사회적 지위를 나타내는 지위재로 변하게 되었다는 사실이다. 그러므로 웰빙도, 더 정확히 말해서 웰빙을 추구하는 라이프스타일도 아주 중요한 지위재로 변했다. 같은 음식을 먹고 같은 운동을 하여도 어디서 어떻게 하느냐에 따라 계층적 의미가 크게 달라진 것이다. 주말에 가까운 산으로 등산을 다녀와서 동네 목욕탕에서 몸을 푸는 것도 충분히 좋은 휴식이 되겠지만 제대로 된 웰빙은 호텔 피트니스 클럽이나 헬스장에서 운동을 하거나 스파에서 마사지를 받는 것이라는 인식이 생겨났다. 웰빙 라이프스타일은 계속 고급화되는 경향을 보인다. 그러므로 의식주 모든 영역에서 웰빙 바람이 불면서 이를 통한 신분 경쟁도 더 심해졌음은 물론, 각 가정의 가계 지출도 늘어나게 되었다.

이러한 추세를 촉진시키는 기제는 물론 미디어와 상업주의이다. 그러나 그 근저에는 점증하는 불평등과 부유층의 부상이 요인으로 자리잡고 있다. 경제적 불평등이 가파르게 증가하면서 고도로 발달한 자본주의 시장은 부유층을 위해 계속 고품질·고가격의 럭셔리 제품과 서비스를 만들어낸다. 자본의 입장에서 보면 신흥 부유층은 경제 상태가 열악한 일반 중산층보다 더 많은 이윤을 창출할 수 있는 시장을 제공한다. 따라서 자본은 고도로 발달한 과학적 지식과 기술을 동원하여 갖가지 고품질 럭셔리 상품을 생산해내게 되어 있다. 부유 계층이 비록 소비자 숫자상으로는 대중 중산층보다 훨씬 적지만, 그들에게 인기 있는 제품을 만들면 결국 중·하층 소비자도 모방소비를 하기 위해 따라오기 때문에, 결국 두 시장을 다 잡을 수 있다는 얘기가 된다.

자본주의 시장이 계속 고급 상품과 서비스를 창출하는 것은 당연한 법칙이겠으나, 왜 경제적으로 극히 불안한 상태에 있는 중·하층 사람들이 상류층 소비 추세를 모방하며 과소비를 하고 있는지는 궁금한 문제이다. 그에 대한 답은 비교적 간단하다. 자본주의 사회에서는 중·하층 사람들도 소비 경쟁을 피할 수가 없으며, 또 남에게 뒤떨어지고 싶지 않은 심리가 공통적이기 때문일 것이다. 그러나 현대사회에서 발견되는 한가지 주목할 만한 점은 중간층에 있는 사람들이 자신과 비교하는 대상의 수준이 과거보다 무척 높아졌다는 사실이다. 다른 말로 얘기하면, 그들의 준거집단이 많이 바뀐 것이다. 과거에는 사람들의 주된 준거집단이 자신들과 경제적 지위가 비슷하거나 혹은 자신들보다 약간 더 부유한 이웃들이었다. 따라서 이들과 보조를 맞추기 위해 너무 무리한 소비를 해야 할 필요는 없었다. 그러나 오늘날 사람들의 준거집단은 자신과 상대가 되지 않을 정도로 높은 소득수준의 사람들이다. 미국의 과소비 현상을 예리하게 분석한 줄리엣 쇼Juliet Schor는 이 현상을 다음과 같이 기술했다.

우리들이 선택하는 비교 대상은 더이상 우리 자신과 비슷한 소득이나 혹은 한 단계 높은 소득수준의 사람들에 국한되지 않는다. 오늘날 사람들은 자기 자신보다 소득수준이 3, 4, 5배 높은 이들과 자신을 비교하거나 그들을 '준거집단'으로 선택하곤 한다. 그 결과 수백만의 사람들이 이제는 국가적 문화가 되다시피 한 고급 소비문화upscale spending에 동참하게 된다. 이 현상을 나는 신소비주의new consumerism라고 부르겠다.13

이같은 현상이 생긴 주요 이유는 미국이나 한국사회 모두 급속한 도시화 속에서 이웃과의 접촉이 대부분 사라지고, 그 대신 사람들이 많은 시간을 TV나 기타 영상물을 보며 소요하는 데 있다. 대중매체에서 자주 접하게 되는 대상은 돈 많고 화려한 생활을 하는 부류이다. 매체에 비친 그들의 소비생활과 사는 모습은 마치 세상에서 성공한 사람들이라면 당연히 누려야 할 정상적인 생활수준이나 라이프스타일처럼 받아들여진다. 결국 디지털 시대에 범람하는 미디어에 대한 노출은 많은 사람으로 하여금 무의식중에 자신을 가까운 이웃보다는 먼 위치에 있는 부유층과 비교하는 경향을 갖게 만든다. 이렇게 준거집단의 기준이 상승하게 되면, 자연히 부유층을 향한 모방소비도 증가하고, 국민 전체의 소비수준은 역시 따라서 더욱 높아질 수밖에 없다.

한국에서도 비슷한 이유에서 많은 사람들의 준거집단이 상향조정되었지만, 그런 일반적 요인보다 더 강하게 작용한 것은 강남의 등장이다. 앞 장에서 기술하였지만, 강남은 한국의 부유 중상층이 집결해서 사는 지역이고, 모든 첨단 소비시설과 최신 패션이 자리잡은 곳이다. 강남 주민이 보여주는 생활양식은 항상 다른 지역 주민의 그것보다 앞서가며, 그 지역에서 제공되는 상품과 서비스는 더 고품질이고 더 사치스러운 경향을 보인다. 강남은 흔히 '물 좋은 곳'으로 여겨지며, 강남에 사는 사람들은 대개 경제적으로 윤택하고, 강북과 지방의 거주자보다 더욱 세련되고 현대적이라고 여겨지기도 한다. 한국의 미디어는 계속해서 강남의 과소비적 측면을 조명함으로써 그곳을 다른 지역 주민들의 선망과 질시 대상으로 부각시켰다. 그 과정에서 강남의 부유층은 자연스럽게 현대 한국인들, 그중에서도 일반 중산층에게는 가장 중요한 준거집단으로 자리잡았다. 과거에 한국의 중산층은 멀리 있는 미국의 중산층을 동경하며 그들의 라이프스타일을 흉내내고 싶어했지만, 이제는 더 가까이 있는 강남 부유층이 그 자리를 대치하게 되었다. 그 결과는 한국의 소비수준이 더욱 높아지고 중산층의 가계는 더욱 힘들어지게 된 것이다.

PRIVILEGE

AND

ANXIETY

6장

교육 계급투쟁

예전에는 애들 교육시키는 것이 훨씬 간단한 일이었던 것 같아요. 부모들은 아이들에게 열심히 공부하고, 학교에 가서 선생님 말 잘 듣고, 숙제 잘 해 가고 하는 소리만 하면 됐잖아요? 지금은 달라요. 영어학원, 수학학원, 논술학원, 피아노 레슨… 이런 모든 학원에 보내야 하고. 그걸로 다 되는 것도 아니에요. 애들을 유학을 보내야 하는지, 유학을 보낸다면 언제가 좋을지 어디로 보낼지 걱정해야 되고. 어느 정도를 해야 되는지 모르겠어요. 우리도 남들처럼 우리 애들에게 최선의 교육을 해주고 싶어요. 그래서 우리도 나름 최선을 다하지만 너무 힘드네요. 우리가 충분히 하고 있는 건지, 다른 사람들은 우리보다 사뭇 더 많은 것을 잘하고 있는 것만 같고, 불안해요. 너무 어려워요. 교육은 정말 최대의 고민거리예요.

어느 중산층 어머니가 나에게 한 이 얘기는 한국의 교육 현실을 너무나 잘 표현한 것 같다. 이 어머니가 말한 것처럼 한국에서 교육은 모든 가정의 최대 고민거리이고 불안 요인이다. 과거에는 교육이 그렇게 비용이 많이 들어가고 매일같이 신경을 써야 하는 일이 아니었고, 부모들 간의 경쟁도 그렇게 치열하지는 않았다. 그리고 교육을 통해서 많은 가정은 자식이 부모보다 더 나은 사회적 지위로 올라가는 것을 보았다. 그러나 지금은 교육이 더이상 사회적 계층이동을 위한 사다리 노릇을 하지 못하고 있다. 그럼에도 불구하고 교육 경쟁은 날로 더 심해지고 교육으로 인한 사회적 갈등과 불안은 더욱 심각해지고 있다.

| 한국 교육의 두 모습

한국 교육에 관해서는 하나의 흥미로운 수수께끼가 있다. 왜냐하면 외국인들이 바라보는 한국의 교육과 한국인들 자신이 생각하는 한국의 교육은 정반대이기 때문이다. 외국에서 보면 한국은 분명 세계에서 가장 우수한 교육제도를 가진 나라이다. 한국 학생들은 국제 표준 시험에서 항상 상위권을 차지하고 있어서 자주 해외 미디어의 시선을 받기도 한다. 오바마 미국 대통령이 한국을 다녀가고서 미국의 교육자들에게 한국 교육을 본받아야 한다고 설교한 것은 잘 알려진 사실이다. 무슨 모습을 본 걸까? 엄청나게 열심히 공부하는 한국 학생, 부모들의 교육에 대한 뜨거운 열정, 교육에 대한 높은 국가적·사적 투자, 질서 있게 움직이는 것 같은 교육 행정 등. 한국은 또한 현재 세계에서 가장 높은 교육수준을 보유한 나라이다. 중학생들의 90%가 고등학교에 진학하며, 그중 80%가 전문대를 포함한 대학교에 진학한다. 2021년 OECD 교육 지표에 따르면 만 25~34세의 고등교육 이수율은 69.8%로 OECD 국가 중 1위다. 영국과 미국은 50%대 초반이며 프랑스는 48%, 독일은 33%에 불과하다.

그렇다면 한국인들은 당연히 한국의 교육제도가 이룩한 교육적 성과에 대해 자랑스러워하고 만족해야 할 것 아닌가? 그렇지만 반대로 교육시스템에 대해 극도로 불만이 많다. 왜 그럴까? 여러 이유가 있지만, 가장 중요한 문제는 한국에서 교육이 너무 경쟁적이고, 비용이 많이 들며, 학생과 학부모에게 엄청난 스트레스를 안겨주기 때문이다. 한국이 세계화되어가면서 이런 측면들은 더더욱 악화된 것이다. 따라서 많은 사회조사에서 나타난 대로 한국인은 교육문제를 현재 가장 심각한 사회문제로 꼽는 경향이 있다. 이런 불만은 특히 중간계급 부모들 사이에서 강하게 나타난다. 실제로 교육문제가 많은 중산층 가족이 미국이나 캐나다, 호주 등으로 이민 가고 싶어하는 주된 이유이기도 하다.

| 교육열과 평등의식

그러면 왜 이런 모순적인 교육제도가 형성되었을까? 여기에 대한 설명을 하는 데 가장 많이 등장하는 개념은 교육열이다. 한국인은 유난히 교육열이 높고, 많은 부모들은 자기 자식의 교육을 위해서는 무슨 희생이라도 할 각오를 가지고 있다. 따라서 교육 경쟁이 치열해질 수밖에 없다는 것이다. 그러면 왜 한국인들은 그렇게 높은 교육열을 가지게 되었는가? 그에 대한 답도 간단하다. 즉, 주요 이유는 교육을 중시하는 유교적인 전통 때문이라는 것이다. 실제로 유교 전통을 가진 중국, 타이완, 일본, 베트남은 교육열이 높다. 물론 유교 전통을 가진 민족만 교육열이 높은 것은 아니다. 유대인의 높은 교육열과 교육 성취는 세계적으로 잘 알려진 사실이다. 하지만 한국인의 높은 교육열이 유교 전통과 관련이 있다는 것은 의심의 여지가 없을 것이다.

그렇다고 한국의 교육열을 단지 유교적 전통의 결과로만 이해하는 것은 불충분하다. 그에 못지않게 중요한 것은 한국이 20세기에 겪은 격동적인 역사적 경험이다. 일제 식민지배로부터 시작해서 해방 직후 남북 분단, 6·25동란 등 격동적인 변화를 겪으며 한국의 지배계급은 몰락하고 유교적 신분제도는 파괴되었다. 한국전쟁이 끝났을 당시 한국사회는 거의 무계급 classless 사회가 되어 있었고 사람들은 서로를 바라보며 너나 나나 같은 위치에 있는 사람이라고 생각하게 되었다. 그러면서 평등주의가 한국의 핵심적인 사회 가치로 자리잡게 되었다. 더욱이 1960년대 이후 급속한 경제발전으로 많은 이들이 중산층으로 상승하면서 한국인의 평등의식은 더욱 깊어져갔다. 일상적인 경제 문제를 해결하고 어느정도 경제적 여유를 얻게 된 많은 사람들은 자신이 획득한 자원을 자녀교육에 투자하기 시작했고, 정부는 공교육 기회를 급속히 확장해서 이런 열망에 더욱 불을 지폈다. 그렇다면 한국의 유달리 높은 교육열은 단순히 과거로부터 내려오는 유교적 전통 때문만이 아니라, 기존의 신분제도를 무너뜨리고 대중에게 계층이동의 문을 열어준 한국의 격동적인 현대사에 의해서 형성된 것이다.

한국의 높은 교육열이 이렇게 강력한 평등주의와 연계되어 형성됨과 동시에 사회적인 합의도 이루어졌다. 즉, 교육으로 신분을 결정하자는 것이다. 유교 전통의 다른 가치들은 대부분 붕괴했지만, 교육에 대한 이 믿음은 더욱 공고해졌다. 교육으로 사회 신분과 보상을 결정하는 것에 대해 이의를 제기하는 사람은 거의 없을 것이다. 그러면서 한국인들은 교육이 공정해야 한다는 믿음도 같이 강해졌다. 교육은 모두에게 열려 있으며, 교육 경쟁은 공정한 규칙에 따라 진행된다고 믿고 싶어한다. 이런 기대가 배반당하게 되면, 특히 그 규칙을 배반하는 자가 부나 권력을 소지한 자인 경우라면 한국인들은 강하게 반항하는 것이다. 최근의 조국 사태와 박근혜 대통령의 탄핵 모두 자신이나 측근의 자녀교육 비리와 깊게 관련이 있었던 것이 그 사실을 잘 입증한다.

| 학벌사회

그러나 자세히 들여다보면, 한국인이 지닌 강한 교육열은 교육의 진정한 의미와는 조금 다르다. 대부분의 한국인에게 교육의 중요성은 지식을 배우고 교양을 넓히며 인격을 수양하는 데 있는 것이 아니라, 사회에서 대접받고 성공하는 데 필요한 학력이나 학벌을 얻는 데 있다. 학력은 학교 교육을 얼마만큼 받았느냐 하는 문제다. 흔히 '가방끈이 길다' 또는 '짧다'라고도 표현되는 학력은 취업시장에서 일차적으로 중요한 선발 기준이 된다. 다른 나라보다 교육수준이 현저히 높은 한국사회에서 현재 대학 졸업장이 없으면 많은 차별을 받게 되고 좋은 직장에 취업할 길이 막히게 된다. 또한 대학을 나와도 어느 대학을 나왔냐가 개인의 인생 경로를 결정하는 중요한 요인이 된다. 그래서 학벌이라는 것이 중요한 것이다. 한국에서 학벌은 출신학교의 명성과 그 학교 동문들의 사회적 네트워크로 형성된다. 결국 학벌은 명문대를 졸업하고 그 학교 동문들의 강한 인적 네트워크의 일원이 되는 것을 의미한다. 그러므로 한국사회에서 학벌은 사회적 신분과 지위에 가장 중요한 영향을 끼치는 문화자본이다. 한국 중산층 부모들의 강한 교육열은 결국 자녀가 명문 대학에 입학해서 좋은 학벌을 성취하기를 바라는 욕구를 말하는 것이다. 한국에서 벌어지는 치열한 교육 경쟁은 근본적으로 좋은 학벌을 쟁취하기 위한 투쟁이다.

구조적으로 볼 때, 학벌이 만들어지고 계속 유지되는 것은 대학의 서열 구조 때문이다. 이 서열 구조의 최상부에 위치한 서울대학, 연세대학, 고려대학은 SKY 대학으로 해외에도 잘 알려져 있는데, 그들이 차지한 엘리트 대학으로서의 위치는 해방 이후 조금도 변함이 없다. 최근에 성균관대학이 크게 발전해서 앞으로 어떤 변화를 가져올지는 모르지만, 아직은 SKY 세 대학 중심의 수직적 서열 구조를 깨지는 못하고 있다고 본다. 그중에도 서울대학의 위치는 막강하며, 대학의 규모나 재원, 인적 자원, 그리고 국내외 명성 면에서 타 대학의 추종을 불허한다. 이 세 대학 출신들이 한국사회 각 분야에서 고위직을 독점하고 있음은 자주 일간 신문에 보도되는 사실이다. 한 예로, 최근에 『한겨레』에 보도된 자료는 다음과 같다. "2016년 10월 기준 '고위 공무원단' 1411명 중 이른바 'SKY'(서울대·고려대·연세대) 출신은 780명으로 전체의 55.2%(서울대 33.7%)나 된다. 2013년의 48.0%에서 오히려 늘었다. 대법원이 올해 신규 임용한 경력 법관 가운데 84%, 20대 지역구 국회의원 253명 가운데 48.2%(122명)가 이 3개 대학 학부 출신자들이다. 또 500대 기업 최고경영자의 절반이 이 3개 대학을 나왔고(2015년), 4년제 이상 대학 총장의 30% 이상이 서울대 졸업자다(2009년 기준). 그렇게 오랜 기간, 역대 모든 정부가 밀어붙인 학벌 타파 정책이 실은 헛수고에 불과했다는 뜻이다."[1]

2000년대 와서 변한 것이 있다면, 대학 서열이 더욱 일직선으로 체계화되고 수도권과 지방의 격차가 더 벌어진 것이다. 그러면서 서울 수도권 소재 10여개 대학이 그들 나름대로 '명문대' 위치를 차지하게 되었고, 지방에 위치한 대학과 차별화되었다. 그 대신 과거에 오랜 전통을 자랑하던 지방의 주요 공립대학은 크게 위축되는 신세가 되었다. 이 대학 서열 구조 제일 밑바닥에 있는 지방 사립대학은 심지어 '지잡대'(지방의 잡스러운 대학)라는 이름까지 붙여지는 수모를 당하고 있다.

어느 나라나 대학 서열 구조는 존재한다. 그러나 한국은 유독 수직적이고 경직된 서열 구조를 가지고 있다. 미국은 물론이고, 비슷한 교육구조를 가진 일본과 비교해보아도 더 수직적이고 경직되어 있다. 미국에도 하버드대학은 자타가 인정하는 최고 권위의 대학이다. 그러나 미국에는 이 대학 외에도 예일, 프린스턴, 컬럼비아 등 아이비리그에 속하는 여러 명문 사립대학이 있고, 서부에는 스탠퍼드와 UC버클리가 그에 못지않은 명성을 가지고 있다. 일본에서도 물론 토오꾜오대학이 최고로 권위있는 대학으로 알려져 있지만, 그외에도 쿄오또대, 와세다대, 케이오오대, 오오사까대, 토오호꾸대 등 여러 공립·사립대학이 쟁쟁한 명성과 높은 졸업생 취업률을 유지한다. 그리고 토오꾜오대 출신이 정계와 관계에 많이 포진하고 있다면, 케이오오대 출신은 재계에서 더욱 많이 CEO 자리를 차지한다. 이에 비해 한국의 대학 서열은 한줄로 세울 수 있는 단순 수직적 체계를 가지고 있다. 그리고 이 서열은 정치, 경제, 문화 분야에 상관없이 다 적용된다.

그러나 한국의 대학 서열과 학벌 구조의 더 중요한 특징은 이것이 연고주의와 밀착되어 있다는 점이다. 같은 대학 출신들이 동류의식을 갖고 끈끈한 인맥으로 연결되어 취업이나 승진 등에서 서로 끌어주고 밀어주는 행위는 자주 볼 수 있는 일이다. 다른 연고주의와 마찬가지로 학벌로 형성된 연고주의는 자기 집단 사람들은 감싸주면서 타 집단을 배제하거나 배척하는 행위로 자주 나타나곤 한다. 동문들이 사회의 상층부에 많이 포진한 명문 대학을 나오는 것이 중요한 이유가 바로 여기에 있다. 학벌은 개인이 대학입시를 볼 시기에 결정된 후 평생 따라다니는 일종의 신분증서 같은 역할을 하게 되는 것이다. 한번 정해진 학벌은 바뀌지 않고, 또다른 방법으로 대체하기도 거의 불가능하다. 정말 무서운 낙인찍기라고 할 수 있다. 김동춘이 잘 지적한 대로, "한국의 수험생들에게 대학 서열은 이후의 인생의 진로와 직결되고 한번 정해지면 뒤집기 어려운 가장 엄한 지위 서열이자 계급이다."[2]

고교 평준화 정책

어느 나라 사람이든 교육열이 높은 것은 좋은 일이다. 실제로 지난 반세기 동안 한국의 놀라운 경제성장은 높은 교육열과 잘 교육받은 노동력에 의해서 가능했던 것이다. 그렇지만 교육열이 극심한 교육 경쟁을 유발하고 부유층이 이 경쟁을 자기들에게 유리하게 끌고 가려고 할 때는 심각한 사회갈등이 유발될 수 있다. 한국에서는 이미 1960년대 후반에 이런 문제가 대두되기 시작했다. 경제발전으로 국민소득이 늘어나면서 가정교사를 채용하는 중산층 가정이 늘어나고, 부유한 가정에서는 자녀들이 고액과외를 받는 추세가 시작되었다. 그 당시 일간 신문에는 고액과외에 관한 기사가 자주 실렸는데, 이 기사들에 의하면 많은 현직 교사들이 부업으로 고액과외를 한다는 것이었다. 늘어나는 과외 수업이 중요한 사회적 이슈로 등장하자, 군사정권의 정당성에 해가 될 것을 우려한 박정희정부는 특단의 조치를 취하게 된다. 1969년 중학교 평준화 정책을 시작하고, 4년 후에는 고교 평준화 정책을 시행하였다. 이로써 단기간에 고등학교 서열 구조는 사라지고 평등화된 공립학교 구조가 성립되었다. 이렇게 파격적인 교육개혁은 아마 세계적으로 거의 유례가 없는 사례이며 극히 흥미있는 교육적 실험이기도 하다.

고교 평준화 정책은 물론 여러가지 긍정적인 효과를 가져왔다. 초등학교, 중학교 학생들을 '시험지옥'에서 해방시키고, 과외 수업의 폐해를 줄이며, 가난한 가정의 학생들에게 부유한 가정의 학생들과 같은 교육을 받을 기회를 주었다. 그렇지만 시간이 지나가면서 이 정책은 긍정적인 효과보다는 부정적인 결과를 더 많이 초래했다. 평준화 정책의 가장 중요한 부정적 결과는 현재 한국 교육의 가장 고질적 문제인 사교육시장의 팽창이다. 과외 사교육의 폐해를 없애기 위해 채택한 고교 평준화 정책이 오히려 사교육시장에 불을 붙이는 결과를 가져왔다는 것은 분명히 흥미있는 모순이다. 그 근본 요인은 부유층의 교육 전략과 관련이 있다. 이들이 보기에는 고교 평준화는 곧 교육의 하향 평준화를 가져오는 정책이 되고 자기 자식들이 경쟁력이 있는 위치를 박탈당하게 되는 것을 의미했다. 그에 대한 대책으로 그들은 사교육시장에서 자식들이 남보다 나은 교육을 받을 수 있는 방법을 찾게 되었다. 그 요구에 발맞춰 가정교사와 사설 학원의 숫자가 빠른 속도로 증가했다. 이런 현상을 통제하기 위해 전두환정부는 법으로 과외 교육을 금지하고 강력히 단속했다. 그러나 자식을 좋은 대학에 보내고 싶어하는 중산층 가정은 모든 수단을 동원해서라도 자식의 입시 경쟁력을 높이고자 했고, 그 결과 정부의 억압적 조치에도 불구하고 음성적인 형태의 과외 교육은 계속되었다.

그러면서 동시에 고교 평준화 정책은 정부 자신의 또다른 정책에 의해 허물어지기 시작했다. 하나는 정부가 강남 개발을 위해 강북에 있던 명문 고등학교를 강남으로 이전시킨 일이었다. 그 결과로 강남의 부유 지역에 소위 '8학군'이라는 특수 교육구가 형성되었다. 이곳에 새로 들어선 과거의 명문 고등학교들은 지역의 물질적인 조건과 학생들의 가정환경, 부모들의 열성 등에 힘입어 쉽게 새로운 명문 학교로 재등장하기에 이르렀다. 또 하나는 국가가 한국 경제를 더 높은 단계로 발전시키기 위해 필요하다는 명목으로 고급 기술인력을 길러내는 특수목적고등학교(특목고) 설립을 허용한 것이었다. 특목고는 고교 평준화 정책의 각종 제약에서 면제됨으로써 학교 재량에 따라 학생들을 선발하고 교과를 운영할 수 있는 특권을 부여받았다. 이렇게 해서 설립된 특목고들이 새로운 명문고로 등극하기까지는 오랜 시간이 걸리지 않았다. 한국에서 명문고란 결국 얼마나 많은 졸업생을 명문 대학에 진학시키느냐에 따라 결정되는데, 이런 점에서 특목고는 탁월한 성과를 과시했기 때문이다. 자료에 의하면, 2013년에 공립학교와 특목고의 SKY 대학 합격률 차이는 9배에 달했다. 공립고등학교는 졸업생의 1.4%가 이 대학에 진학했지만, 특목고 졸업생의 경우 그 비율은 12%에 달했다.[3]

돌이켜보면, 고교 평준화 정책의 근본적인 결함은 이 정책이

고등학교의 서열은 철폐했지만, 대학의 위계질서에는 손을 대지 못한 데 있다. 대학 서열을 그대로 놔둔 채 중학교, 고등학교 서열만 폐지한 것은 대학입시 경쟁을 뒤로 미루는 효과를 낳았을 뿐, 그것을 없애거나 약화시키는 작용은 하지 못했기 때문이다. 그렇다고 대학 서열을 인위적으로 폐지하는 것은 교육적인 장단점을 떠나 현실적으로 너무나 어려운 일이었다. 그것은 분명 명문 대학 특히 서울대 학벌을 형성하고 있는 기득권세력의 엄청난 저항에 맞서 싸워야 하는 일이었기 때문이다. 아무리 막강한 힘을 가진 독재정권이라도 결코 쉽게 택할 수 있는 선택이 아니었다. 결과적으로 평준화 정책은 의도는 좋았지만 예견하지 못한 많은 부작용을 낳으면서 한국의 교육 현실을 더욱 어렵게 만든 결과를 가져왔다.

| 사교육시장

한국 교육제도의 가장 두드러진 특징 중 하나는 사교육의 비중이 다른 어느 나라보다 높다는 점이다. 학부모들은 엄청나게 많은 비용을 사교육비로 지출하고 있고, 학생들은 학교 정규 수업 못지않게 많은 시간을 학원이나 개인 레슨 등 과외 수업으로 보내고 있다. 방과 후 긴 시간 과외 수업으로 진을 빼고 다음 날 학교에 와서는 책상에 엎드려 자는 학생들이 많은 것도 한국 학교의 특징 중 하나다. 학생들과 학부모들이 사교육으로 받는 정신적·물질적 피해는 이루 말할 수가 없지만, 사교육시장은 지난

20여 년간 계속 팽창해왔다. 사교육시장의 기형적 발달로 공교육 제도는 피폐해졌고, 많은 부모와 학생들은 학교 수업보다 사교육을 더 중요시하게 되었다.

앞에서 언급한 대로 한국에서 과외 교육은 1980년 전두환정부의 '7·30 교육개혁 조치'에 의해 법적으로 금지되어왔다. 그러다가 2000년 4월 헌법재판소는 전두환정부의 과외 교육 불법화 조치가 위헌이라는 결정을 내렸다. 이로써 그동안 신자유주의적 성향의 교육지도자들과 부유층 학부모들이 지속적으로 요구해온 과외 수업 자유화 요구가 제도적으로 관철된 것이다. 음지에서 눈에 띄지 않게 진행되던 과외 교육은 제 세상을 만났고, 2000년대 들어 사교육시장은 폭발적인 팽창을 하게 되었다(그림 6.1 참조). 사교육시장의 급속한 팽창과 더불어 각 가정의 사교육비 지출 또한 급속히 증가했다. 한국교육개발원이 2011년에 발표한 자료에 의하면, 1990년 1만 7652원이었던 가구당 월평균 사교육비는 2010년에 18만 7396원으로 10배 이상 증가했다. 물가지수를 반영한 실질 사교육비로 계산해도 3배의 증가이다. OECD 자료에 의하면, 2000년대 초반 한국은 OECD 국가 중 사교육에 지출되는 GNP의 비율이 가장 높은 나라가 되어 있었다. 한국의 사교육 지출은 미국, 호주, 캐나다, 일본보다 높았고, 2006년 OECD 평균의 4배에 달했다.[4]

그러면 왜 한국에서는 이렇게 기형적으로 사교육시장이 발달했을까? 여기에 대해서는 흔히 한국인의 유별난 교육열과 박정희정부가 추진한 고교 평준화 정책이 주원인으로 지목된다. 평

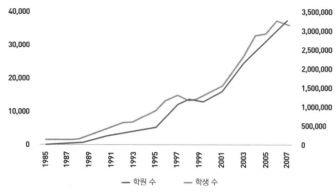

그림 6.1 학원과 학생들의 숫자, 1985~2007

— 학원 수 — 학생 수

출처 송경원 「지난 20년 사교육 추세」, 민주평등사회를 위한 전국교수연구자협의회 2008.

준화 정책이 시행된 이후 많은 중산층 이상의 가정들이 자기 자식에게 유리한 교육기회를 주기 위해 사교육시장을 찾은 것은 사실이다. 그러나 또 하나의 사실은 평준화 정책 이전에 이미 과외 교육이 부유층을 중심으로 유행하기 시작했고, 박정희정부가 이 정책을 무리하게 시행한 이유는 과외 교육의 성행을 방지하고 학교 교육을 정상화하려는 데 있었다는 것이다. 평준화 정책 시행 이후에도 정부는 사교육시장을 억제하려고 나름대로 많은 노력을 기울였다. 전두환정부가 채택한 과외 교육 불법화 조치가 대표적이다. 그러나 이런 권위주의적인 정책이 효과를 거둘 수 없는 근본적인 요인은 변하지 않는 한국 대학의 서열 구조와 명문대 학벌을 향한 중산층 가정의 강한 욕구이다. 이 욕구는 1990년대 이후 대학에 진학하는 인구가 급격히 늘어나고 경제발전 둔화에 따라 취업시장이 경색되어가면서 더욱 높아졌다. 이런 상황에서 경제적으로 여유가 있는 가정은 무슨 방법을 동원해서라도 자식이 교육 경쟁에서 성공하도록 노력을 하게 된 것이다. 이렇게 본다면 사교육시장 발달의 근본적인 요인은 한국의 학벌 구조이고, 이것을 쟁취하기 위한 경쟁에서 남보다 더 유리한 위치를 차지하고자 노력하는 부유층의 욕구, 그리고 계급적 전략이라고 하겠다.

한국의 사교육과 관련해서 가장 큰 문제는 지역별로 사교육 기회가 뚜렷이 차이 나고 그 차이가 점점 더 심각해져간다는 것이다. 서울과 지방이 다르고, 서울의 강남과 강북 사이에도 큰 차이가 난다. 2020년 기준으로 서울 소재 사설 학원 1만 3992개 중 17%가 강남구에 집중되어 있고, 이 가운데 대치동 생활권에만 1200여개의 학원이 밀집해 있다. 강남의 사교육에 관해서는 무수한 미디어 리포트와 논평, TV 드라마, 대중 서적, 그리고 학술적인 논문이 발표되었다. 그만큼 강남에서 진행되는 강남식 사교육 방식이 모든 학부모에게, 특히 중산층 이상의 가정에서 지대한 관심의 대상이 되고 있는 것이다. 여러 자료 중에서 2021년에 발간된『대치동: 학벌주의와 부동산 신화가 만나는 곳』(사계절 2021)은 이 지역에서 이름난 학원의 원장으로 오래 일했던, 사교육계 최고 전문가 중 한 사람인 조장훈이 쓴 책이라 특히 유용하다.

조장훈이 그리는 대치동은 확실히 특권 지역이다. 한국의 어느 지역보다 우수한 사교육 기회가 존재하고, 덕분에 부동산 가격도 계속 상승해왔다. 무엇보다도 대치동은 한국 사교육의 메카로 이름을 날리고 있다. 조장훈이 지적한 대로, "한국사회에서 학벌은 사회적 신분과 지위에 가장 확실한 영향을 끼치는 희소한 문화자본이고, 대치동은 그 학벌 전쟁의 최전선이다. 조금이라도 유리한 여건에서 이 전쟁을 치르기 위해 이곳을 찾는 전입자들의 행렬이 매년 끊이지 않는다."[5] 그러면 왜 대치동이 그렇게 유리한 교육 환경을 형성하게 되었는가? 물론 이것은 여러 요인이 작용한 결과일 것이다. 우선 수요자와 공급자 측면에서 이 현상을 들여다볼 필요가 있다. 대치동의 주민은 1980년대 초 강북의 여러 명문고가 강남으로 이전할 때 자녀들을 이 학교에 진학시키기 위해 그곳으로 이주한 고위 공무원, 변호사, 의사, 기업 임원 등 신흥 고소득층으로 형성되었다. 이들은 다른 어느 계층보다 자식의 계급세습이나 계급상승을 위해 교육에 많은 투자를 할 수 있는 경제적 여유도 있고 그러고자 하는 욕구도 강한 집단이다. 이런 수요자가 집결된 지역에 고급 사교육 서비스가 몰려드는 것은 당연한 일이겠다. 대치동 학원들은 초기부터 소규모로 전문화되고 세분화된 형태로, 그러면서 자주 변하는 입시제도에 재빨리 적응할 수 있는 조직체를 갖추고 출발했다. 공급자 측면에서 보면, "대치동 학원가에 몰려든 고학력 강사 인력은 누구보다 빠르게 입시제도의 변화를 이해하고, 이에 맞는 새로운 입시 및 학습 전략을 제공했다. 무엇보다도 이들은 뛰어난 강의 역량을 지니고 있었다."[6] 이 고급 인력의 많은 부분이 1980년대 학생운동권에 가담했다가 형을 살았던 이들이나 1990년대에 해직된 전교조 교사 출신으로 구성되었다. 민주화운동을 탄압하던 권위주의 정권이 우수한 인력을 사교육시장에 공급하는 역할을 한 것이다.

어쨌든 대치동의 사교육시장 발달은 일차적으로 이 지역 주민이 경제적으로 유복하고 강한 교육열을 가진 부유 중상층으로 구성되었다는 점과 그들의 수요에 대응해서 뛰어난 교육 역량을 가진 강사 인력이 그곳에 몰려들었다는 것으로 설명할 수 있을 것이다. 2000년 이후 과외 교육이 합법화된 것도 물론 중요한 변수이다. 또한 1991년부터 재학생의 방학 중 학원 수강이 허용된 것도 도움이 되었다. 그러나 대치동을 사교육 특수 지역으로 만드는 데 중요한 역할을 한 것은 1990년대 이후 국가가 여러차례 대학입시 제도를 변경한 것과 관련이 있다. 정부는 한국 교육의 근본적 문제인 대학 서열과 학벌 문제는 감히 손을 대지 못하고, 그 대신 좀더 쉽게 다룰 수 있는 입시제도를 수정함으로써 교육 경쟁을 최소한 좀더 공정하고 합리적으로 만들고자 노력했다. 대체로 암기 위주의 주입식 교육을 지양하고 좀더 다양하고 의미 있는 방법으로 학생들을 선발하는 방향으로 입시제도를 수정하려 한 것이다. 1990년대 중반에는 과거에 시행하던 학력고사 대신 대학수학능력시험(수능)을 채택했고, 동시에 논술고사를 추가했다. 수능은 단편적인 지식이 아닌 분석력과 비판적 사고력, 종합력을 평가하겠다는 취지로 만들어져서 초기에는 교육 전문가들에게 환영을 받았다. 그러나 이 시험 제도가 채택되자마자 사교육 비중이 가파르게 증가했다. 조장훈은 대치동을 사교육 1번지로 만드는 데 가장 큰 기여를 한 것은 무엇보다도 대학수학능력시험이라고 주장한다. 그의 설명에 의하면, "새로운 입시제도는 학생들에게 논리적 추론과 종합적 사고 능력, 인문·사회과학적 소양까지 요구하는 상황이었고, 운동권 세미나를 통해 역사·철학적 논의나 토론에 익숙했던 이들은 대치동 교육 현장에서 두각을 나타낼 수 있었다."[7] 수능 도입 이후 교육부는 미국에서 시행하는 입학사정관제admission officer를 도입하고 동시에 특차전형이란 이름으로 대학에 자율적으로 학생을 선발할 수 있는 권한을 부여했다. 2010년대에 들어와서는 입학사정관제가 학생부종합전형(학종)으로 바뀌었고, 각 대학은 정시모집과 수시모집 등 좀더 다양한 방법으로 학생을 뽑을 수 있는 권한을 갖게 되었다.

이렇게 입시제도가 계속 바뀌는 과정에서 볼 수 있는 것은 각 계층마다 이러한 제도변화에 대응하는 능력이 크게 다르다는 사실이다. 부유하고 교육수준이 높은 가정은 재빨리 새 제도에 적응할 수 있지만 그렇지 못한 집단은 당황하게 되고 뒤처지게 된다. 간단히 말해서, 입시제도가 더 다양해지고 복잡해질수록 상류층 가정에 더 유리해지는 것이다. 입학사정관제의 경우 미국에 유학을 했던 사람들은 그 취지나 대처 방법을 잘 알고 있지만, 다른 사람들은 암담해할 수밖에 없다. 경제력이 있는 가정은 고급 사교육 서비스를 통해서 그것을 해결한다. 이런 면에서 대치동에 몰려 있는 사교육 업체들의 능력은 뛰어난 것 같다. 이 바닥을 너무나 잘 아는 조장훈의 관찰에 의하면, "사교육 업체들은 경쟁에서 이기기 위해 수단과 방법을 가리지 않는다. 새로운 유형의 문제를 실시간으로 수집, 분석하여 수많은 유사 문제를 만들어낸다. 평가원의 출제 역량은 사교육의 손바닥을 벗어나기 어렵다. (…) 수능은 이미 사교육에 분석당하고 점령당한 시험이다."[8] 사교육 업체는 새로운 입시제도가 발표되면 곧 이 제도를 분석하고 해체해 보면서 제도의 맹점을 찾아내려 노력한다. 그리고 부유층 고객은 이들이 제공하는 최신 정보와 대처 방법을 구입함으로써 학벌독점을 도모하게 된다.

| 스펙 투쟁

2000년대에 들어와 대학생들에게서 가장 자주 듣는 단어는 아마 '스펙'spec일 것 같다. 영어의 'specification'에서 파생된 이 단어는 애초에는 직업시장과 관련해서 등장한 것이다. 즉, 취업을 준비하는 사람들이 갖추어야 한다고 여겨지는 좋은 학점, 토익 점수, 각종 자격증, 수상 경력, 해외 연수나 인턴 경험 등을 의미한다. 21세기 한국 경제가 선진 자본주의 체제로 변하고 세계화하면서 기업에서 요구하는 인력은 단순히 좋은 학력을 가진 사람이 아니라 다양한 종류의 기술과 경험을 소유하고 창의력과 유연성이 높은 노동력이 되었다. 그리고 기업들은 이러한 다양한 능력을 객관적이고 양적으로 측정 가능한 지표로써 제시할 것을 요구하게 되었다. 신자유주의적 경제체제에서 당연히 스펙은 가장 편리하고 유효한 노동력 선별 수단이 된 것이다. 그러므로 학생들로서는 남보다 특출한 스펙을 쌓는 일이 취업시장에 임할 때 가장 절실한 목표가 되는 셈이다. 2000년대에 와서 대학

정원은 크게 증가하고 모두가 원하는 대기업이나 공공기관 일자리는 늘어나지 않은 상황에서 학생들은 번듯한 스펙을 쌓는 일이 더욱 절실해졌다. 그러므로 대학생들은 학과목 공부보다는 스펙에 도움이 될 것들을 찾아서 엄청난 노력을 하게 된 것이다. 스펙에 대한 집착은 상위권 대학의 학생들에게 더 강하게 나타난다. 왜냐하면 그들이 추구하는 대기업이나 공공기관 직장들이 이 스펙을 더 중요시하기 때문이다. 명문대 학생들의 스펙에 대한 집착과 신자유주의적 사고방식을 연세대학교의 인류학 교수 조혜정은 다음과 같이 묘사한다.

> 학생들은 명문대에 입학하고, 그것도 유망한 학과에 들어오고 나서도 영어 능력 시험에서 높은 점수를 얻기 위한 공부에 몰두하고 있고, 다양한 공모전이나 자격시험을 준비하느라 애쓰고, 해외 연수나 인턴십 같은 기회를 열심히 찾는다. (…) 스펙을 쌓는 데 온통 집중하는 젊은이들은 시간을 낭비하는 것을 견디지 못한다. 내 학생들은 어린 시절부터 시간관리를 실천해왔다고 말한다. 나는 이 학생들이 자기계발에 대한 신자유주의적 매뉴얼을 즐겨 읽는다는 사실도 알게 되었다.[9]

조혜정이 관찰한 이 모습이 보여주는 것은 신자유주의 이데올로기가 현재 한국 학생들의 정신적 삶에 얼마나 깊이 침투했는가 하는 것이다. 신자유주의는 노동력을 시장에서 매매되는 하나의 상품과 같이 취급하며 그 상품의 시장적 가치와 효용성에 따라 가치를 매기는 것을 당연시하는 이념이다. 자연스럽게 학생들은 스스로를 시장에서 팔아야 할 상품으로 생각하며 자기의 상품 가치를 높이기 위해 스펙 쌓는 일에 매달리게 된 것이다. 오늘날 학생들은 흥미로운 책을 읽거나 사회적·문화적으로 의미 있는 활동들에 참여할 시간도, 그에 대한 관심도 없을 정도로 스펙 쌓는 일에 사로잡혀 있다고 볼 수 있다.

그러나 스펙은 취업 준비를 하는 대학생에게만 중요한 것이 아니라, 대학입시를 준비하는 고등학생에게도 중요한 것이 되었다. 특히 명문대 입학을 준비하는 학생에게는 더더욱 그러하다. 스펙이 고등학생에게 중요하게 된 것은 물론 최근에 도입된 새로운 입시제도 때문이다. 앞에서 서술한 대로 정부는 2000년대에 들어와 여러차례 입시제도를 변경했다. 대체적인 방향은 신자유주의 방식으로 학생의 능력을 단순한 학업 위주의 객관식 시험이 아니라 좀더 다양한 방법으로 평가하고, 학생에게 여러 입학전형 중 하나를 선택할 기회도 주는 식으로 변경한 것이다. 그리고 대학 측에는 일정한 시기에 시험성적으로 선발하는 정시 입시제도 외에 다양한 방법으로 학생의 지적 능력과 잠재력을 평가해 선발하는 수시입학을 허용하였다. 수시입학은 미국에서 사용하는 조기선발early admission 제도가 채택된 것이고, 미국과 마찬가지로 우수한 학생을 정시 이전에 뽑는 제도이다. 그러므로 명문대를 지망하는 우수 학생들은 거의 대부분 수시입학을 원하게 되고, 그러기 위해 화려한 스펙을 준비할 필요가 있게 되었다. 따라서 남보다 나은 스펙을 쌓기 위한 경쟁은 날로 치열해지고 이 경쟁에는 학생 자신뿐만 아니라 학부모들도 적극 참여할 수밖에 없어졌다. 불행히도 한국의 입시 경쟁에서 성공하는 데 필요한 스펙은 학생 혼자서는 거의 성취 불가능한 수준에 와 있기 때문이다.

최근에 한국사회의 초관심사가 된 것이 바로 정치 유력자 자녀들의 스펙 만들기에 관한 것이다. 조국 전 법무부 장관의 딸이 학교 성적은 좋지 못했음에도 불구하고 고려대학과 부산대 의학전문대학원에 입학할 수 있었던 것은 바로 그의 화려한 스펙 덕분이었다. 인터넷에 나타난 그의 스펙은 실로 대단하다. SAT^Scholastic Aptitude Test 국제 시험과 텝스, 토익 등 영어시험 최상급 점수, 여러 대학 연구소에서의 인턴 경험, 제1저자 논문 국내 의학 학술지 게재, UN 기관 해외 봉사활동 등 화려하다. 이 중 일부가 과장에 의해서나 부정한 방법으로 취득되었다고 법원의 판결이 내려지기는 했지만, 이 사건이 보여주는 것은 현재 한국에서 명문 대학에 입학하기 위해서 학생들이 스펙 쌓는 일에 거의 미칠 정도로 매달려 있고, 경우에 따라서는 부정한 짓을 하기도 한다는 사실이다. 그리고 그들의 부모는 모든 인맥과 정보를 활용하여 자식이 스펙 쌓는 일을 도와준다. 권력층 자녀들의 허위 스펙에 관한 신문 기사는 그칠 줄 모른다. 최근에는 윤석열정부의 막강한 실세로 등장한 한동훈 법무부 장관 딸이 고등학생으로 국제 학술지에 논문을 등재한 것이 보도되었고, 곧이어 그가 기고한 저널이 소위 돈만 내면 논문을 실어주는 약탈적 학술지라는 것도 밝혀졌다. 허위 스펙 쌓기는 정치권력자 가정에서

만 생기는 일은 물론 아니다. 지식인텔리 계층의 부정행위도 그에 못지않은 것으로 보인다. 예컨대 2019년의 교육부 조사에 의하면 2007년 이후 10여년간 87명의 교수가 139건의 논문에 자녀를 공저자로 등재했고, 이 가운데 8건의 연구부정행위가 확인되었다.[10]

그러나 부유 엘리트층이 자식의 스펙을 위해서 노력하는 일은 대부분 극히 합법적이고 공정한 방법으로 이루어지고 있을 것이다. 그리고 이러한 노력은 단지 개인 가정의 단위에서만 행해지는 것이 아니다. 좀더 집합적이고 계층적인 단위에서 진행되기도 한다. 이에 관해서 강남의 교육 현장을 예리하게 관찰한 조장훈은 2008년 입학사정관제가 도입된 후에 강남 고등학교에서 벌어진 현상을 다음과 같이 기술한다.

부유하거나 부모의 학력 수준이 높은 집 아이들은 수업이 끝나면 변호사 사무실로, 검찰청으로, 병원으로, 사회단체로 실려가 인턴으로 일하거나 봉사활동을 수행했다. 대학으로, 연구소로 '배달되어' 이해하지 못할 실험에 참여하거나, 사소하기 이를 데 없는 일을 하고 논문에 이름을 올렸다. 이 계층은 자녀들의 외부 수상 실적을 늘리기 위해 계속해서 새로운 대회와 단체를 만들었다. 각 학교마다, 지역마다 모의국회와 모의법정이 수없이 생겨났다. 2007년 전국을 통틀어 3개뿐이던 모의 유엔 대회는 2013년에는 서울에만 60개가 넘게 생겼다.[11]

여기서 볼 수 있는 것은 자식들의 교육 경쟁력을 높여주려는 노력은 어느 특정 개인이나 집단에서만 일어나는 일이 아니라는 점이다. 이것은 전계층적으로도 일어나는 것이다. 부유층과 지식엘리트층은 자신들에게 유리한 교육정책을 고수하기 위해 정치적 영향력을 행사하기도 하고, 여론 조성을 위해 공동으로 노력하기도 한다. 지난 20여년간 여러차례 신자유주의적 입시제도가 도입되는 과정에서 가장 발 빠르게 움직이고 성공적으로 대처한 계층이 바로 이들이다. 그리고 사교육시장은 이들의 요구에 적극 협조하는 방향으로 변화해왔다.

| 교육을 통한 계급세습

현대사회의 계급세습은 대체로 두가지 방법을 통해 이루어진다. 하나는 부모가 자식에게 자산을 직접 상속하는 형태이고, 다른 하나는 교육을 통한 방법이다. 한국사회에서도 물론 이 두 형태의 계급세습이 이루어지고 있으며, 두 형태 모두에서 계급세습이 강화되는 추세이다. 김낙년의 연구에 의하면 한국에서도 저축을 통한 자산축적보다는 상속을 통한 자산축적이 2000년대 이후 강화되었다.[12] 부의 축적에서 상속이 기여한 비중은 1990년대에 29%였다가 2000년대에 38%로 증가했다. 그러나 더욱 중요한 계급세습 방식은 교육을 통한 것이다. 이 방법은 중산층 가정에 중요하고, 상위 중산층의 전문직 또는 관리직 가정에서 특히 중요하다. 자산을 많이 가지고 있는 부자들에게는 교육이 계급세습에 그렇게 중요할 필요가 없다. 그들의 재산이나 사업체를 자식에게 물려주면 되기 때문이다. 그러나 전문직·관리직 중상층 가정에서는 교육이 거의 유일한 계급세습 방법이다. 그렇기 때문에 이들은 자식의 명문대 입학에 사활을 걸고 전력투구하는 것이다.

앞에서 기술한 대로 한국의 교육체제는 사교육시장이 지배하는 환경이 되었고, 대학입시 제도는 점점 다양화되고 신자유주의적으로 바뀌면서 중상층 가정에 유리한 방향으로 변해왔다. 당연히 자식의 교육적 성공이 부모의 경제적·사회적 자산에 의해 결정되는 정도가 과거보다 사뭇 높아졌다. 대중에 대한 이런 직관적 인상을 뒷받침하는 학문적인 연구나 실증적인 자료는 그리 많지 않다. 한국의 교육 불평등 문제를 분석한 많은 연구자들은 강남과 비강남의 교육 차이에 분석의 초점을 맞추고 있다. 그만큼 현재 한국사회에서 강남은 부유 중산층을 나타내는 기호로 받아들여지고 있기 때문이다. 강남과 강북을 비교한 몇가지 자료를 보기로 하자.

서울대학교가 제공한 자료를 이용해서 이 대학 교수인 김세직은 서울대 합격률이 강남과 강북 주거지역에 따라 얼마나 다른지 분석하였다.[13] 그의 연구 결과에 의하면 2014년 서울 25개 자치구 가운데 강북구에서는 서울대 합격생이 학생 100명당 0.1명이었지만 강남구에서는 2.1명이 나왔다. 무려 21배 차이가 난 것이다. 서초구는 1.5명, 송파구는 0.8명으로 강남구보다는 조금 떨어지지만 강북의 거의 모든 자치구보다 훨씬 높은 서울대 합격률을 보여준다.

2015년 9월 4일 국회 교육문화체육관광위원회 소속 조정식 새정치민주연합 의원이 서울대로부터 제출받은 자료에 따르면, 2015학년도 서울대 수시 및 정시 합격생 3261명 중 서울, 경기, 인천 소재 고교 출신은 2064명(63.29%)에 이르는 것으로 조사 되었다. 수도권 출신 비율은 2011년의 55.2%에서 2014년 61%로 증가했다. 수도권과 지방의 차이가 무척 큰 것을 보여준다. 그리 고 서울 내에서는 강남지역 고등학교 학생들의 집중이 두드러졌 다. 서울 25개 자치구 중 강남 3구(강남구·서초구·송파구) 고등학교 출신이 도합 432명(33.07%)으로 서울 출신 서울대 합격생 3명 중 1명은 강남 3구 출신으로 나타났다.[14]

『중앙일보』가 2012년 입시 전문업체인 하늘교육과 함께 서울 시내 일반계 고등학교 133곳을 조사한 결과, 강남구 소재 고교 졸업생 100명당 15명이 SKY 대학에 진학했다. 서초구 소재 고 교에서는 11.1%가 SKY 대학에 입학했다. 그리고 휘문고, 중동고 같은 강남의 대표 명문고에서는 졸업생 5명 중 1명꼴로 세 대학 합격자가 나왔다.[15]

부모의 경제력이 자녀교육에 미치는 영향을 측정할 때 강남과 강북 지역만을 비교하는 것은 불충분할 것이다. 사실 강남지역 내에서나 강북지역 내에서도 각 자치구마다 적지 않은 차이가 존재하기 때문이다. 김세직 교수는 자치구별 부동산 가격과 서 울대 합격률 간에 존재하는 상호 연관 관계도 분석하였다. 그림 6.2에서 볼 수 있는 것은 각 자치구의 평균 아파트 가격과 그 지

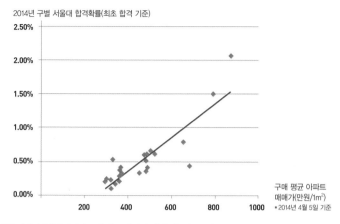

그림 6.2 아파트 가격과 서울대 합격률, 2014

2014년 구별 서울대 합격확률(최초 합격 기준)

구매 평균 아파트
매매가(만원/1m²)
*2014년 4월 5일 기준

출처 김세직 「경제성장과 교육의 공정경쟁」, 『경제논집』 53권 1호, 2014.

역 학생들의 명문대 합격률 간의 높은 상호 연관성이 존재한다는 것이다. 부유한 지역에 사는 학생일수록 서울대에 입학할 가능성이 크다는 것을 말해준다. 그 지역에 존재하는 고등학교의 질도 중요하겠지만, 필경 사교육시장의 규모와 질이 중요한 영향을 미쳤을 것이다.

부모의 경제적 지위가 자녀의 입시 결과에 미치는 영향력이 갈수록 커지고 있는 만큼, 학교의 서열 순위는 학부모의 경제력과 밀접한 관계가 있다. 즉, 서열 상위 대학으로 갈수록 재학생의 가정 배경이 더 부유한 층에 속함을 의미한다. 2020년 11월 한국장학재단이 국회 교육위원회에 제출한 국정감사 자료에 따르면, SKY 대학 신입생의 절반 이상이 고소득층 자녀인 것으로 나타난다. 이 중 제일 잘사는 계층인 10분위(월 1427만원 이상)와 9분위(월 949만~1427만원)의 비율이 SKY 대학의 경우 55.1%나 된다. SKY가 아닌 다른 대학 평균(25.6%)의 2배 이상이다. 최상층인 10분위만 놓고 보면 SKY 대학은 37.9%로, 다른 대학 12.2%의 3배 이상이다.[16]

부모의 사회·경제적 지위가 자녀의 교육 성취에 미치는 영향이 과거에 비해 더욱 커졌다는 것을 실증적으로 증명하는 연구도 있다. 연세대학교 김영미 교수의 연구는 자녀가 서울 소재 대학에 진학하는 데 부모의 지위(학력과 직업)가 주는 영향이 연령과 세대별로 어떻게 다른가를 조사했다.[17] 이 연구 결과에 따르면 부모 지위의 효과는 30대 학생들보다 20대 학생들에게서 더 크게 나타났다.

앞에서 기술한 대로 현재 한국사회의 교육 불평등은 사회 전반에 존재하는 것이지만, 부유 엘리트층과 일반 중산층 사이에서 더욱 극명하게 나타난다. 바로 이 계급 분리선에서 가장 치열한 교육 경쟁이 일어나고 있는 것이다. 과거 중산층에 속한 대부분의 사람들이 비슷한 교육기회를 가지며 교육을 통해 사회적 상승이동을 경험했던 것과는 달리, 현재 한국사회에서는 소수의 특권적 중산층과 일반 중산층 사이에 엄연한 교육기회의 차이가 존재한다. 전자는 사교육시장을 통해서 자기 자식들의 교육적 경쟁력을 한층 강화하고 있다. 더욱이 신자유주의식 입시제도의 변화는 경제적 자산뿐만 아니라, 사회적·문화적 자산을 소유한 계층에게 더욱 유리한 교육 환경을 조성하고 있다. 그러므로 현재 한국사회에 나타나는 계급적 교육 불평등을 정확히 파악하기 위해서는 이렇게 계급 상층부에서 나타나는 교육기회의 불평등을 정밀히 분석해야 하는데, 그런 각도에서 이루어진 연구는 그리 많지 않다.

이 장에서는 한국의 교육 불평등 문제를 주로 국내 교육시장에 국한해서 들여다보았다. 그러나 21세기에 들어와서 한국 경제가 빠른 속도로 세계화됨에 따라 한국 교육도 같은 속도로 세계화되어갔다. 많은 학생들이 어린 나이부터 유학을 가게 되었고, 대학생들이 외국 대학에서 학위나 어학 훈련을 받는 방법도 다양해졌다. 차츰 글로벌 또는 코즈모폴리턴 문화자산을 취득하는 것이 한국에서 상류층으로 진입하는 데 절실히 필요한 자격요건이 되었다. 그럼에 따라 경제적·문화적 자본을 소유한 부유 중산층의 교육 전략도 달라지게 되었고, 그들 자녀들과 일반 중산층 자녀들 사이의 교육기회 격차가 한층 더 확대되었다. 다음 장에서는 이 세계화된 교육시장에 나타나는 교육 경쟁에 대해 다루고자 한다.

7장

글로벌
교육 전략

2005년 1월 9일, 『워싱턴포스트』지는 미국으로 이민 온 한 한국인 가족에 대한 꽤 긴 에세이를 실었다. 메릴랜드 근교에 정착한 기러기 가족 이야기다. 김씨 가족이라 불리는 이 가족은 4, 11, 13세 된 아이 3명과 엄마로 이루어져 있었다. 이들은 자녀교육을 위해서 미국에 왔고, 가장은 한국에서 어느 회사 중역으로 일하고 있다. 이 신문 기사는 김씨 가족을 다음과 같이 묘사했다. "이들은 기러기 가족이라 불린다. 이들은 바다를 사이에 두고 살아가는 한국인 가족이다. 부모는 자녀가 미국에서 좋은 교육을 받기를 원하고, 그것을 위해서는 가족이 별거를 해야 하는 대가를 치러야 한다." 기자가 인터뷰한 미국의 김씨 가족은 잘 지내고 있는 것 같다. 세 아이들은 미국 학교생활에 잘 적응해서 행복하게 지내고 있고, 어머니는 자녀들의 교육을 관리하느라 바쁘게 살며, 한국에 남아 있는 아버지는 매일 장거리 통화를 하고 1년에 두세번씩 미국을 방문하면서 가족들과 가깝게 지내고 있다. 대양을 사이에 두고 가족이 갈라져 살게 됨으로써 정서적·재정적 비용이 너무 크지만, 어머니 김씨의 말에 의하면 자녀들이 이렇게 좋은 교육 환경에서 자랄 수 있는 것을 생각하면 전혀 후회가 되지 않는다는 것이다.

2008년 6월 8일자 『뉴욕타임즈』도 비슷한 기사를 실었다. 기사 제목은 「영어교육을 위해서 한국인은 아버지와 이별한다」For English Studies, Koreans Say Goodbye to Dad이다. 뉴질랜드 오클랜드에 사는 기러기 가족 이야기다. 이 기사에 의하면 한국은 어느 나라보다 많은 숫자의 유학생을 영어권 나라에 보내고 있고, 뉴질랜드에서는 그 숫자가 중국인 다음으로 많다고 한다. 그리고 이 기사는 한국의 현대판 교육이민이 과거의 이민 형태와 어떻게 다른지, 즉 남자가 아닌 여자가 이민의 주체이고 주목적이 경제적인 것이거나 가족 결합이 아니라 순전히 자녀교육이라는 점 등을 잘 기술하면서, 그 근본 원인으로 한국의 교육제도에 대한 불만과 영어교육의 중요성을 잘 설명했다.

이 두 신문의 특집 기사는 국제적인 미디어가 한국의 기러기 가족에 관해 가지고 있는 관심의 극히 일부를 보여줄 뿐이다. 그러나 물론 한국인들만 이런 가족 별거 형태의 교육이민을 실행하는 것은 아니다. 홍콩, 타이완, 중국에도 '우주인'astronauts, '위성자녀'satellite children 혹은 '낙하산 아이들'parachute kids이라고 불리는 어린 나이의 외국 유학생들이 있다. 이들은 아이들 자신의 교육적인 목적과 동시에 그들을 통해 나머지 가족이 차례로 이주할 수 있는 연결고리로 미국이나 캐나다에 보내지는 아이들을 지칭한다.[1] 그렇지만 한국은 어머니를 동반한 조기유학의 규모와 강도로 볼 때 세계에서 단연 으뜸인 듯하다.『뉴욕타임즈』는 2000년대 초반 미국에 있는 한국의 취학아동 수가 4만명 정도라고 집계하였다.[2]

한국의 기러기 가족 현상은 1990년대 중반에 채택된 김영삼정부의 세계화 정책과 밀접한 관계가 있다. 1994년 김영삼 대통령이 시드니에서 열린 APEC 회의에 참석해서 발표한 '세계화 선언' 이후 한국에서는 경제는 물론 교육과 문화 부문에서도 큰 변화가 일어났고 그러한 가운데 영어의 중요성이 크게 부각되기 시작했다. 그리고 1997년 아시아 금융위기가 한국 경제를 강타하고 난 후 국민들은 한국 경제가 세계 경제 속에서 얼마나 허약한 존재인가를 새삼 깨달았다. 앞으로 더욱 세계화되어갈 한국의 경제 속에서 잘 살아남을 수 있기 위해서는 특별한 자질을 소유하고 있어야 한다는 것도 절실히 깨닫게 되었다. 이 장은 세계화 과정이 어떻게 중산층 가족들의 교육방식에 영향을 주었고, 어떠한 방향으로 한국의 교육 경쟁을 변화시켰는지 분석하려 한다. 특히 상류 중산층이 글로벌 교육시장에서 택한 교육 전략과 그 사회적 함의를 들여다보려고 한다.

| 세계화와 영어 열풍

세계화가 한국의 교육과정에 미친 가장 중요한 영향은 영어의 중요성을 크게 진작시킨 것이다. 물론 오늘날 영어는 전세계에서 패권적 지위를 누리고 있다. 한국에서는 영어 능력이 한국전쟁 이후, 어쩌면 그 이전부터 특별한 실력으로 간주되어 거의 엘리트의 표지처럼 여겨졌다. 그렇지만 영어가 훨씬 더 중요해진 것은 김영삼 대통령의 세계화 정책 발표 이후이다. 세계화를 추진하기 위한 교육정책의 일환으로 정부는 중학교에서부터 시작하던 영어교육을 초등학교에서부터 시작하도록 지시하였다. 이 정책 변화는 중대한 의미를 갖는다. 초등학교에서는 공급이 부족한 유능한 영어 교사들을 찾기 위해 동분서주했고, 영어교육의 질은 학교의 질을 가늠하는 척도로 받아들여지게 되었다. 그리고 부모들은 앞으로 영어가 고등학교 입시 시험에서 가장 중요한 과목이 될 것이라는 점을 즉각적으로 깨달았다. 당연히 부모들은 자식의 영어 실력을 키우기 위해 필요한 수단을 찾게 되었고, 따라서 영어 사교육이 번창하기 시작했다.

이와 동시에 산업구조에도 중요한 변화가 일어났다. 외환위기 이후 모든 대기업들은 기업의 글로벌 경쟁력을 향상시키는 데 초점을 두면서, 기업의 모든 사원들이 세계화되어가는 경제구조에 잘 적응하고 그에 걸맞은 기술과 지식을 소유한 노동력이 될 것을 강조하기 시작했다. 관리자들에게 영어 능력은 필수적인 조건으로 간주되기 시작했다. 그와 동시에 외환위기 이후 많은 초국적 기업들이 한국에 들어와 지점을 설립하고 고급 인재를 높은 보수로 유치하기 시작한 것도 영어 실력의 가치를 높여준 요인이다. 동시에 한국의 재벌급 기업들도 세계화 전략을 적극 추진하면서 글로벌 능력을 갖춘 노동자에게 높은 임금을 지불하고 특별한 대우를 하기 시작했다. 차츰 많은 대기업들은 채용 절차에 영어 면접을 포함시켜갔다. 이렇게 영어는 새로운 세계화 시대에 필수적인 능력이자 경쟁력의 척도로 가치를 평가받기 시작했다. 적절한 수준의 영어 능력이 결여된 이들은 마치 시대에 뒤처지고 글로벌 경제 환경에 대한 사회문화적 적성이 떨어지는 사람같이 여겨지게 되었다.

강하게 불어닥친 세계화의 바람은 곧 전사회를 영어 열풍에 휩싸이게 만들었다. 거의 모든 학급의 학생들과 취업 준비생, 그리고 직장의 화이트칼라 취업자들, 또한 정부 관리들 모두 영어 실력을 늘리기 위해 각종 사교육에 많은 시간과 돈을 들이게 되었다. 공교육이 그 수요를 재빠르게 충족시키지 못했기 때문에 사교육시장이 급속히 확대된 것이다. 한 추계에 따르면, 영어교육 시장 규모는 2000년대 초에 연 10조원에 달했다. 사립 영어학원들이 2조원 가까이 벌어들였고, 나머지는 조기유학과 관련된 부분이었다.[3] 2006년 『동아일보』가 진행한 설문에 따르면 초등학교, 중학교에 다니는 자녀를 가진 학부모 중 80%가 어떤 종류든 영어 사교육을 시키고 있다고 대답했고, 그들의 연평균 지출은 197만원에 달한 것으로 집계되었다.[4]

| 조기유학 붐

영어 열풍 속에서 대부분의 중산층 자녀들이 영어학원에 다니게 되자, 부유층 부모들은 아이들을 영어학원에 보내는 것만으로는 성에 차지 않게 되었다. 물론 학원마다 차이가 많았고, 부유한 가정은 가능한 한 자녀들이 영어 원어민에게 배울 수 있는 학원이나 개인 교습을 주선하였지만, 시간이 지나면서 이들은 더 효율적인 방법을 모색하기 시작했다. 그 해법이 초등학교에 다니는 자녀를 어린 나이에 미국이나 캐나다 등지로 조기유학을 보내는 것이었다.

1980년대 후반까지는 대학에 진학하지 않은 단계에서 해외로 나간 학생은 극소수였다. 과거에 해외 유학을 가는 사람은 주로 대학원생이거나 그 이후 단계 학생들이었다. 사실 1980년대까지 고등학생을 해외로 보내거나 해외에서 수학하는 자식을 위해 송금하는 것은 법적으로 금지되어 있었다. 그러나 이 패턴은 1990년대 말 이후 급격히 변했다. 『코리아타임즈』에 따르면, 해외에서 공부하는 초등학생은 1998년 212명에서 2004년 6276명으로 30배 가까이 늘어났다.[5] 같은 기간 동안 유학을 간 중학생 수는 473명에서 5568명으로, 고등학생은 877명에서 4602명으로 늘어났다. 그림 7.1은 2000년에서 2014년 사이에 조기유학을 간 학생들의 숫자를 보여준다. 여기서 보듯이 조기유학생 수는 2000년 4397명에서 2006년 2만 9511명까지 급증하고 그 이후에는 점차 줄어들었다.

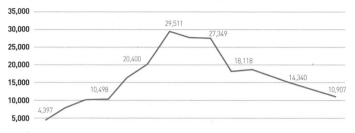

그림 7.1 **조기유학생 수 추이** (단위: 개인)

출처 한국 교육통계서비스 2015.

한국 조기유학생들의 특징은 앞에서 본 대로 흔히 엄마를 대동하고 유학을 떠난다는 점이다. 간혹 외국에 살고 있는 친척이나 가족 친구가 후견인 노릇을 할 수도 있지만, 대부분은 어머니가 자식을 돌봐주기 위해서 같이 가는 것이다. 그리고 아버지는 한국에 남아 직장 일이나 사업을 계속하며 경제적 후원자 노릇을 한다. 그렇게 기러기 가족이 탄생하는 것이다. 기러기 가족들이 주로 향하는 곳은 미국이지만, 캐나다, 호주, 뉴질랜드, 영국도 인기가 많다. 또한 영어가 교육받은 인구의 표준어로 통용되는 인도, 필리핀, 싱가포르, 남아프리카공화국도 포함된다. 사실 1990년대 이전에도 이와 비슷한 형태의 조기유학이 일부 한국 가정에서 실행되었다. 그때는 외교관이나 기업에서 해외로 파견된 간부들, 혹은 미국이나 유럽으로 안식년을 보내러 간 교수나 연구자들의 가정이었다. 그들이 귀국할 때 자식을 미국이나 영국 등지에 남겨놓고 오는 가정도 있었고, 자식이 너무 어리면 엄마가 한동안 같이 남아 있다가 귀국하는 경우도 있었다. 이것이 초기의 기러기 가정이라고 볼 수 있다. 1990년대 이전에는 이렇게 외국에서 중·고등학교를 다니다가 귀국한 자녀들에게는 특별한 전형으로 명문대에 진학할 수 있는 특권이 부여되었다. 그러나 1990년대 후반에 들어와서는 이러한 엘리트 코스 조기유학이 해외 경험이나 연줄이 없는 다른 부유한 가정에까지 광범위하게 확산되었다. 2000년대에 들어와서는 자녀를 해외에서 교육받게 하려는 욕망이 단지 부유층만 아니라 일반 중산층 가정에도 널리 퍼졌다.『동아일보』가 2006년에 실시한 설문조사에 따르면 부모들 중 25%가 기회만 된다면 자녀의 교육을 위해 이민을 가고 싶다고 답했다. 이런 경향은 젊은 부모들 사이에서 더욱 뚜렷해서 초등학교에 다니는 자녀를 둔 30대 부모들의 경우 41%가 자녀교육을 위해 해외로 이민 갈 용의가 있다고 밝혔고, 20%의 아빠들은 기꺼이 '기러기 아빠'가 될 용의가 있다고 말했다.

| 유교적인 기러기 가족?

이토록 많은 가정이 이산가족의 애로와 경제적 부담을 무릅쓰고 자녀교육을 위해 기러기 가족 형태의 조기유학을 감행한다는 사실은 많은 외국인들이 볼 때 이해하기 힘든 일이다. 특히 그들이 생각하기에 한국은 유교 문화가 지배적인 사회인데 어떻게 이런 일이 가능한지 궁금해한다. 앞에서 인용한『뉴욕타임즈』기사에 의하면, "(이 기러기 가족이 - 인용자) 몇 년 동안 떨어져서 살게 되면 결혼은 위태로워지며 한국의 유교 문화에서 전통적으로 가족의 중심이었던 아버지 역할은 약화될 것이다." 사실 과거의 유교적인 집안에서 기대되는 아버지는 고된 일터에서 열심히 일하고, 집으로 돌아오면 상냥한 아내와 순종적이고 말 잘 듣는 자녀들에 둘러싸여 안락한 생활을 할 수 있는 인물이었다. 어머니이자 아내인 여성은 으레 집, 자녀, 시부모를 위해 봉사하며 가정에 매여 있었다. 아버지이자 남편을 집에 홀로 남겨두고 바다 건너로 넘어가 사는 아내의 상은 이런 규범에 완벽히 배치되는 것처럼 보이는 것이 사실이다.

그렇지만 몇몇 연구자들이 지적하는 대로 한국의 기러기 가족은 얼핏 보이는 것만큼 반유교적인 가족 형태가 아닐 수 있다.[6] 그와 반대로 사실 이런 가족 모델이 가능한 것은 유교적인 이상 때문이기도 하다. 우리가 봐온 것처럼 기러기 부모들의 주된 동기는 자녀에게 가능한 한 최선의 교육을 받게 하는 것이다. 자녀교육에 헌신하는 것은 바로 유교에서 강조하는 최고의 가치이다. 게다가 유교적인 사고에서 자녀의 교육은 자녀 개인의 문제가 아니라 가족 전체의 집단적인 프로젝트이다. 자녀교육의 성공과 실패 여부는 한 가족의 사회적인 명예나 존중의 척도가 된다. 그러므로 중산층 가정에는, 특히 상류 중산층 가정에는 조기 유학이 가족의 계급 지위를 유지하기 위한 중요한 전략이 되는 것이다.

또 중요한 사실은 기러기 가족들이 물리적으로는 떨어져 있어도 전통적인 부부의 관계나 부모와 자식의 관계가 크게 변하지는 않는다는 점이다. 아버지·남편은 주된 생계 부양자로서, 해외에 있는 가족을 부양하는 부담을 지고 혼자 지내는 외로움을 감수함으로써 가족으로부터 권위를 인정받고 존경을 받을 수 있는 자격을 갖는다. 반면에 어머니·아내는 낯선 환경에서 자녀의 교육을 관리하는 중책을 수행하면서 배우자로부터 떨어져 지내는 정서적 비용을 치러야 한다. 따라서 아내와 남편은 떨어져 있는 동안에도 전통적인 의무와 권한의 관계를 지속하게 된다.

미국에 사는 기러기 엄마들을 심층 면접한 한 연구논문은 이러한 사실을 잘 묘사하고 있다.

우리 연구는 기러기 가족들이 한국에 있는 다른 가족들과 얼마나 긴밀한 관계를 유지하고 있는지 잘 파악하게 된다. 기러기 가족들은 그들의 가족적 유대와 사는 모습이 한국에서 지낼 때와 크게 다르지 않다는 사실을 강조한다. 우리가 인터뷰했던 부인들은 그들이 결혼과 가족이라는 제도에 대해 과거나 현재나 조금도 다름없는 태도를 가지고 있다는 점을 강조했다. 기러기 부부들은 전통적인 성역할을 고수하고 있는바, 남편은 생계 부양자로서 그리고 아내는 살림 ── 특히 교육 ── 을 도맡아 하는 매니저로서, 엄격히 분담된 성역할을 계속 수행하는 것이다. 이 역할들은 한국에서부터 가져온 것이고, 가정이 갈라져 있어도 크게 바뀌지 않았다. 사실 많은 여성들은 그들의 가족관계가 이전과 달라진 것이 없거나 오히려 더욱 돈독해졌다고 주장하기도 했다.[7]

한국에 남아 있는 기러기 아빠들에 초점을 맞춘 또다른 심층 면접 연구 역시 기러기 가정에는 적지 않은 금전적·정서적 스트레스가 있음에도 불구하고, 가족 간의 관계는 견고한 유대와 긴밀한 협력이 유지되고 있음을 발견했다.[8] 흥미로운 사실은 자녀의 조기유학을 위해 기러기 가족을 선택할 때, 흔히 추측되듯이 엄마가 앞장서서 결정한 것이 아니라 아빠가 적극 지지하거나 오히려 주도해서 결정한 사례가 많다는 것이다.

우리의 설문조사 자료는 기러기 아빠들이 이 기러기 가족을 선택한 결정에 마지못해 수동적으로 참여하지 않았다는 사실을 보여준다. 그와 반대로 많은 남자들은 그들이 감수해야 하는 많은 어려움에도 불구하고 기러기 가족 선택에 주도적인 역할도 했고 이런 결정에 대해 후회하지 않는다는 얘기도 했다. 게다가 물리적으로 떨어져 있는 긴 기간 동안 우리가 인터뷰한 기러기 아빠들은 아내 및 자녀들과 안정적이고 정상적인 관계를 유지할 수 있는 것으로 보였다. 어떤 경우에는 아버지가 멀리서 자녀의 교육을 지도하는 역할을 맡으면서 가족에 대한 아버지의 정서적 애착이 강화되기도 한 것 같다고 부인들은 말했다.[9]

이런 연구 결과들은 자녀교육을 위해 멀리 떨어져 사는 가족들이 반드시 이상적인 유교적 가족에서 벗어나 있는 것은 아니라는 사실을 보여준다. 기러기 가족들이 멀리 떨어져서 살면서도 탄탄한 가족 유대와 역할 분담을 지속할 수 있는 것은 오히려 유교적인 가족 관념이 강하게 남아 있기에 가능할 수 있다. 조은 이 주장하는 것처럼 "〔기러기 가족으로 대표되는—인용자〕 초국적적인 한국의 가족은 세계화라는 구조적인 영향으로 인해 추진되기도 하지만, 역사적으로 지속되고 있는 가족주의라는 문화적 가치관에 의해 형성되고 있다."[10] 그러나 그와 동시에 우리는 이런 가족주의가 전통적인 형태의 가족주의와 다른 점이 있다는 것을 이해할 필요가 있다. 기러기 가족들은 강한 가족 간 유대를 보여주지만, 이 유대는 전통적인 가부장적 모델보다는 한층 더 유연하고 실용적인 가족 형태에 기반한다. 이런 견해는 한국의 현대 가족이 과거와 달리 사뭇 변화에 대처하는 적응력이 뛰어나고 유연하며 도구적인 성격을 소유하고 있고 가족관계도 "새로운 가족주의"로 발전하고 있다는 주장과 일치한다.[11]

| 조기유학의 퇴조

한때 열풍을 일으켰던 조기유학 추세는 그림 7.1에서 볼 수 있는 것처럼 2008년 이후 하향 추세로 접어들었다. 그 주된 이유는 2008년의 미국발 세계 금융위기였다. 한국도 이 여파로 경제가 불안해지고 많은 중산층 가정이 경제적으로 손실을 입었다. 특히 달러에 대한 원화의 평가절하로 인해 외국에 있는 가족들을 부양하는 재정적 비용이 엄청나게 늘어났다. 그 결과 많은 기러기 부모들이 자녀들을 귀국시켜서 한국 학교에 재입학시키기로 결정하게 된 것이다.

　그렇지만 이것이 조기유학이 퇴조한 이유의 전부는 아니다. 또다른 중요한 이유는 조기유학 유행이 한참 지난 후 이 교육 전략의 성과에 대한 회의가 대두되기 시작한 것이다. 조기유학으로 미국이나 캐나다, 호주 등에서 공부를 마치고 돌아온 학생들의 장점은 물론 우수한 영어 능력과 외국 대학 학위, 그리고 외국에서 산 경험이었다. 이 자격을 가지고 비교적 좋은 직장으로 진출한 사람도 있었지만, 다수는 본인이나 부모의 기대에 못 미치는 직장을 얻게 되었다. 그 큰 이유는 이들이 귀국하던 2010년대쯤에는 이미 한국 내에서 영어를 잘하는 젊은이들의 숫자가 크게 늘어나 있었기 때문이다. 세계화 바람이 몰고 온 영어에 대한 국가적 집착은 영어를 배울 수 있는 기회를 크게 늘려놓았다. 영어학원, 영어유치원, 원어민 영어 가정교사, 영어마을, TV 또는 인터넷 영어 강습 등 각종 새로운 기회가 엄청나게 증가했다. 게다가 한국 대학들은 빠른 속도로 국제화를 추구하면서 영어로 진행되는 강의 숫자를 늘리고 많은 외국인 교수나 강사들을 채용했다. 또한 많은 대학들은 외국 대학들과 자매결연을 맺고 단기 교환학생 프로그램을 사용해서 학생들이 1~2년씩 외국 대학에 다녀올 기회를 제공하였다. 이 모든 제도적 변화들로 인해 한국을 떠나지 않고 영어를 학습하며 숙달할 수 있는 기회가 엄청나게 늘어났다. 그 결과 유창한 영어 실력은 점점 희소가치를 잃게 되었고, 따라서 해외에서 교육받은 학생들이 누렸던 이점은 줄어들었다.

이보다 더 심각한 문제는 조기유학을 마치고 귀국한 젊은이들이 국내의 보수적인 기업 환경에 적응하는 일이 쉽지 않다는 것이었다. 어린 나이에 한국을 떠나 외국에서 오래 산 이들이 서구 사회보다 훨씬 더 권위주의적이고 성차별적이며 과도한 양의 업무가 부과되는 한국 직장에 적응하는 것은 쉬운 일이 아니었다. 이런 적응 문제는 대기업이나 외국계 회사에서는 좀 낫지만 중소기업에서는 더욱 심각한 것이었다. 따라서 많은 이들이 한국 직장에 오래 머무르지 못하고 다시 미국이나 다른 나라로 떠나는 경우가 많았다. 자연적으로 한국 기업, 특히 중소기업의 기업주들 사이에는 조기유학 귀국자들에 대한 평판이 별로 좋지 않게 형성되었다. 게다가 어린 나이에 외국에서 공부한 이들은 처음 일자리를 찾을 때나 이후에 직장을 옮길 때 필요한 사회적 연줄을 형성할 기회가 없었다. 그러므로 이들 중 다수는 한국의 학맥보다는 가족 인맥에 의존해서 직장을 찾는 경우가 많았다. 한 연구에 의하면, 한국에서 대학을 졸업하기 전에 유학을 떠난 학생들과 졸업 후에 떠난 사람들을 비교해보면, 후자가 노동시장에서 훨씬 더 성공적이었다고 한다.[12] 그 이유는 후자가 전자에 비해 문화적 적응력이나 사회적 연줄 면에서 더 유리한 위치에 있었기 때문일 것이다. 이 사실은 외국에서 취득한 '문화자본'을 유용하게 사용하려면 자기 나라에 기초를 둔 '사회적 자본'을 어느 정도 소유하고 있어야 함을 보여준다.

| 글로벌 교육 전략

우리는 2010년대에 들어와서 조기유학 추세가 조금씩 줄어든 것을 살펴보았다. 그러나 이것이 자녀들에게 일찍 해외 교육을 받도록 하고 싶어하는 부모들의 열정이 식어버렸음을 의미하는 것은 아니다. 한국사회가 영어 능력과 외국 유명 대학에 높은 가치를 부여하는 한 그런 변화가 발생할 가능성은 적을 것이다. 최근 변화한 것은 글로벌 교육에 대한 열정이 아니라 글로벌 교육에 대한 접근 방식이다. 한층 더 전략적으로 변했다. 그동안 많은 사람들의 경험도 쌓였고 또 강남을 중심으로 많은 유학 컨설팅 회사들이 설립되었기 때문에 부모들은 좀더 정확한 정보에 의거해 더욱 전략적인 방법으로 자녀들의 해외 유학을 준비할 수 있게 된 것이다.

최근에 와서 그 붐이 줄어들기는 했어도 조기유학이 여전히 인기 있는 이유 중 하나는 그것이 부유한 가정에 자녀가 국내 교육 경쟁에서 실패할 경우 대비할 수 있는 대안적 방법을 제공해주기 때문이다. 자녀가 국내 학교에서 성적이 좋지 않아 명문대에 진학하지 못할 것 같을 경우, 경제적 여유가 있는 부모들이 택할 수 있는 방법은 자녀를 일찍 미국이나 캐나다, 호주 등에 보내서 그곳의 초등학교나 고등학교를 졸업시키고 그 나라 대학에 진학시키는 것이다. 이것은 돈이 많이 드는 방법이기는 하지만 자식의 사회적 하향이동을 방지하기에는 편리한 방법이기도 하다. 중상층 부모들에게 이는 일종의 체면을 살리기 위한 전략이기도 하다. 내가 인터뷰한 어느 일류 대학 출신 부모는 자기 아들을 중학교 2학년 올라갈 때 미국으로 보냈다면서 그 이유를 이렇게 설명한다. 자기 아들의 학교 성적으로 보아 국내에서 일류 대학에 합격할 가능성이 전혀 안 보였다. 잘못하면 서울 소재 대학도 입학하지 못할 수 있었다. 자식이 지방대학을 다니게 된다면 너무나 큰 수치일 것 같았다. 그래서 아들을 미국으로 보내기로 결정했다. 유학 간 아들은 미국의 고등학교를 졸업했고 미국의 빅텐Big Ten 명문 대학 중 하나에 성공적으로 진학했다. 당연히 부모들은 올바른 결정을 한 것에 대해 만족하고 그동안 지출한 많은 경비가 아깝지 않다고 생각했다.

이 가정의 경우는 매우 만족할 만했다. 자식이 미국의 일류 공립대학에 입학했기 때문이다. 하지만 그렇지 못한 경우도 많다. 미국 초등학교나 고등학교에 잘 적응하지 못하고 문제아가 되는 경우도 없지 않다. 그러나 그것은 최악의 경우이고, 미국에서 순조롭게 고등학교를 졸업할 경우 일반적으로 미국의 평범한 대학에 진학할 가능성이 높다. 그럴 경우 과연 그 많은 경비를 투자할 가치가 있는가를 따져볼 필요가 있을 것이다. 거기에 대한 답은 대체로 긍정적인 것 같다. 내가 인터뷰한 몇 가정의 반응은, 간단히 말해서 한국의 이류 대학을 다니는 것보다는 미국의 이류 또는 삼류 대학이라도 다니는 것이 훨씬 더 유리하다는 것이다. 우선 자식이 미국 대학을 나온 것이 부모의 체면을 살려주며, 국내에서 미국 대학의 순위를 잘 아는 사람은 많지 않고, 무엇보다도 자식이 미국 대학을 졸업하면 영어라도 잘 배워서 올 수 있을 것이라고 믿기 때문이다. 다 맞는 말일 것이다. 이렇게 해서 조기유학은 중산층 가정에서 자식이 국내에서 명문 대학을 못 갈 때 대신 택할 수 있는 좋은 대안적 전략이 되었다. 그런데 '없는 자들' 편에서 보면 이 스마트한 전략은 '학벌 세탁' 행위로 보이기도 한다. 학생들 사이에서 자주 쓰이는 이 말은 국제화되는 교육시장에 나타난 새로운 교육 경쟁의 한 단면을 보여주는 표현이다. 날로 치열해지는 교육 경쟁이 국내에서만 아니라 넓은 국제적 장에서도 펼쳐지면서 부모의 경제력과 정보력이 자녀교육의 성패를 결정하는 방법 또한 다양해지고 있다.

국제 교육을 택하는 태도에 있어서 상류층 내에서도 흥미있는 차이가 발견된다. 암스테르담대학 사회학자인 베이닝크^{Don Weenink}는 네덜란드의 상류 중간계층 내의 두 분파 사이에서 나타나는 국제 교육의 차이에 대해 흥미있는 연구를 발표했다.[13] 두 집단 중 하나는 오랫동안 정치·사법·공공기관 등에서 엘리트 위치를 유지해온 가정이고, 다른 하나는 세계무역·금융업 등에 종사하며 최근 들어 부유층으로 부상한 집안이다. 전자는 자식을 전통적인 엘리트 학교(김나지움gymnagium)에 보내 라틴어를 포함한 고전적 교육을 시키고 싶어하는 데 반해, 신흥 부르주아 집단은 자식을 국제학교에 보내거나 미국이나 영국으로 유학 보내 자식이 영어를 마스터하고 국제적인 지식을 넓히길 원한다는 것이다. 이러한 교육 전략의 차이는 같은 상류집단이라도 각자가 지닌 상이한 종류의 자산에 영향을 받기 때문이라고 베이닝크는 설명한다. 정통 엘리트 경우 자식에게 계급세습을 시키기 위해서는 고전적 지식과 교양이 중요한 반면, 신흥 부유 엘리트층은 영어의 중요성을 인식하고 국제적인 경험과 국제적 인맥을 쌓는 일이 중요함을 깨닫고 있기 때문이다.

이와 똑같지는 않지만, 현재 한국에서도 비슷한 종류의 차이가 상류 중산층 내 집단 사이에 발견되는 것 같다. 특히 흥미로운 것은, 강남의 두 부유한 지역에 나타나는 자녀교육 전략의 차이이다. 즉, 대치동과 압구정동(또는 청담동)의 차이를 말한다. 내가 강남 주민인 두 학생과 인터뷰한 바로는, 대체로 대치동 부모들은 자녀를 우선 특목고, 과학고, 자사고 같은 데 보낸 다음 서울대나 다른 SKY 대학에 입학시키는 것을 최우선 목표로 삼는다고 한다. 그와 대조적으로 압구정동이나 청담동 부모들은 자식의 국내 명문대 진학에 그렇게 목을 매지 않는다고 한다. 국내 일급 대학에 못 들어가더라도 유학을 보내면 된다고 생각하기 때문이다. 이는 두 지역 주민의 직업 구성과 밀접한 연관이 있을 것이다. 대치동 주민의 주류는 대기업 임원, 전문직 종사자, 고위 공무원 등으로 구성된 반면, 압구정동이나 청담동의 주민은 사업가, 금융업자, 부동산 자산가 등이 많은 것이 특징이다. 이는 각 계급분파가 구상하는 자식의 직업 경로와 계급세습 형태가 다름을 말해준다. 김동춘도 대치동과 압구정동의 이같은 차이를 다음과 같이 기술하고 있다. "대치동은 국내 명문대를 준비하는 입시생, 압구정동은 해외 명문대를 준비하는 입시생으로 차별화되었다. 압구정동 학원가에 유독 토플이나 SAT 학원이 많은 것도 대치동과 다른 점이다."[14] 한국 교육이 글로벌 교육시스템 안으로 깊숙이 통합되면서 경제적·문화적 자산을 가진 가정에는 더 다양한 교육기회가 펼쳐졌음을 알 수 있다. 다시 말해, 학벌을 위한 입시 경쟁에서 한번 실패하면 다시 만회할 기회를 찾기 힘든 중·하층 자녀들과 달리, 부유 중상층 자녀들은 국내 경쟁에서 실패한 후라도 해외에서 또다른 기회를 찾을 수 있는 것이다.

영어권 국가로 떠나는 한국 학생들의 흐름은 꾸준히 이어지고 있지만 또 하나의 중요한 최근 추세는 중국으로 유학 가는 학생 숫자가 크게 늘어난 것이다. 중국으로 떠나는 한국 학생들의 수는 지난 15년간 2004년의 2만 6784명에서 2010년의 6만 4400명으로 늘어났고, 2014년에는 이보다 약간 줄어서 6만 3937명이었다. 2014년 중국에 유학하고 있는 한국 학생들의 숫자는 미국에 있는 한국 학생들의 수인 7만 4098명에 매우 가까워졌다. 유학생들이 미국이나 다른 서구 국가들보다 중국을 유학 국가로 선택할 때 주된 이점은 지리적 근접성과 유학에 드는 비용이 더 적다는 점이다. 중국으로 향하는 한국 학생들의 숫자가 불어나기 시작한 1990년대에는 주된 동기가 비용에 대한 고려와 중국의 주요 대학들에 입학하기가 비교적 쉽다는 점이었다. 그렇지만 중국에서 유학하는 것은 미국이나 유럽에서 유학하는 것보다 여전히 덜 바람직하게 여겨졌고, 외국어로서도 영어가 중국어보다 더 가치 있다고 여겨졌다. 그래서 많은 중국 유학생들, 특히 부유한 집에서 온 학생들은 중국에서도 영어로 학습하는 국제학교에 다니는 경우가 많았다. 그렇지만 최근에 와서는 한국과 중국의 경제관계가 더욱 심화되면서 중국 유학에 대한 생각도 많이 달라졌다. 중국어를 익히고 중국의 인맥을 쌓는 것이 서구 나라에 가는 것보다 어쩌면 더 중요하다는 인식이 생긴 것이다. 이런 인식 변화는 사업가 집안에서 자식을 사업가로 육성시키는 경우 특히 잘 나타난다. 반면 자식을 전문직 종사자로 키우고 싶은 집안에서는 아직 미국이나 다른 서구 지역을 선호하는 경향이 있는 것 같다.

| 문화자본으로서의 코즈모폴리터니즘

한국의 경제와 사회가 글로벌하게 변해가면서 점점 더 요구되는 것은 단순히 영어를 구사하는 능력만이 아니라 한국 밖의 세계에 대한 폭넓은 지식과 경험, 그리고 글로벌한 감각과 문화적 취향이다. 차츰 상류 전문 직종에 종사하거나 엘리트 사회 서클에 소속되기 위해서는 무언가 글로벌하고 코즈모폴리턴한 취향과 문화적 경험이 필요하게 되었다. 과거에 한국 엘리트층이 미국 문화를 받아들이는 데 열중했다면, 이제는 그 문화 대상이 유럽과 다른 아시아 또는 아프리카나 남미까지 넓게 퍼졌다. 코즈모폴리터니즘cosmopolitanism은 한국사회가 글로벌화하면서 나타나는 중요한 변화이며, 한국의 교육 경쟁과 계층 간 구별짓기에도 중요한 역할을 하는 문화 개념이다.

코즈모폴리터니즘은 넓은 의미에서 특정한 종류의 도덕적·윤리적·철학적 지향 내지 관점disposition을 지칭한다. 한네르스Ulf Hannerz의 정의에 의하면, "코즈모폴리터니즘은 하나의 (특별한)

지향이다. 즉, 타자와 깊게 교류할 자세가 되어 있는 마음가짐이다. 이것은 다양한 문화적 경험에 대한 지적이고 미학적인 개방성이고, 통일성보다는 차이를 중시하는 자세이다."[15] 앤더슨Amanda Anderson은 "코즈모폴리턴들은 어떤 틀에 박힌 정체성으로부터 자신을 해방시킬 수 있고, 타인의 문화 속에서도 자신의 문화와 같이 편안해질 수 있는 사람들이다"라고 묘사한다.[16] 코즈모폴리터니즘을 좀더 정치적으로 이해하는 학자들은 코즈모폴리턴을 자기가 속한 국가만이 아니라 "인류 전체 공동체에 소속감을 느끼는 사람"이라고 정의한다.[17] 좀더 정치적인 의미에서, 기베르나우Montserrat Guibernau 같은 학자는 "코즈모폴리터니즘은 모든 인간이 인류 공동체의 구성원으로서 근본적으로 동등하고 자유로우며 각자의 출신배경과 상관없이 동등한 정치적 대우를 받을 권리가 있다는 것을 믿는 가치관과 원칙을 포함한다"고 묘사하고 있다.[18]

그러나 한국 같은 신흥 발전국가에서 코즈모폴리터니즘은 이런 고전적이고 이상적인 개념 이외에 다른 의미를 가진다. 제임스 클리퍼드James Clifford가 지적했듯이, 코즈모폴리터니즘은 원래 서구의 엘리트적 개념이다. 세계 각 지역과 인종들의 개별 문화를 무시하고 자유주의에 입각해서 전인류를 하나의 공동체로 보려는 시각의 배후에는 서구 중심적 사고와 문화적 우월의식이 숨어 있다고 볼 수 있다.[19] 서구 자본주의 국가에서는 코즈모폴리터니즘이 인류애와 평등의식을 강조하는 여유 있는 가치관으로 나타난다면, 저개발 국가에서는 서구 선진사회의 문화와 제

도를 따라가고 비슷한 생활양식을 모방하고 싶은 열망으로 나타
난다. 세계체제 이론가들이 주장하는 것처럼, 세계 자본주의체
제는 경제적·정치적·문화적 측면에서 중심부·주변부·반주변부
라는 세 지역으로 나뉘어 있다.[20] 그리고 주변부 및 반주변부 국
가의 엘리트들은 중심부 국가의 생활양식과 문화를 열심히 수용
하려 한다. 이 지역의 코즈모폴리턴이란 그냥 타 지역과 인종에
대한 열린 마음을 가진 사람들이기보다는 서구 선진국 사회에
친숙한 교육과 문화를 습득하고, 해외여행도 많이 하고, 서구의
제도와 풍습에도 익숙한 사람들이다. 이런 점에서 코즈모폴리터
니즘은 일종의 문화적 자본이라고 볼 수 있다. 문화적 자본으로
서의 코즈모폴리터니즘에는 이 개념이 초기에 상정한 윤리적·
도덕적 가치관, 즉 모든 국적과 인종, 종교를 극복하고 모든 인간
을 동등하게 취급하는 마음의 자세 같은 것은 결여되어 있다. 코
즈모폴리턴이라고 하는 사람들이 실제로 다른 사람들보다 더 민
족주의적이고 인종차별적인 경우도 많다.

문화자본으로서의 코즈모폴리터니즘은 아무나 쉽게 취득할
수 있는 것이 아니다. 이것은 계급적 자산과 밀접한 관계가 있다.
돈이 있어야 해외여행도 하고 외국에서 교육도 받을 수 있다. 물
론 19세기에는 각 나라에서 빠리에 몰려와 활동하던 가난한 예
술가들이 진정한 코즈모폴리턴을 대표하기는 했지만, 21세기의
상황은 그와 다르다. 한네르스가 지적하는 대로, "코즈모폴리턴
한 문화적 지향은 더 많은 교육과 더 많은 여행, 더 많은 여가를
필요로 하고 다양한 문화적 형태의 지식을 배양할 수 있게 해주

는 물질적인 자원이 수반되어야 한다."[21] 비슷한 측면에서 캘훈 Craig Calhoun 역시 코즈모폴리터니즘을 획득하는 것은 "사회적·문화적·경제적 자본에 의해 가능해진다"고 얘기한다. 그리고 그는 코즈모폴리터니즘이 "자주 여행을 다니는 이들의 계급의식"이라고까지 주장한다.[22]

코즈모폴리터니즘을 문화자본으로 이해할 때, 두가지 형태의 코즈모폴리터니즘으로 나누어 볼 수가 있다. 부르디외의 개념을 사용해서 본다면, 하나는 '제도적인 문화자본'이고 다른 하나는 '체화된 문화자본'이다. 전자는 학위나 증서, 자격증처럼 제도에 의해 수여되고 확증되는 문화적 능력을 의미한다. 후자는 획득하고 몸에 익히는 데 오래 시가이 걸리는 언어 능력, 문화적 취향, 매너, 고급문화를 감상할 수 있는 능력 등을 포함한다. 세계화 초기에 한국에서 코즈모폴리턴 문화자본으로 중시된 것은 주로 영어 능력과 우수 외국 대학 학위, 또는 외국 기관이 발행한 자격증 같은 것이었다. 그렇지만 세계화가 진전되면서 체화된 형태의 코즈모폴리턴 문화자본이 차츰 더 중요해지는 경향이 보이기 시작했다. 예컨대 잦은 해외여행으로 얻은 견문, 다른 문화에 쉽게 접할 수 있는 능력, 세련된 감각과 매너, 국제적인 화제에 쉽게 참여할 수 있는 능력, 서구적인 생활양식 등이 차츰 코즈모폴리턴의 주요 특징같이 받아들여지고 있는 것이다. 이런 의미의 코즈모폴리터니즘은 물론 고전적이고 윤리적인 의미의 코즈모폴리터니즘과는 크게 다르다. 세계의 모든 인종과 문화를 동일하게 받아들이고 범세계적인 자아 정체성을 추구하는 코즈모폴리턴 이상은 결여되고, 그 대신 코즈모폴리턴 라이프스타일을 통해서 상류층 지위를 과시하려는 계급적 욕구가 더 강하게 나타나고 있기 때문이다.

이러한 경향은 한국만이 아니라 다른 신흥 발전국가에서도 자주 발견되는 현상이다. 예컨대 타이완 사회학자인 란[Pei-Chia Lan]은 타이완의 중상층 부모들이 자녀를 외국에 유학 보낼 때 자식들에게 강조하는 것은 단지 공부 잘해서 학위를 취득해 오는 것만이 아니라 넓은 의미의 '서구적 문화자본'을 얻어 오라는 것이라고 한다.[23] 그가 기술하는 바에 의하면, "'서구 문화자본'을 획득한다는 것은 단지 서구의 학위나 자격증처럼 제도화된 형태의 문화자본을 취득하는 것만을 가리키지 않는다. 그것보다는 서구 중간계급이 사고하고 생활하는 방식에 친숙해지고, 몸과 마음에서 장기적으로 유지될 수 있는 그런 성향들을 획득하는 것을 의미하기도 한다." 한국의 경우도 비슷한 듯하다. 자녀를 조기유학 보내는 한국의 부유층 부모들이 바라는 것은 자식이 유학하는 나라에서 단지 공부만 잘하는 것에 국한되지 않는다. 그들은 그보다는 자식들이 좀더 폭넓은 문화적 소양을 쌓기를 바란다. 이러한 경향은 중산층 중에서도 상류층으로 올라갈수록 더 뚜렷이 나타나고 있는 것 같다. 상류층으로 갈수록 글로벌 또는 코즈모폴리턴 문화자본이 중요해지고, 그것은 단순히 외국 대학 학위나 자격증을 받아 오는 것이 아니라 그 이상의 체화된 문화적 경험과 습성을 얻어 오는 것을 의미한다. 오늘날 한국에서 체화된 코즈모폴리턴 문화자본이 엘리트 직업 시장에서 얼마나 중요한 역할을 하는지는 정확히 판단하기 힘들다. 하지만 사회적으로 엘리트 서클에 참여하는 데 무척 중요한 것은 사실일 것이다. 그리고 글로벌 문화적 경험과 일종의 코즈모폴리턴 아우라aura는 점점 더 특권 중산층과 일반 중산층을 가르는 중요한 계급 구별 기준이 되고 있는 듯하다.

결론

특권과 불안

    이 책을 통해 나는 급속히 변하는 자본주의체제 속에서 한국의 중간계층이 어떤 변화를 경험하고 있는가를 분석하고자 했다. 특히 현재 심각한 사회문제로 대두하고 있는 경제적 양극화가 중간계층에 어떤 변화를 가져오는지를 살펴보려고 했다. 이 책에서 나의 관심은 중간계층 자체는 물론이고, 이 계층을 둘러싼 사회적 영역에서 일어나는 계급관계와 계급동학에 있다. 여기서 나는 중간계층 또는 중산층을 어떤 고정된, 그리고 경계선이 뚜렷한 계급집단으로 보지 않고 부르디외가 제안한 대로 하나의 사회적 공간social space으로 접근하였다. 중간계층은 서로 비슷한 양의 경제적·사회적·문화적 자산을 소유하고 사회의 중간지대를 차지한 집단으로 형성되지만 다른 계층과 명확히 구분되는 계급 경계선을 가지고 있는 것도 아니고 내적으로 강한 동질성을 가진 계층도 아니다. 중간계층의 정체성은 변화하는 경제 구조 속에서 이들 구성원 사이에 어떤 변화가 일어나는지, 그리고 다른 계층집단과 어떤 관계가 이루어지는지에 의해서 결정된다고 본다.

다른 여러 나라와 마찬가지로 한국에서도 현재 중간계층에 관한 주요 화두는 중산층의 쇠퇴, 몰락 또는 하향분화이다. 20세기 후반 급속도로 성장한 한국의 중산층은 1990년대 아시아 경제위기 이후 계속 감소하였고 경제적으로나 사회적으로 불안한 계층집단으로 변모하였다. 그러나 한국 중산층에 일어난 중요한 변화는 단순히 이들의 경제 상태가 불안해지고 이 집단의 양적인 규모가 줄어들었다는 것만이 아니다. 이 책이 강조하는 것은 최근의 경제전환 속에서 한국의 중간계층이 양적인 면에서뿐만 아니라 질적인 면에서도 큰 변화를 경험하였다는 사실이다.

1980년대의 중산층은 비교적 동질적이고 유동적이며 상향이동적인 집단이었다. 중산층 내의 경제적·사회적 격차는 크지 않았고 사회이동의 가능성이 항상 열려 있었다. 그러나 1990년대 후반 아시아 외환위기를 거치면서 중산층은 두가지 형태의 변화를 맞았다. 하나는 중산층에 속하던 많은 화이트칼라 노동자들이 심한 노동 불안과 소득 감소를 경험하면서 중산층 위치를 유지하기 힘들게 된 것이고, 또 하나는 일부 소수 전문직·관리직 노동자들과 자산소유자들이 오히려 더 나은 경제 상태로 올라가게 된 것이다. 즉, 경제적 양극화가 중산층 내에서 발생했다. 경제적 양극화라고 하면 흔히 부자와 가난한 자 사이에 격차가 벌어지는 것을 의미하며, 그 사이에 있는 중간층이 차츰 쪼그라드는 것을 암시한다. 실제로 한국이나 다른 여러 선진국의 소득분배 상황을 살펴보면 중간소득층으로 가는 국가의 소득 비중이 다른 계층에 비해 더 적어지는 추세이긴 하다. 그러나 중요한 사실은 중간계층에 속한 사람들이 이런 변화를 하나의 동일한 집단으로서 똑같이 경험하지 않는다는 점이다. 그들 중 많은 이들은 불안계층precariat으로 떨어져나가고 있지만, 다른 소수는 자신이 소유한 인적·물질적 자산 덕분에 이 경제변화 속에서 수혜자가 된다. 이렇게 해서 경제적 양극화는 중산층 밖에서 부자와 빈곤층을 가르는 식으로만 나타나지 않고, 중산층 내에서도 소수의 수혜자와 다수의 피해자를 생산해내는 식으로 나타난다.

그러므로 중산층에서 일어나는 변화를 정확히 이해하기 위해서는 이 계층의 하층 부분에 속하는 사람들의 경험에만 관심을 집중할 것이 아니라 이 계층의 상층부에서는 무슨 변화가 일어났는지를 주시해볼 필요가 있다. 현재까지 중산층에 관한 대부분의 문헌이 전자의 문제에만 집중해온 것에 반해, 이 책의 관심은 후자에 있다. 문제의 핵심은 경제적 양극화가 어떻게 중산층 지대에서 나타났는지를 보는 일이다. 앞에서 기술한 대로, 지난 20여년간 한국 소득분배의 양극화 추세는 두가지 형태로 나타났다. 하나는 최상층(즉 소득분포의 상위 1% 또는 0.1%)과 나머지 인구 사이에 나타나는 양극화이고, 다른 하나는 그 밑부분인 상위 10%와 하위 90% 사이의 격차이다. 1999년부터 2016년 사이에 상위 1%가 차지한 소득은 전체 소득의 8.5%에서 14.4%

로 늘어났고, 상위 10%의 소득 점유율은 32.8%에서 49.2%로 상승했다. 이것은 최상위층에 있는 부자들만 아니라 그 아래 상위 10% 정도 역시 최근의 경제변화에서 혜택을 받았음을 의미한다. 이런 현상은 한국뿐 아니라 다른 선진 자본주의 경제에도 비슷하게 나타난다. 그러므로 리브스 같은 학자는 양극화를 진단할 때 '상위 1% 대 하위 99%'의 프레임보다는 '상위 20% 대 하위 80%'의 프레임을 사용하는 것이 더 중요하다고 주장하기도 했다.[1]

그러면 현재 자본주의 경제에서 특별한 혜택을 받고 있는 상위 10% 혹은 20% 소득수준 사람들의 계층적 위치는 어떻게 파악해야 할까? 이 문제를 두고 학자들 간에 공통된 의견이 존재하는 것은 아니다. 마코비츠는 상위 5~10% 소득집단을 '능력주의 엘리트'로 명명했고, 스튜어트는 상위 9.9%를 미국의 '새로운 귀족'으로 규정했으며, 리브스는 상위 20%가 일반 중간층과 분리되는 '신 상류 중간계층'이라고 보았다. 영국의 경우 새비지는 약 6%의 상위 소득집단이 '부유 엘리트'층을 형성한다고 추산하였다. 이렇게 학자마다 상위 부유층을 정의하는 방식은 다르지만 공통된 점은, 미국이나 영국에서 상류 지배층 아래, 그리고 일반 중간계층 위에, 다른 집단과 구별되는 새로운 부유 엘리트층이 형성되고 있다는 사실이다. 한국의 경우 나는 소득과 자산 순위 상위 10% 정도를 '신 상류 중산층' 또는 '특권 중산층'이라고 부르는 것이 적절하다고 보았다. '신 상류 중산층'은 그들이 차지한 경제적·사회적 위치를 중심으로 규정하는 것이고,

'특권 중산층'은 그들이 그 위치에서 향유하는 특권적 기회를 염두에 두고 구분해서 보는 것이다. 이 집단은 현재 동질적인 사회 계층을 형성하고 있지는 않다. 그중 일부(예컨대 상위 2~5% 정도)는 무척 부유해서 중산층에 속하기보다는 '신상류층'을 형성하고 있다고 보는 것이 더 적절할지도 모른다.

현재 한국의 중간계층 상층부에서 발견되는 특권적 부유 계층은 최근까지는 하나의 중간계층에 속해 있었을 가능성이 많다. 과거의 중산층은 그만큼 범위가 넓고 비교적 동질적이며 유동적인 성격을 가지고 있었다. 현재 상류 중산층을 대변하는 대기업 사원이나 전문직 종사자, 고위 공무원 등은 1990년대만 해도 다른 중산층 성원들과 비교해서 경제적으로 그렇게 큰 우위에 있지 못했다. 그러나 외환위기 이후 한국 경제가 급속도로 신자유주의체제로 변하고 세계화되어감에 따라서 소득분배가 양극화 추세로 바뀌었고, 그와 동시에 몇차례 찾아온 부동산시장 버블은 자산동원력과 정보를 소유한 가정이 자산을 크게 늘릴 수 있는 기회를 제공하였다. 그렇게 해서 신흥 부유층이 등장하게 된 것이다. 그리고 그들은 경제적으로만이 아니라 사회적으로도 다른 일반 중산층과 뚜렷한 격차를 띠기 시작했다. 사는 집, 거주지역, 소비수준, 의료 혜택, 레저 스타일, 자녀교육 등 여러 면에서 그들은 일반 중산층과 차이가 크게 나는 생활을 하게 되었다. 이런 이유로 나는 그들을 신 상류 중산층 또는 특권 중산층으로 보는 것이다. 과거의 상류 중산층은 일반 중산층과 경제적으로나 사회적으로 그리 큰 차이가 나지 않았을 뿐 아니라, 두 계층 사이의 사회적 이동도 자주 일어났다. 그러나 현재는 계층이동이 크게 줄어들면서 사회적 격차는 자연히 더욱 커져만 간다. 이런 변화가 일어남에 따라 현대사회의 중요한 계급·계층 분계선은 더 이상 중간계층과 노동자 계층 사이가 아닌 신 상류 중산층(또는 특권 중산층)과 일반 중산층 사이에 놓이게 되었다.

이 책의 관심사는 단지 경제적 양극화가 중산층을 내부적으로 분화시키고 새로운 상류층을 형성시켰다는 것을 밝히는 데만 있지 않다. 그보다는 계급구조의 그러한 변화가 한국사회에 어떤 새로운 계급관계와 신분 경쟁, 그리고 계급세습을 위한 투쟁을 가져오는지를 분석하고자 했다. 내 연구의 기본 논지는 세계화 시대에 새로 등장한 신흥 상류 중산층이 현재 한국사회의 계급동학을 주도하고 있다는 것이다. 그러한 변화를 추적하기 위해 이 책에서는 세 분야에 나타나는 변화에 집중했다. 소비를 통한 신분 경쟁, 주거지의 계층적 분리, 그리고 격심한 교육 경쟁이 그것이다. 이 책의 주요 관심은 이 세 분야에서 일어나는 변화를 통해 경제적 양극화가 어떻게 사회적·문화적 양극화로 발전하는가를 분석하는 것이다.

상류 부유층과 일반 중산층 사이의 신분 경쟁 또는 계급 구별 짓기는 소비 분야에서 가장 가시적으로 나타난다. 중산층이 비교적 동질적이고 유동적이었던 과거에는 성원 대부분이 비슷한 소득수준을 유지하고 생활양식에도 서로 큰 차이가 없었다. 일부 부유한 가정이 있기는 했지만, 그들은 사는 집, 먹는 음식, 입는 옷이나 장식품, 레저 스타일 등에서 다른 중산층과 그렇게 큰 차이가 없었다. 그러나 1990년대 이후, 특히 최근에 와서는 소비 시장이 서서히 상류층 시장upscale market과 서민 시장downscale market으로 양분화되어가고 있다. 이 변화를 주도한 집단이 바로 신흥 부유층이다. 그들은 경제적으로 쪼들리는 일반 중산층 가정들과 자기 자신의 계층적 차이를 확인하고 싶어하며, 그 욕구를 과시적 소비 행위를 통해 충족시키려 한다.

부유층의 과시적 럭셔리 소비는 물론 그들의 신분적 욕구와 밀접한 관련이 있지만, 그것만으로 설명될 일은 아니다. 소비자의 개인적 욕구 못지않게 중요한 것은 세계 자본주의 시장의 역할이다. 21세기 자본주의 시장은 경제적으로 불안정한 중·하층 소비자보다는 소득과 자산이 불어나는 부유 중산층을 더 우대하고 그들로부터 많은 이윤을 얻고자 한다. 그래서 더 크고 더 고급스런 아파트를 짓고, 더 화려한 명품 의류와 장식품을 생산하며, 더 다양한 럭셔리 레저 상품을 만들어내고, 더 다양한 VIP 서비스로 부유 고객을 유치하고자 노력한다. 부유 중산층이 비록 소비자 숫자로는 일반 중산층보다 훨씬 적지만, 그들에게 인기 있는 제품을 만들면 결국 중·하층 소비자들도 모방소비를 하며 따라오기 때문에, 결국에는 두 시장을 다 잡을 수 있다. 따라서 국제 자본은 고도로 발달한 과학적 지식과 기술을 동원하여 갖가지 고품질 럭셔리 상품을 생산해냄으로써 소위 글로벌 중간계층을 주요 소비자 대상으로 삼아 공략 중이다. 그중에서도 최고 고객이 바로 아시아의 신흥 발전국가에 등장한 부유층이다.

그런데 상류 중산층과 일반 중산층 사이에서 보이는 소비양식의 차이는 럭셔리 소비재에 국한되어 나타나지 않는다. 21세기에 들어서면서 한국인의 주요 관심사는 단지 먹고사는 문제가 아니라 어떤 음식을 먹고 어떻게 건강을 관리하고 어떠한 여가생활을 즐기는가에 있다. 그래서 소위 '웰빙'이 사회의 주요 화두가 되었고, 자본주의 시장은 온갖 웰빙 상품과 서비스를 제공하기 시작했다. 그러면서 돈 있는 사람들은 돈 없는 사람들보다 훨씬 더 건강한 음식을 먹을 수 있고, 더 쾌적한 환경에서 살 수 있으며, 더 효과적으로 몸을 단련하고, 또 건강에 문제가 생기면 더 우수한 의료 치료를 받을 수도 있게 된 것이다. 이렇게 해서 신흥 부유층의 특권적 삶의 기회는 확대되고 중·하층 사람들과의 계급 격차 또한 벌어지게 되었다.

계급 경쟁이 더욱 치열하게 나타나는 분야는 교육이다. 한국의 교육은 날이 갈수록 더 경쟁적이고 더 비용이 많이 들어가며 학생이나 학부모에게 더 많은 스트레스를 안겨주고 있다. 한국의 교육 경쟁이 다른 어느 나라보다 치열한 형태로 나타나는 이유는 물론 역사적·문화적 요인과 관련이 있다. 하지만 더 중요한 것은 최근에 한국 경제가 점점 더 깊숙이 글로벌 자본주의체제로 통합되고 신자유주의 경제로 변하면서 야기된 제도적 변화이다. 나는 이 책에서 세가지 방향으로 이루어진 교육제도의 변화에 주목하고 그 변화가 한국 부모들의 교육 전략에 어떤 영향을 가져왔는지를 검토하였다. 세가지 방향의 변화란, 사교육시장의 기형적 발달, 입시제도의 신자유주의적 변화, 그리고 교육시장의 세계화를 말한다.

이러한 제도적 변화는 계급적인 면에서 거의 일관된 변화를 가져왔다. 첫째, 한국의 교육이 사교육시장에 의존하는 정도가 증가함으로써 부모의 경제력이 자녀의 교육기회에 미치는 영향력은 더욱 커져만 갔다. 둘째, 최근에 와서 신자유주의가 교육지도자들에게 지배적 교육이념으로 받아들여짐에 따라 다양한 대학입시 제도가 시도되었지만(예컨대 입학사정관제, 학생부종합전형, 수시입학 등), 결과적으로는 부모의 경제력에 더해 정보력과 사회적·문화적 자산까지도 자녀의 대학입시에 더 중요한 영향력을 미치게 되었다. 셋째, 1990년대 이후 급속히 진행된 세계화 추세 속에서 글로벌 교육 기회가 확대됨에 따라 상류 중산층은 조기유학, 해외 어학연수 등 여러 형태의 글로벌 교육 전략도 도모할 수 있게 되었다. 한국 경제·사회의 글로벌화는 단순히 영어를 구사하는 능력은 물론, 세계에 대한 폭넓은 지식과 경험, 그리고 글로벌 또는 코즈모폴리턴 감각과 문화적 취향을 요구한다. 코즈모폴리턴 문화자본이라고 할 수 있는 이 자산의 확보를 위해서는 예외적인 경우를 제외하고는 부모의 경제적 지원이 필수적이다. 한국사회에서 국제 교육시장에 가장 민첩하게 대응하는 부모들은 경제적 여유가 있고, 더불어 높은 교육수준과 국제적 경험을 갖춘 집단이다. 그러므로 교육과정이 점점 더 사교육화되고 세계화된다는 것은 상류 중산층과 일반 중산층의 계층적 괴리가 더욱 깊어져간다는 것을 의미한다.

현대사회에서 계급 불평등은 흔히 지역적·공간적 계층 분리로 나타난다. 한국에서는 이것이 수도권과 비수도권, 강남과 비강남의 차별로 나타나고 있다. 특히 강남의 형성은 한국의 계급질서에 중대한 영향을 미쳤다. 경제적으로 부유한 가정들이 강남이라는 신도시에 밀집되어 살면서 서로 신분 경쟁을 하게 되고, 또한 다른 지역 주민들과의 계급 차별화를 시도함으로써 특유의 '강남 스타일' 계층문화를 발달시키게 된 것이다. 현재 한국에 새로 등장한 신 상류 중산층 또는 특권 중산층의 계급적 성격은 강남에 거주하는 부유층 가정으로 대변된다고 볼 수 있을 것이다.

　강남의 특이성은 여러 측면에서 볼 수 있지만, 이 책에서 강조하는 것은 강남 주민들이 누리는 특권적 기회이다. 강남은 국가의 막대한 재정적 투자와 특혜적 정책으로 형성된 도시이다. 그러므로 이 신도시에 거주하게 된 주민들은 많은 혜택을 받았다. 도시 인프라와 교통, 녹지, 공공서비스, 문화시설 등이 가장 현대적으로 갖추어졌고, 중산층에게 가장 중요한 교육시설도 다른 어느 지역보다 더 잘 발달되었다. 강남이 여타 지역과 다르게 누리는 특권은 여러가지지만 가장 중요한 것은 교육기회와 부동산가치 상승이다. 강남 개발 초기에 정부가 강북에 있던 옛 명문 고등학교를 이전시키고 더불어 사교육시장이 발달하면서 강남은 한국 사교육의 1번지로 자리매김을 했다. 전국에서 가장 경쟁력 있는 학원과 강사들이 부유 가정이 많이 사는 강남으로 몰려들고, 강남 출신 학생들의 명문대 진학률이 높아짐에 따라, 부동산 가치는 계속 상승했다. 그러므로 자녀교육을 위해 강남으로 이사한 중산층 가정들은 교육만이 아니라 부동산 면에서도 남들이 부러워하는 위치에 올라설 수 있었다. 최근에 와서는 부동산 가치가 너무나 올라서 일반 중산층 가정이 이 지역으로 이사 가는 것 자체가 거의 불가능해졌다. 이렇게 해서 강남 대 비강남의 차이는 점점 계급적인 차이로 인식되기에 이른 것이다.

현재 한국에서 강남의 부유층을 바라보는 시각은 대체로 비판적이고 부정적이다. 미디어에서 강남에 관해 가장 자주 등장하는 단어는 과소비, 사치, 부동산 축재이다. 한국에서 부동산을 통한 축재가 강남의 부유층에만 해당되는 일은 아니겠지만 강남의 부동산 가치가 다른 지역보다 더 빠른 속도로 그리고 지속적으로 올랐다는 사실은 강남에 대한 부러움과 질시를 유발하는 요인이 되고 있다. 강남 부유층이 이렇게 불로소득으로 얻은 자산을 남보다 더 사치스러운 소비생활과 비싼 사교육에 투여하는 모습은 자연히 비강남 주민의 상대적 박탈감과 반감을 자극할 수밖에 없다. 결과적으로 강남의 신흥 부유층은 경제적·사회적 특권을 누리면서도 도덕적으로나 문화적으로는 인정받지 못하는 경향이다. 도덕적 정당성의 결여는 이들 신흥 부유층이 왜 집단적으로 많은 불안을 느끼며 과소비와 과도한 교육 경쟁에 매달리는가와 깊은 관련이 있어 보인다.

불안은 현재 한국사회를 특징짓는 키워드라고 할 수 있다. 세대, 계층, 성, 지역, 정치적 성향과 상관없이 거의 모든 국민이 불안을 겪으며 살고 있다. 그중에서도 중산층은 다른 어느 계층보다 더 큰 불안을 느끼는 듯하다. 일자리 불안, 소득 불안, 치솟는 물가로 인한 불안, 자녀교육 걱정, 미래에 대한 불안 등 중산층 가정이 느끼는 불안은 여러가지다. 그리고 단지 경제적인 불안만이 아니다. 그에 못지않게 중요한 것은 다른 사람들과의 상대적 비교에서 오는 좌절감, 박탈감, 그리고 중산층에서 밀려나고 있는 것 같은 두려움 등이다. 흥미있는 사실은 현재 소득수준으로는 중산층이라고 분류될 수 있는 많은 사람들이 스스로 중산층이 아니라고 생각하는 것이다. 그 주요 이유는 최근에 와서 사람들이 흔히 생각하는 중산층의 기준이 너무 높아졌기 때문이다. 이들이 생각하는 중산층은 자기보다 훨씬 부유한 집단이고, 그들의 소비수준이나 생활양식에 못 미치는 자신들은 더이상 중산층이 아니라고 믿는다. 그렇다고 이들이 완전히 중산층에서 탈락한 것은 아니다. 많은 사람들은 아직 중간계층의 중·하층 위치에 놓여 있으며 중산층에서 추락하지 않으려고 안간힘을 쓰고 있다. 설문조사에서는 스스로 중산층이 아니라고 답하면서도 필경 속으로는 중산층에서 완전히 추락했다고 믿고 있지는 않을 가능성이 많다. 또 그러고 싶지 않을 것이다. 일반 중산층이 아직도 분에 넘치는 소비수준을 보여주며 사교육에 열심히 참여하고 있는 것은 그 때문이다.

그렇다면 새로 등장한 상류 부유층에게는 불안이 없을까? 그렇지 않을 것 같다. 물론 이들은 일반 중산층 가정보다 여러 면에서 특권적 기회를 누리며 살고 있지만 오히려 그렇기 때문에 더 많은 불안을 느낄 수도 있다. 가진 자의 불안은 으레 가진 것을 잃을 것에 대한 두려움에서 오는 법이다. 그리고 영국 철학자드 보통Alain de Botton이 말한 것처럼, 남으로부터 인정(또는 사랑)을 받고 싶어하는 욕구와도 깊은 관련이 있다. 그러므로 신분 경쟁이 불안을 자아내는 주요 장이 되는 것이다. 신분 경쟁은 어느곳에서나 일어나지만, 현재 한국에서 그것이 가장 치열한 곳은바로 강남이다. 경제적으로 여유가 있고, 교육수준도 높고, 신분과시 욕구도 강한 사람들이 대형 아파트 단지에 밀집해 사는 곳에서 자연히 신분 경쟁은 치열해진다. 그들은 소비수준이나 레저 생활, 자녀교육 등에서 이웃에 뒤지지 않고 가능하면 한 단계더 나아가 남들의 부러움과 존경을 받고 싶은 욕구가 클 수밖에없다. 그들의 경쟁 상대는 일반 중산층도, 아주 돈 많은 부자들도아니고, 자기들과 비슷한 수준의 부유 중산층이다. 그러나 이들의 소비수준과 라이프스타일은 이미 미국이나 유럽의 중산층보다 높으면 높았지 낮지가 않다. 그리고 빠른 속도로 세계화하는소비시장은 계속 새로운 종류의 고급 소비재와 뉴패션을 보급함으로써 럭셔리의 수준과 내용을 업그레이드시키는 법이다. 이런환경에서 벌어지는 신분 경쟁은 불안 요소를 많이 유발할 수밖에 없다.

그러나 부유 중산층이 경험하는 불안의 가장 큰 요소는 자녀교육과 취업에 있다. 부유 중산층 부모들의 간절한 소망은 자식이 잘되어서 부모와 같은 계급적 위치를 차지하는 것이다. 그러려면 우선 자녀가 명문대에 입학해 좋은 학벌을 갖춘 후 1차 노동시장의 번듯한 직장에 취업해야만 한다. 이 목적을 달성하기 위해서 상류 중산층 부모들은 자녀의 사교육에 엄청난 투자를 하고, 인맥을 동원해 자녀가 스펙 쌓는 일을 도와주며, 자녀가 국내 학교에서 공부를 못하면 조기유학을 통해 소위 '학벌 세탁'을 시도하기도 한다. 그런데 문제는, 부유한 부모의 적극적인 지원에도 불구하고 자식이 항상 성공하는 것은 아니라는 점이다. 한국에서 성공으로 가는 길이 너무도 좁고 경쟁은 너무나 치열하기 때문이다. 매년 고등학교 졸업생 중 겨우 2% 정도만이 SKY대학에 입학할 수 있다. '인-서울' 대학까지 포함하더라도 그 수는 10% 정도를 넘지 못한다. 또한 명문 대학을 나와도 모두가 원하는 재벌급 대기업에 취업하거나 전문직에 종사하게 되는 기회는 극히 적다. 지난 10여년간 대재벌기업의 규모는 더욱 커졌지만, 일자리는 늘어나지 않았다. 이런 환경에서는 부모의 엄청난 물질적·정신적 투자가 자식의 성공과 계급세습으로 이어지는 것이 그리 쉽지는 않다. 상류 중산층 부모들의 최대 불안은 여기에 있다. 그들 위에 있는 상류계급 가정은 이런 불안을 겪을 필요가 적다. 왜냐하면 자식에게 사업체나 충분한 재산을 물려줌으로써 계급세습이 가능하기 때문이다. 그들에게는 일류 대학 학벌도 그렇게 필수적인 것이 아니다. 국내 명문대 학벌을 못 가져도 외국의 그럴듯한 대학 졸업장으로 충분하기 때문이다. 그와 달리 상류 중산층은 치열한 교육 경쟁을 피해 갈 도리가 없다.

한국 특권 중산층 가정의 계급세습에 대한 욕망은 그들로 하여금 단순히 과도한 사교육 투자를 넘어 가끔은 그 이상의 수단을 도모하게 만들기도 한다. 그리고 그 수단은 종종 비합법적·비윤리적 방법으로 나타난다. 최근에 큰 이슈가 된 최순실(개명 후 최서원) 딸의 이화여대 입학과 조국 전 법무부 장관 딸의 부산 대 의학전문대학원 입학에 관련된 비리는 사실 빙산의 일각일 것이다. 정도의 차이야 있겠지만, 그와 비슷한 비리는 많이 있었고, 필경 앞으로도 계속될 것이다. 명문대 학벌이 세속적 성공의 필수 조건인 사회에서 무슨 수단이라도 동원해 그것을 성취해야 한다고 생각하는 부모들이 많기 때문이다.

이 점에서 한국과 미국 사이에 재미있는 차이가 발견된다. 앞 장에서 소개한 대로 리브스는 미국의 중상층이 여러가지 형태의 '기회 사재기'를 통해 특권적 기회를 확보하려 한다고 지적했다. 예컨대 토지사용제한법이나 동문자녀 우대제도, 또는 학자금 저축에 대한 세금감면 같은 제도를 말한다. 그런데 이런 제도는 계급적 편견에 기초해 있음에도 적어도 합법적이고, 미국의 일반 대중은 이런 제도가 불공정하다고 인식하지 못하는 경향이 있다. 그러나 한국은 이렇게 합법적으로 상류 부유층의 특권적 기회를 보장해주는 제도가 잘 발달되어 있지 않다. 그 이유는 한국인들의 강한 평등의식이 그것을 용납하지 못하는 면도 있지만, 더 중요하게는 한국의 상류층이 도덕적·문화적으로 계급 정당성을 확립하지 못했기 때문이다. 그러므로 한국에서는 제도적이거나 집단적인 방법보다 개인의 재력과 정치적 연줄로써 특권적 기회를 차지하려는 노력이 자주 나타나는 것이다. 국회 청문회 때마다 단골 메뉴로 나타나는 고위 공직자들의 자녀 (학군) 위장 전입이 대표적인 사례이다. 최근에 와서는 자녀의 명문대 입학을 위한 스펙 쌓기에 중·상류층 부모가 비합법적·비윤리적 방법을 불문하고 온갖 수단을 동원해 올인하는 경향마저 보인다. 이렇듯 자녀가 계급세습을 위해 거치는 경쟁이 너무 치열하지만 그 결과는 불확실한 까닭에 중산층 부모들은 설령 경제적 여유가 있다 해도 항상 불안한 상태에서 벗어날 수가 없는 것이다.

결국 현대 한국사회에서 많은 사람들이 경험하고 있는 불안의 근본 요인은 심각하게 진행되고 있는 계급·계층 간 불평등에 있다고 보아야 할 것이다. 이 불안은 가진 자나 못 가진 자, 경쟁에서 성공한 자나 실패한 자 다 같이 경험하는 것이다. 물론 불안의 종류나 정도는 다를 수 있지만 말이다. 승자는 자신들이 소유한 것을 잃을까봐 불안해하고, 패자는 최소한의 안전망마저 잃고 더 추락할 것에 대한 두려움이 있다. 나의 연구는 이 불안이 한국의 중산층 영역에서 재현되는 양상을 분석하는 것이었다. 특히 관심을 가지고 본 것은 경제적 양극화 속에서 등장한 부유 중산층이 그들의 경제적 자산을 가지고 사회적·문화적 영역의 특권을 확대하고자 노력하는 행위였고, 그들의 그같은 계급적 행위가 다른 중산층 집단에 어떤 영향을 미치는가에 관한 것이었다.

이 연구에서 볼 수 있는 것은 한국의 신 상류 중산층이 서구의 상류 중산층에 비해 태생적으로 그리고 문화적으로 여러가지 문제를 안고 있는 계층이라는 사실이다. 우선 태생적 측면에서 그들의 경제적 기반이 직업활동이 가져다주는 정상적 소득 외에 부동산을 통한 축재나 권력을 통한 지대 추구에 크게 의존해왔다는 점이 문제가 된다. 그리고 문화적인 측면에서 한국의 신흥 상류 중산층은 19세기 서구 중산층이 보여준 시민으로서의 미덕, 즉 종교적·도덕적·문화적 가치로 계급의 정당성을 확립하려는 노력을 미처 보여주지 못하고, 그 대신 소비생활이나 생활양식에서 좀더 서구적이고 럭셔리한 모습을 보임으로써 자신의 계급 차별화를 시도해왔다는 점이 문제이다.

사실 한국 상류 중산층의 문화는 근본적으로 극히 물질주의적, 가족이기주의적, 성공지상주의적이라고 할 수 있다. 이러한 태도는 자녀교육을 극히 경쟁적으로 추구하는 그들의 모습에서 단적으로 나타난다. 한국인이 왜 그런 문화적 태도를 갖게 되었는지에 관해서는 역사적 설명이 필요할 것이다. 분명 한국이 거쳐온 험난한 역사적 경험과 1960년대 이후 경제발전을 최고 가치로 상정하고 전국민을 동원했던 권위주의적 발전주의 국가의 역할과 깊은 연관이 있을 것이라고 본다. 1장에서 살펴보았듯이 대부분의 한국 국민은 중산층을 거의 전적으로 소득과 소비수준으로 이해하였고, 도덕적·문화적 요소와는 거의 관련이 없는 것으로 인식하였다. 따라서 이런 가운데 등장한 신흥 상류 중산층도 자신들의 우월한 계급적 위치를 확립하기 위해 도덕적·문화적 가치를 수립하려는 노력을 거의 하지 않았다. 따라서 현재 한국의 상류 중산층은 경제적으로나 사회적으로 많은 특권적 기회를 향유하는 계층이긴 하지만 도덕적·이데올로기적 정당성을 확보하지 못한 계층집단이다. 한국의 중산층이 경제적으로만이 아니라 정서적으로도, 문화적으로도 하나의 통합된 사회계층이 되지 못하는 것은 그 때문이다.

이 책의 원본 *Privilege and Anxiety: The Korean Middle Class in the Global Era*는 영어권 독자를 위해 쓰인 것이다. 한국에 관심이 많고 한국사회를 좀더 잘 이해하고 싶어하는 외국인 학생들과 학자들을 주요 독자로 상정했다. 학문적으로는 현대사회의 계급 불평등, 그중에서도 특히 중간계층 문제를 연구하는 서구 사회학자들과의 대화를 목표로 했다. 그런데 이 책을 한국 독자를 위해 번역 출판한다고 생각하니 무언가 마음에 좀 걸리는 것이 있었다. 다음과 같은 이유에서다.

첫째, 과연 나는 한국사회의 현실을 정확하게 포착하고 있는 것일까? 나는 인생의 대부분을 미국에서 미국 학생을 가르치며 살았다. 물론 자주 한국을 방문하고 한국 대학에서 교환교수 생활도 두세차례 하고, 또 그동안 써온 논문과 책도 주로 한국에 관한 것이었다. 그러나 역시 나는 일종의 이방인으로서 한국을 바라보고 한국의 문제들을 분석한 것이 사실이다. 김광기 교수가 주장하듯 '이방인의 사회학'은 단점보다 장점이 더 많을지 모른다.[1] 그러나 영어 원본을 우리말로 옮기는 과정에서 느낀 바는 나 자신이 최소한 서술적 내용에 있어서 모자란 점이 많다는 것이다. 한국같이 모든 것이 빨리 변화하는 사회에서는 내가 수집해 온 많은 자료가 좀 낡은 기분이 들고 지루해 보이기도 한다. 좀더 참신하고 재미있는 사례들을 사용하면 좋았으리라는 아쉬움이 있다. 그러나 내가 변화의 큰 흐름과 사회학적 의미를 잘못 이해했다고는 생각하지 않는다. 이방인의 사회학이 익숙하거나 당연하다고 생각되는 것을 당연시하지 않으면서 새롭게 질문하는 태도라면, 최소한 나는 그런 노력을 해왔다고 본다. 이 책에서 내가 의도한 것은 남들이 잘 모르는 새로운 정보나 지식을 제공하려는 것이 아니었다. 이런 면에서 부족한 점은 후속 연구자들이 쉽게 채워 넣을 수 있으리라 믿는다.

둘째, 나의 계급적 편견은 무엇일까? 최근에 한국의 한 대학 세미나에서 내 책에 관해 발표할 기회가 있었다. 발표를 끝내고 여러 교수들과 회식을 하는데, 누군가 내 발표를 흥미있게 들었다면서 한국 부유 중산층에 관한 나의 지적이 마치 '우리 얘기'인 것처럼 들려 찔끔했다고 말했다. 다른 교수들도 고개를 끄덕였다. 충분히 이해할 만했다. 사실 부유 중산층이 소비 영역이나 자녀교육에서 보이는 물질주의적이고 가족이기주의적인 태도는 내가 이 책을 한국어판으로 개정하면서 더욱 강하게 부각시킨

면이 있다. 책에서 나는 현재 한국 중산층의 문제가 단순히 경제적으로 추락하는 하층 중산층만이 아니라 특권적 기회를 누리는 상류층이 택한 계급 행위와 관련있다고 주장했는데, 바로 그 지점에서 나는 나 자신의 계급적 위치에 대해서 다시 생각해보지 않을 수 없다. 사실 나도 그 교수가 말한 '우리'에 속하는 사람 아닌가. 경제적으로나 사회적으로 볼 때 성공한 집단에 속하는 사람이고 일반 중산층보다는 사뭇 풍요한 삶을 살고 있다. 더욱이 한국에 몸담고 사는 사람도 아니고 하와이와 한국을 오가며 사는 일종의 팔자 좋은 사람이다. 그런 내가 한국의 부유 엘리트들을 비판할 자격이 있을까? 필경 나도 한국에 살았으면 남들같이 지위 경쟁에 더 신경을 쓰고, 사교육에 열 올리며, 어쩌면 부동산 투자라도 하면서 살지 않았을까? 내가 한국에 나와서 만나는 가까운 지인들은 대개 그런 축에 속하는 사람들이다. 이런 내가 그런 이들을 비판할 권리가 있나?

여기에 대한 나의 변명은 이렇다. 나의 의도는 그들을 비판하려는 것이 아니고, 그보다는 그들을 그렇게 행동하게 만드는 경제적 구조와 사회적·문화적 환경에 문제를 제기하려는 것이다. 구조적 환경이 어떤 형태(예컨대 공교육을 지배하는 사교육시장)로 정해지면, 개인들은 그 안에서 남보다 좀더 나은 지위를 차지하려고 경쟁하는 일에 골몰하게 되는 것이 당연하다. 구조를 바꾸는 것은 힘든 일이다. 그러나 집단적인 노력이 있으면 어느정도 바꿀 수도 있을 것이다. 그러기 위해서는 현 구조가 잘못되었다는 것을 깨닫는 집합적 의식collective consciousness 이 우선 생겨야 한다. 나의 비판적 분석이 이런 의식을 고양시키는 데 조금이라도 도움이 된다면 나는 만족할 것이다.

셋째, 그렇다면 무엇을 해야 할 것인가? 이 문제에 관해 내가 만족스러운 답을 할 수 있을 것 같지는 않다. 대부분의 다른 학술 연구와 마찬가지로 내 연구도 현상을 정확히 분석하는 것을 목표했을 뿐, 현실 문제에 대한 해법이나 대안을 제시하고자 하지는 않았다. 하지만 나의 연구는 한국의 중산층을 좀더 안정적이고 건전한 방향으로 발전시키기 위해 필요한 노력이 무엇인가를 생각하게 하는 몇가지 단서를 제공하고 있다. 두가지만 지적하려고 한다. 하나는 현재 많이 논의되는 중산층의 위기와 몰락을 어떻게 방지하고 중산층을 과거 수준으로 복원하느냐 하는 문제이다. 박근혜정부가 제시한 '중산층 70% 복원'이 대표적인 경우였다. 이 문제에 관해 흔히 제시되는 해법은 중산층에서 추락하는 노동자들의 임금 수준을 회복시켜야 하고, 그러기 위해서는 경제발전이 급선무라는 생각이다. 물론 그것도 중요하지만, 내 책이 강조하는 점은 경제적 불평등이 확대되는 한 중산층의 불안정성은 해소될 수 없다는 사실이다. 1980년대 말 국민소득이 연 5천 달러 미만이었을 때 75%였던 중산층 비중이 2010년대 말 국민소득 3만 달러 때 48%로 떨어진 이유는 무엇인가? 그리고 현재 소득수준으로는 보아서는 충분히 중산층이라고 분류될 수 있는 사람들 중 반가량이 스스로는 중산층이 아니라고 응답하는 이유는 무엇인가? 문제는 불평등이다. 이 문제가 경제성장만으로 해결될 수 있을까? 그렇지 않을 것이다.

좀더 근본적으로 한국 상류층의 계층문화에 대한 숙고가 필요하다고 생각된다. 앞에서 지적한 대로 한국의 상류층 문화는 대체로 물질주의적이고, 가족이기주의적이며, 성공지상주의적이다. 이런 경향은 상류 중산층만이 아니라 오히려 재벌집단으로 대변되는 상류계급에서 더 강하게 나타난다고 볼 수 있다. 이 두 계급집단 모두 다른 계층보다 특권적 기회를 많이 향유하고 있음에도 그것을 더 확보하기 위해 이기적이고 기회주의적으로 행동하는 모습을 자주 보여줌으로써 사회로부터 계급적 정당성을 인정받지 못하고 있다. 그러므로 그들은 사회통합적 역할을 하기보다는 사회분열과 상대적 박탈감을 증대시키는 역할을 더 많이 하고 있다고 볼 수 있다. 이같은 지배층 문화가 어떻게 생겨났는지를 이해하려면 한국의 근세 역사부터 최근의 정치·경제 발전사까지를 통시적으로 살펴봐야겠지만, 그것은 이 책의 범위를 벗어나는 일이고, 단지 내가 강조하고 싶은 것은 이 문제에 대한 사회적 논의와 자각이 좀더 활발히 일어나야 할 필요성이다. 그러기 위해서는 특권적 위치에 있는 사람들 자신이 자기들의 극히 물질주의적이고 가족이기주의적인 행동이 사회를 점점 더 경쟁적이고 소모적으로 만들며, 결과적으로 자기 자식들의 삶을 더욱 불안하게 만든다는 사실을 자각해야 한다. 상류 중산층 문화가 자기 가족만이 아니라 공공의 이익을 중시하고, 나눔의 문화를 강조하며, 성공의 기준을 '명문대로부터 화려한 직장으로'의 일직선 서열이 아닌 다양한 가치관으로 대체하고, 노동의 진정한 가치를 존중하는 방향으로 바뀐다면, 설령 경제적 불평등이 증가하더라도 사회는 덜 소모적으로 경쟁적이 될 수 있고, 사회 전체에 만연한 불안도 조금은 줄어들 수 있지 않을까 생각된다. 그것은 결코 쉽게 찾아올 수는 없는 변화이다. 그러나 사회적 노력이 필요하다. 그런 노력을 위해 의식 있는 지식인과 시민의 역할이 중요하다고 생각된다.

서론 중산층은 사라지는가

1 OECD, *Under Pressure: The Squeezed Middle Class*, Paris: OECD Publishing 2019, 16면.

2 「'중산층'이 사라진다 30년 전 국민 75% "난 중산층"… 올해엔 48%로 뚝」, 『조선일보』 2019년 1월 26일.

1장 한국 중산층의 형성과 와해

1 Kyung-Sup Chang, *South Korea under Compressed Modernity: Familial Political Economy in Transition*, London/New York: Routledge 2010.

2 한완상·권태환·홍두승 『한국의 중산층: 전환기의 한국사회 조사자료집 II』, 한국일보사 1987, 11면.

3 이형 『당신은 중산층인가: 한국경제의 신화와 실상』, 삼성출판사 1980, 217면.

4 Pierre Bourdieu, "What Makes a Social Class?: On the Theoretical and Practical Existence of Groups," *Berkeley Journal of Sociology* vol. 32, 1987; Leela Fernandes, *India's New Middle Class: Democratic Politics in an Era of*

Economic Reform, Minneapolis: University of Minnesota Press 2006; Löic J. D. Wacquant, "Making Class: The Middle Class(es) in Social Theory and Social Structure," in *Bringing Class Back In*, ed. Scott McNall, Rhonda Levine, and Richard Fantasia, New York: Westview 1991.

5 Myungji Yang, "The Making of the Urban Middle Class in South Korea (1961–1979): Nation–Building, Discipline, and the Birth of the Ideal Nation Subjects," *Sociological Inquiry* vol. 82, no. 3, 2012, 425면.

6 David Goodman, *Class in Contemporary China*, Cambridge, UK: Polity Press 2014, 116면.

7 Olivier Zunz, Leonard Schoppa, and Nobuhiro Hiwatari, eds., *Social Contracts Under Stress: The Middle Classes of America, Europe, and Japan at the Turn of the Century*, New York: Russell Sage Foundation 2002 참조.

8 Olivier Zunz, "Introduction: Social Contracts Under Stress," 같은 책 2면.

9 구해근『한국 노동계급의 형성』, 신광영 옮김, 창작과비평사 2002.

10 홍두승『한국의 중산층』, 서울대학교출판부 2005.

11 함인희·이동원·박선웅『중산층의 정체성과 소비문화』, 집문당 2001.

12 홍두승, 앞의 책 114면.

13 Leonore Davidoff and Catherine Hall, *Family Fortunes: Men and Women of the English Middle Class, 1780–1850*, London: Hutchinson Education 1987, 450면.

14 Jonas Frykman and Orvar Löfgren, *Culture Builders: A Historical Anthropology of Middle-Class Life*, trans. Alan Crozier, New Brunswick, NJ: Rutgers University Press 1987, 266면.

15 Stuart Blumin, *The Emergence of the Middle Class: Social Experience in the American City, 1760–1900*, New York: Cambridge University Press 1989, 188면.

16 A. Ricardo López and Barbara Weinstein "We Shall be All: Toward a Transnational History of the Middle Class," in *The Making of the Middle Class: Toward a Transnational History*, ed. A. Ricardo López and Barbara Weinstein, Durham, NC: Duke University Press 2012.

17 「한국인은 낙천가: 10명 중 8명이 "나는 중산층 이상"」,『신동아』1996년

1월호.

18 현대경제연구원「일반 가계 중산층의 의식 조사에 관한 조사보고서」, 1999.

19 「2006 신년기획 중산층을 되살리자」, 『중앙일보』 2006년 1월 2일; 「'중산층'이 사라진다 30년 전 국민 75% "난 중산층" … 올해엔 48%로 뚝」, 『조선일보』 2019년 1월 26일; 「중산층이 몰락한다」, 『매일경제』 2019년 10월 28일 참조.

20 이재열「중산층이 사라진 서민사회의 등장」, 강원택·김병연·안상훈·이재열·최인철『당신은 중산층입니까』, 21세기북스 2014.

21 현대경제연구원「OECD기준 중산층과 체감중산층의 괴리: 중산층의 55%는 저소득층이라 생각」, 현안과과제 13-02호, 2013.

22 홍두승, 앞의 책 116면.

23 「중산층이 몰락한다」, 『매일경제』 2019년 10월 28일.

24 이재열, 앞의 글 129면.

25 Radha Chadha and Paul Husband, *The Cult of the Luxury Brand: Inside Asia's Love Affair with Luxury*, London: Nicholas Brealey International 2006.

2장 불평등 구조의 변화

1 전병유·신진욱 엮음『다중 격차, 한국 사회 불평등 구조』, 페이퍼로드 2016; 김낙년「한국의 소득불평등, 1963~2010: 근로소득을 중심으로」, 『경제발전연구』 18권 2호, 2012; Sung Yeung Kwack and Young Sun Lee, "The Distribution and Polarization of Income in Korea: Historical Analysis, 1965–2005," *Journal of Economic Development* vol. 32, no. 2, 2007; 유경준「소득양극화 해소를 위하여」, 『KDI FOCUS』 15호, 2012; 신광영『한국 사회 불평등 연구』, 후마니타스 2013.

2 전병유·신진욱, 앞의 책.

3 전병유 엮음『한국의 불평등 2016』, 페이퍼로드 2016; 주상영「피케티 이론으로 본 한국의 분배 문제」, 『경제발전연구』 21권 1호, 2015; 김낙년, 앞의 글; 신광영, 앞의 책.

4 Kwang-Yeong Shin and Ju Kong, "Why Does Inequality in South Korea Continue to Rise," *Korean Journal of Sociology* vol. 48, no. 6, 2014.

5 OECD (Organization of Economic Cooperation and Development), *Strengthening Social Cohesion in Korea*, Paris: OECD 2015.

6 정이환 『한국의 고용체제론』, 후마니타스 2013.

7 장하성 『왜 분노해야 하는가: 분배의 실패가 만든 한국의 불평등』, 헤이북스 2015.

8 Yoonkyung Lee, "Labor after Neoliberalism: The Birth of the Insecure Class in South Korea," *Globalizations* vol. 12, no. 2, 2015.

9 김낙년, 앞의 글 및 「한국의 부의 불평등, 2000~2013: 상속세 자료에 의한 접근」, 『경제사학』 40권 3호, 2016; Nak Nyeon Kim and Jongil Kim, "Top Incomes in Korea, 1933-2010: Evidence from Income Tax Statistics," *Hitotsubashi Journal of Economics* vol. 56, 2015.

10 홍민기 「최상위 임금 비중의 장기 추세, 1958~2013」, 『산업노동연구』 21권 1호, 2015.

11 World Top Income Database 2015.

12 홍민기, 앞의 글.

13 정구현 외 『한국의 기업 경영 20년: 개방의 파고를 넘어 세계로』, 삼성경제연구소 2008; Nak Nyeon Kim and Jongil Kim, 앞의 글.

14 Thomas Piketty, *Capital in the Twenty-First Century*, trans. Arthur Goldhammer, Cambridge, MA: Harvard University Press 2014.

15 홍민기, 앞의 글.

16 David Harvey, *A Brief History of Neoliberalism*, Oxford: Oxford University Press 2005; David Kotz, *The Rise and Fall of Neoliberal Capitalism*, Cambridge, MA: Harvard University Press 2015; Manfred Steger and Ravi Roy, *Neoliberalism: A Very Short Introduction*, The 2nd edition, Oxford: Oxford University Press 2021.

17 Nak Nyeon Kim and Jongil Kim, 앞의 글.

18 김낙년, 앞의 글; 「한국의 소득집중도: Update, 1933~2016」, 『한국경제포럼』 11권 1호, 2018.

19 Joseph Stiglitz, "Inequality: Of the 1%, by the 1%, for the 1%," *Vanity Fair*, May 2011; *The Price of Inequality: How Today's Divided Society Endangers Our Future*, New York: W. W. Norton 2012.

20 Branko Milanovic, *Global Inequality: A New Approach for the Age of Globalization*, Cambridge, MA: Harvard University Press 2016.

21 김낙년「한국의 소득불평등, 1963~2010: 근로소득을 중심으로」.

22 OECD, *Under Pressure: The Squeezed Middle Class*, OECD Publishing 2019 참조.

23 같은 책.

3장 특권 중산층의 등장

1 Richard Reeves, *Dream Hoarders: How the American Upper Middle Class Is Leaving Everyone Else in the Dust, Why That Is a Problem, and What to Do about It*, Washington, DC: Brookings Institution 2017, 6면.

2 같은 책 12면.

3 Matthew Stewart, "The Birth of the New American Aristocracy," *The Atlantic*, 2018. 6. 15.

4 Daniel Markovits, *The Meritocracy Trap: How America's Foundational Myth Feeds Inequality, Dismantles the Middle Class, and Devours the Elite*, New York: Penguin Books 2019, xiv면.

5 Elizabeth Currid-Halkett, *The Sum of Small Things: A Theory of the Aspirational Class*, Princeton: Princeton University Press 2017, 18면.

6 Mike Savage, N. Cunningham, F. Devine, S. Friedman, D. Laurison, L. Mackenzie, A. Miles, H. Snee, and P. Wakeling, *Social Class in the 21st Century*, New York: Penguin Books 2015, 170면.

7 조귀동『세습 중산층 사회: 90년대생이 경험하는 불평등은 어떻게 다른 가』, 생각의힘 2020, 9면.

8 배규식「새 정부의 공공부문 일자리 정책」, 『2017 사다리포럼: 공공부문 비정규직 문제 해결을 위한 현황과 과제』, 희망제작소 2017; 조귀동, 앞의 책 25~26면에서 재인용.

9 같은 책 86면.

10 김영미「계층화된 젊음: 일, 가족형성에서 나타나는 청년기 기회불평등」, 『사회과학논집』 47권 2호, 2016.

11 조귀동, 앞의 책 147면.

12 같은 책 9면.

13 손낙구『부동산 계급사회』, 후마니타스 2008, 7면.

14 박해천『아파트 게임: 그들이 중산층이 될 수 있었던 이유』, 휴머니스트 2013, 19~20면.

15 손낙구, 앞의 책 25면.

16 경제정의실천시민연합 2017년 3월 6일 발표; 강준만『부동산 약탈 국가: 아파트는 어떻게 피도 눈물도 없는 괴물이 되었는가?』, 인물과사상사 2020, 162면에서 재인용.

17 경제정의실천시민연합 2017년 3월 30일 발표;「상위 1%가 땅값 ‘50년 상승분’의 38% 챙겼다」,『경향신문』2017년 3월 30일.

18 조귀동, 앞의 책 174면.

19 박해천, 앞의 책 37면.

20 손낙구, 앞의 책 87면.

21 박해천, 앞의 책 44면.

22 Hagen Koo, "The Global Middle Class: How Is It Made, What Does It Represent?" *Globalizations* vol. 13, no. 4, 2016.

23 홍민기「2019년까지의 최상위 소득 비중」,『노동리뷰』191호, 2021.

4장 강남 스타일 계급 형성

1 손정목『서울 도시계획 이야기 3』, 한울 2003, 158면; 지주형「강남 개발과 강남적 도시성의 형성: 반공 권위주의 발전국가의 공간선택성을 중심으로」, 박배균·황진태 엮음『강남 만들기, 강남 따라 하기』, 동녘 2017, 216면에서 재인용.

2 경제정의실천시민연합 2017년 3월 6일 발표; 강준만『부동산 약탈 국가: 아파트는 어떻게 피도 눈물도 없는 괴물이 되었는가?』, 인물과사상사 2020, 162면에서 재인용.

3 조장훈『대치동: 학벌주의와 부동산 신화가 만나는 곳』, 사계절 2021, 137면.

4 같은 책 134면.

5 조명래「신상류층의 방주로서의 강남」,『황해문화』42호, 2004.

6 같은 글; 강내희「강남의 계급과 문화」, 같은 책; 강준만『강남, 낯선 대한민국의 자화상』, 인물과사상사 2006; 박배균·장진범「‘강남 만들기’, ‘강

남 따라 하기'와 한국의 도시 이데올로기」, 박배균·황진태 엮음, 앞의 책; 신광영 『한국 사회 불평등 연구』, 후마니타스 2013; 손낙구 『부동산 계급 사회』, 후마니타스 2008 참조.

7 조명래, 앞의 글 33면.

8 강내희, 앞의 글 72면.

9 지주형, 앞의 글 182면.

10 조명래, 앞의 글 29면.

11 지주형, 앞의 글 187면.

12 Myungji Yang, *From Miracle to Mirage: The Making and Unmaking of the Korean Middle Class, 1960-2015*, Ithaca, NY: Cornell University Press 2018.

13 박배균·장진범, 앞의 글 9면.

14 이영민 「서울 강남 지역의 사회적 구성과 정체성의 정치」, 박배균·황진태 엮음, 앞의 책.

15 같은 글 73면.

16 같은 글 85면.

17 같은 글 90면.

18 같은 글; 이향아·이동헌 「'강남'이라는 상상의 공동체: 강남의 심상 규모와 경계 짓기의 논리」, 박배균·황진태 엮음, 앞의 책 참조.

19 이영민, 앞의 글 93면.

20 이향아·이동헌, 앞의 글 149면.

21 박배균 「머리말: '강남 만들기'와 '강남 따라 하기'를 통해 본 한국의 도시화」, 박배균·황진태 엮음, 앞의 책 7~8면.

5장 명품, 웰빙, 계급 구별짓기

1 Dennis Hart, *From Tradition to Consumption: Construction of a Capitalist Culture in South Korea*, Somerset, NJ: Jimoondang International 2001; Denise Lett, *In Pursuit of Status: The Making of South Korea's "New" Urban Middle Class*, Cambridge, MA: Harvard East Asian Monographs 1998; Jonghoe Yang, "Class Culture or Culture Class? Lifestyles and Cultural Tastes of the Korean Middle Class," in *East Asian Middle Classes in Comparative Perspective*, ed. Hsin-Huang Michael Hsiao, Taipei: Academia Sinica 1999.

2   Radha Chadha and Paul Husband, *The Cult of the Luxury Brand: Inside Asia's Love Affair with Luxury*, London: Nicholas Brealey International 2006, 268면.

3   같은 책 270면.

4   「웰빙 정신의 핵심만 취하자」, 『브레인미디어』 2010년 12월 8일.

5   『중앙일보』 2004년 3월 31일; 이미숙 「생활양식으로서의 웰빙(well-being): 이론과 적용의 뿌리 찾기」, 『한국생활과학회지』 13권 3호, 2004, 482면에서 재인용.

6   English.Chosun.com, 2005. 8. 8.

7   Mark Liechty, *Suitably Modern: Making Middle-Class Culture in a New Consumer Society*, Princeton: Princeton University Press 2002, 143면.

8   "Is Wellness the New Status Symbol?" *Sydney Morning Herald*, 2015. 1. 22.

9   "Looking Like Money: How Wellness Became the New Luxury Status Symbol," *Vogue*, 2015. 1. 15.

10   "Is Wellness the New Status Symbol?" *Sydney Morning Herald*, 2015. 1. 22.

11   Radha Chadha and Paul Husband, 앞의 책 263면.

12   Robert Frank, *Falling Behind: How Rising Inequality Harms the Middle Class*, Berkeley: University of California Press 2007, 102면.

13   Juliet Schor, *The Overspent American: Why We Want What We Don't Need*, New York: Basic Books 1999, 4면.

6장 교육 계급투쟁

1   「'학벌타파'에 헛심 쓰다 '금수저 세습' 불렀다」, 『한겨레』 2016년 11월 3일.

2   김동춘 『시험능력주의: 한국형 능력주의는 어떻게 불평등을 강화하는가』, 창비 2022, 80면.

3   김세직 「경제성장과 교육의 공정경쟁」, 『경제논집』 53권 1호, 2014.

4   Sangjoon Kim, "Globalisation and Individuals: The Political Economy of South Korea's Educational Expansion," *Journal of Contemporary Asia* vol. 40, no. 2, 2010.

5   조장훈 『대치동: 학벌주의와 부동산 신화가 만나는 곳』, 사계절 2021, 160면.

6   같은 책 145면.

7   같은 책 151면.

8 같은 책 53면.

9 Hae-joang Cho, "The Spec Generation Who Cannot Say 'No': Overeducated and Underemployed Youth in Contemporary South Korea," *Positions* vol. 23, no. 3, 2015, 446면.

10 「논문에 기여 안 한 자녀이름 올린 교수 7명」, 『한겨레』 2019년 5월 13일.

11 조장훈, 앞의 책 82면.

12 김낙년 「한국에서의 부와 상속, 1970~2014」, 『경제사학』 41권 2호, 2017.

13 김세직, 앞의 글.

14 「'서울 출신' 서울대 합격생 3명 중 1명 '강남 3구', 60% 이상이 수도권 출신」, 『중앙일보』 2015년 9월 4일.

15 조귀동 『세습 중산층 사회: 90년대생이 경험하는 불평등은 어떻게 다른가』, 생각의힘 2020, 126면.

16 「文정부의 '개천 용' 실종사건… SKY 신입생 55%가 고소득층」, 『중앙일보』 2020년 10월 12일.

17 김영미 「계층화된 젊음: 일, 가족형성에서 나타나는 청년기 기회불평등」, 『사회과학논집』 47권 2호, 2016.

7장 글로벌 교육 전략

1 Nancy Abelmann, N. Newendorp and S. Lee-Chung, "East Asia's Astronaut and Geese Families: Hong Kong and South Korean Cosmopolitanisms," *Critical Asian Studies* vol. 46, no. 2, 2014; M. W. Chee, "Migrating for the Children: Taiwanese American Women in Transnational Families," in *Wife or Worker?: Asian Women and Migration*, ed. Nicola Piper and Mina Roces, Lanham, MD: Rowman & Littlefield 2003; Mike Douglass, "Global Householding in Pacific Asia," *International Development Planning Review* vol. 28, no. 4, 2006; Pei-Chia Lan, *Raising Global Families: Parenting, Immigration, and Class in Taiwan and the US*, Stanford, CA: Stanford University Press 2018; Aihwa Ong, "Flexible Citizenship among Chinese Cosmopolitans," in *Cosmopolitics: Thinking and Feeling Beyond the Nation*, ed. Pheng Cheah and Bruce Robbins, Minneapolis: University of Minnesota Press 1998; Rachel Parreñas, *Children of Global Migration: Transnational Families and Gendered*

Woes, Stanford, CA: Stanford University Press 2005; R. Pe-Pua et al., "Astronaut Families and Parachute Children: Hong Kong Immigrants in Australia," in *The Last Half-Century of Chinese Overseas*, ed. Elizabeth Shin, Hong Kong: Hong Kong University Press 1998; Johanna Waters, "Transnational Family Strategies and Education in the Contemporary Chinese Diaspora," *Global Networks* vol. 5, no. 4, 2005.

2 "For English Studies, Koreans Say Goodbye to Dad," *New York Times*, 2008. 6. 8.

3 『조선일보』 2006년 1월 16일.

4 『동아일보』 2006년 3월 30일.

5 *Korea Times*, 2006. 1. 3.

6 Kyung-Sup Chang, "Modernity through the Family: Familial Foundations of Korean Society," *International Review of Sociology* vol. 7, no. 1, 1997; 장경섭 『내일의 종언(終焉)?: 가족자유주의와 사회재생산 위기』, 집문당 2018; Uhn Cho, "The Encroachment of Globalization into Intimate Life: The Flexible Korean Family in 'Economic Crisis'," *Korea Journal* vol. 45, no. 3, 2005; John Finch and Seung-kyung Kim, "Kirŏgi Families in the US: Transnational Migration and Education," *Journal of Ethnic and Migration Studies* vol. 38, no. 3, 2012; Yean-Ju Lee and Hagen Koo, "'Wild Geese Fathers' and a Globalised Family Strategy for Education in Korea," *International Development Planning Review* vol. 28, no. 4, 2006.

7 John Finch and Seung-kyung Kim, 앞의 글 502면.

8 Yean-Ju Lee and Hagen Koo, 앞의 글.

9 같은 글 551면.

10 Uhn Cho, 앞의 글.

11 장경섭, 앞의 책 참조.

12 Jonathan Jarvis, "Lost in Translation: Obstacles to Converting Global Cultural Capital to Local Occupational Success," *Sociological Perspectives* vol. 63, no. 2, 2020.

13 Don Weenink, "Cosmopolitan and Established Resources of Power in the Education Arena," *International Sociology* vol. 22, no. 4, 2007.

14 김동춘 『시험능력주의: 한국형 능력주의는 어떻게 불평등을 강화하는가』,

창비 2022, 140면.

15 Ulf Hannerz, "Cosmopolitans and Locals in World Culture," *Theory, Culture & Society* vol. 7, no. 2-3, 1990, 239면.

16 Amanda Anderson, "Cosmopolitanism, Universalism, and the Divided Legacies of Modernity," in *Cosmopolitics: Thinking and Feeling Beyond the Nation*.

17 Martha Nussbaum with Respondents, "Patriotism and Cosmopolitanism," *For Love of Country: Debating the Limits of Patriotism*, Boston: Beacon 1996, 4면.

18 Montserrat Guibernau, "National Identity versus Cosmopolitan Identity," in *Cultural Politics in a Global Age: Uncertainty, Solidarity, and Innovation*, ed. David Held and Henrietta Moore, Oxford, UK: Oneworld Publications 2008, 148면.

19 James Clifford, *The Predicament of Culture: Twentieth-Century Ethnography, Literature, and Art*, Cambridge, MA: Harvard University Press 1988.

20 Immanuel Wallerstein, *The Modern World System* vol. I, New York: Academic Press 1974.

21 Ulf Hannerz, "Two Faces of Cosmopolitanism: Culture and Politics," *CIDOB* vol. 7, 2006, 16면.

22 Craig Calhoun, "The Class Consciousness of Frequent Travellers: Towards a Critique of Actually Existing Cosmopolitanism," in *Debating Cosmopolitics*, ed. Daniele Archibugi, London: Verso 2003, 443면.

23 Pei-Chia Lan, 앞의 책 53면.

결론 특권과 불안

1 Richard Reeves, *Dream Hoarders: How the American Upper Middle Class Is Leaving Everyone Else in the Dust, Why That Is a Problem, and What to Do about It*, Washington, DC: Brookings Institution 2017.

후기

1 김광기 『내 편이 없는 자, 이방인을 위한 사회학: 익숙한 세계에서 낯선 존재로 살아가기』, 김영사 2022.

참고문헌

강내희 「강남의 계급과 문화」, 『황해문화』 42호, 2004.
강준만 『강남, 낯선 대한민국의 자화상』, 인물과사상사 2006.
_____ 『부동산 약탈 국가: 아파트는 어떻게 피도 눈물도 없는 괴물이 되었
　　　는가?』, 인물과사상사 2020.
구해근 『한국 노동계급의 형성』, 신광영 옮김, 창작과비평사 2002.
김광기 『내 편이 없는 자, 이방인을 위한 사회학: 익숙한 세계에서 낯선 존
　　　재로 살아가기』, 김영사 2022.
김낙년 「한국의 소득불평등, 1963~2010: 근로소득을 중심으로」, 『경제발
　　　전연구』 18권 2호, 2012.
_____ 「한국의 부의 불평등, 2000~2013: 상속세 자료에 의한 접근」, 『경제
　　　사학』 40권 3호, 2016.
_____ 「한국에서의 부와 상속, 1970~2014」, 『경제사학』 41권 2호, 2017.
_____ 「한국의 소득집중도: Update, 1933~2016」, 『한국경제포럼』 11권
　　　1호, 2018.

김동춘『시험능력주의: 한국형 능력주의는 어떻게 불평등을 강화하는가』, 창비 2022.

김상봉『학벌사회: 사회적 주체성에 대한 철학적 탐구』, 한길사 2004.

김세직「경제성장과 교육의 공정경쟁」, 『경제논집』 53권 1호, 2014.

김영미「계층화된 젊음: 일, 가족형성에서 나타나는 청년기 기회불평등」, 『사회과학논집』 47권 2호, 2016.

김유선「한국의 노동시장 진단과 과제」, 『한국노동사회연구소 이슈페이퍼』 6호, 한국노동사회 연구소 2015.

_____「한국의 임금 불평등」, 이정우·이창곤 외『불평등 한국, 복지국가를 꿈꾸다』, 후마니타스 2015.

박배균·장진범「'강남 만들기', '강남 따라 하기'와 한국의 도시 이데올로기」, 박배균·황진태 엮음『강남 만들기, 강남 따라 하기』, 동녘 2017.

박해천『아파트 게임: 그들이 중산층이 될 수 있었던 이유』, 휴머니스트 2013.

배규식「새 정부의 공공부문 일자리 정책」, 『2017 사다리포럼: 공공부문 비정규직 문제 해결을 위한 현황과 과제』, 희망제작소 2017.

손낙구『부동산 계급사회』, 후마니타스 2008.

손정목『서울 도시계획 이야기 3』, 한울 2003.

송경원「지난 20년 사교육 추세」, 민주평등사회를 위한 전국교수연구자협의회 2008.

신광영『한국 사회 불평등 연구』, 후마니타스 2013.

유경준「소득양극화 해소를 위하여」, 『KDI FOCUS』 15호, 2012.

윤자영·윤정향·최민식·김수현·임재만·김영순·여유진『중산층 형성과 재생산에 관한 연구』, 한국노동연구원 2014.

이미숙「생활양식으로서의 웰빙(well-being): 이론과 적용의 뿌리 찾기」, 『한국생활과학회지』 13권 3호, 2004.

이영민「서울 강남 지역의 사회적 구성과 정체성의 정치」, 박배균·황진태 엮음『강남 만들기, 강남 따라 하기』, 동녘 2017.

이재열 「중산층이 사라진 서민사회의 등장」, 강원택·김병연·안상훈·이재
　　열·최인철 『당신은 중산층입니까』, 21세기북스 2014.

이정우·이창곤 외 『불평등 한국, 복지국가를 꿈꾸다』, 후마니타스 2015.

이향아·이동헌 「'강남'이라는 상상의 공동체: 강남의 심상 규모와 경계 짓
　　기의 논리」, 박배균·황진태 엮음 『강남 만들기, 강남 따라 하기』, 동녘
　　2017.

이형 『당신은 중산층인가: 한국경제의 신화와 실상』, 삼성출판사 1980.

장경섭 『내일의 종언(終焉)?: 가족자유주의와 사회재생산 위기』, 집문당
　　2018.

장하성 『왜 분노해야 하는가: 분배의 실패가 만든 한국의 불평등』, 헤이북
　　스 2015.

전병유 엮음 『한국의 불평등 2016』, 페이퍼로드 2016.

전병유·신진욱 엮음 『다중 격차, 한국 사회 불평등 구조』, 페이퍼로드
　　2016.

정구현 외 『한국의 기업 경영 20년: 개방의 파고를 넘어 세계로』, 삼성경제
　　연구소 2008.

정이환 『한국의 고용체제론』, 후마니타스 2013.

조귀동 『세습 중산층 사회: 90년대생이 경험하는 불평등은 어떻게 다른
　　가』, 생각의힘 2020.

조명래 「신상류층의 방주로서의 강남」, 『황해문화』 42호, 2004.

조장훈 『대치동: 학벌주의와 부동산 신화가 만나는 곳』, 사계절 2021.

주상영 「피케티 이론으로 본 한국의 분배 문제」, 『경제발전연구』 21권 1호,
　　2015.

지주형 「강남 개발과 강남적 도시성의 형성: 반공 권위주의 발전국가의 공
　　간선택성을 중심으로」, 박배균·황진태 엮음 『강남 만들기, 강남 따라
　　하기』, 동녘 2017.

차다, 라다·폴 허즈번드 『럭스플로전: 아시아, 명품에 사로잡히다』, 김지애
　　옮김, 가야북스 2007.

한완상·권태환·홍두승 『한국의 중산층: 전환기의 한국사회 조사자료집 II』, 한국일보사 1987.

함인희·이동원·박선웅 『중산층의 정체성과 소비문화』, 집문당 2001.

현대경제원구원 「일반 가계 중산층의 의식 조사에 관한 조사보고서」, 1999.

_____ 「OECD기준 중산층과 체감중산층의 괴리: 중산층의 55%는 저소득층이라 생각」, 현안과과제 13-02호, 2013.

홍두승 『한국의 중산층』, 서울대학교출판부 2005.

홍민기 「최상위 임금 비중의 장기 추세, 1958~2013」, 『산업노동연구』 21권 1호, 2015.

_____ 「2019년까지의 최상위 소득 비중」, 『노동리뷰』 191호, 2021.

「논문에 기여 안 한 자녀이름 올린 교수 7명」, 『한겨레』 2019년 5월 13일.

「文정부의 '개천 용' 실종사건 … SKY 신입생 55%가 고소득층」, 『중앙일보』 2020년 10월 12일.

「'서울 출신' 서울대 합격생 3명 중 1명 '강남 3구', 60% 이상이 수도권 출신」, 『중앙일보』 2015년 9월 4일.

「웰빙 정신의 핵심만 취하자」, 『브레인미디어』 2010년 12월 8일.

「중산층이 몰락한다」, 『매일경제』 2019년 10월 28일.

「'중산층'이 사라진다 30년 전 국민 75% "난 중산층"… 올해엔 48%로 뚝」, 『조선일보』 2019년 1월 26일.

「'학벌타파'에 헛심 쓰다 '금수저 세습' 불렸다」, 『한겨레』 2016년 11월 3일.

「한국인은 낙천가: 10명 중 8명이 "나는 중산층 이상"」, 『신동아』 1996년 1월호.

Abelmann, Nancy, N. Newendorp and S. Lee-Chung. "East Asia's Astronaut and Geese Families: Hong Kong and South Korean Cosmopolitanisms."

Critical Asian Studies vol. 46, no. 2. 2014.

Anderson, Amanda. "Cosmopolitanism, Universalism, and the Divided Legacies of Modernity." In *Cosmopolitics: Thinking and Feeling Beyond the Nation*, edited by Pheng Cheah and Bruce Robbins. Minneapolis: University of Minnesota Press 1998.

Blumin, Stuart. *The Emergence of the Middle Class: Social Experience in the American City, 1760-1900*. New York: Cambridge University Press 1989.

Bourdieu, Pierre. *Distinction: A Social Critique of the Judgement of Taste*, translated by Richard Nice. Cambridge, MA: Harvard University Press 1984.

———. "What Makes a Social Class?: On the Theoretical and Practical Existence of Groups." *Berkeley Journal of Sociology* vol. 32. 1987.

Calhoun, Craig. "The Class Consciousness of Frequent Travellers: Towards a Critique of Actually Existing Cosmopolitanism." In *Debating Cosmopolitics*, edited by Daniele Archibugi. London: Verso 2003.

Chadha, Radha and Paul Husband. *The Cult of the Luxury Brand: Inside Asia's Love Affair with Luxury*. London: Nicholas Brealey International 2006.

Chang, Kyung-Sup. "Modernity through the Family: Familial Foundations of Korean Society." *International Review of Sociology* vol. 7, no. 1. 1997.

———. *South Korea under Compressed Modernity: Familial Political Economy in Transition*. London/New York: Routledge 2010.

Chee, M. W. "Migrating for the Children: Taiwanese American Women in Transnational Families." In *Wife or Worker?: Asian Women and Migration*, edited by Nicola Piper and Mina Roces. Lanham, MD: Rowman & Littlefield 2003.

Cho, Hae-joang. "The Spec Generation Who Cannot Say 'No': Overeducated and Underemployed Youth in Contemporary South Korea." *Positions* vol. 23, no. 3. 2015.

Cho, Uhn. "The Encroachment of Globalization into Intimate Life: The Flexible Korean Family in 'Economic Crisis'." *Korea Journal* vol. 45, no. 3. 2005.

Clifford, James. *The Predicament of Culture: Twentieth-Century Ethnography, Literature, and Art.* Cambridge, MA: Harvard University Press 1988.

Currid-Halkett, Elizabeth. *The Sum of Small Things: A Theory of the Aspirational Class.* Princeton: Princeton University Press 2017.

Davidoff, Leonore and Catherine Hall. *Family Fortunes: Men and Women of the English Middle Class, 1780-1850.* London: Hutchinson Education 1987.

De Botton, Alain. *Status Anxiety.* New York: Pantheon Books 2004.

Douglass, Mike. "Global Householding in Pacific Asia." *International Development Planning Review* vol. 28, no. 4. 2006.

Fernandes, Leela. *India's New Middle Class: Democratic Politics in an Era of Economic Reform.* Minneapolis: University of Minnesota Press 2006.

Finch, John and Seung-kyung Kim. Kirŏgi Families in the US: Transnational Migration and Education." *Journal of Ethnic and Migration Studies* vol. 38, no. 3. 2012.

Frank, Robert. *Falling Behind: How Rising Inequality Harms the Middle Class.* Berkeley: University of California Press 2007.

Frykman, Jonas and Orvar Löfgren. *Culture Builders: A Historical Anthropology of Middle-Class Life,* translated by Alan Crozier. New Brunswick, NJ: Rutgers University Press 1987.

Goodman, David. *Class in Contemporary China.* Cambridge, UK: Polity Press 2014.

Gordon, Andrew. "The Short Happy Life of the Japanese Middle Class." In *Social Contracts under Stress,* edited by Olivier Zunz, Leonard Schoppa, and Nobuhiro Hiwatari. New York: Russell Sage Foundation 2002.

Guibernau, Montserrat. "National Identity versus Cosmopolitan Identity." In

Cultural Politics in a Global Age: Uncertainty, Solidarity, and Innovation, edited by David Held and Henrietta Moore. Oxford, UK: Oneworld Publications 2008.

Hannerz, Ulf. "Cosmopolitans and Locals in World Culture." *Theory, Culture & Society* vol. 7, no. 2-3. 1990.

_____. "Two Faces of Cosmopolitanism: Culture and Politics." *CIDOB* vol. 7. 2006.

Hart, Dennis. *From Tradition to Consumption: Construction of a Capitalist Culture in South Korea*. Somerset, NJ: Jimoondang International 2001.

Harvey, David. *A Brief History of Neoliberalism*. Oxford: Oxford University Press 2005.

Heiman, Rachel, Carla Freeman, and Mark Liechty, eds. *The Global Middle Classes: Theorizing Through Ethnography*. Santa Fe, NM: School for Advanced Research Press 2012.

Hsiao, Hsin-Huang Michael, ed. *East Asian Middle Classes in Comparative Perspective*. Taipei: Academia Sinica 1999.

Igarashi, Hiroki and Hiro Saito. "Cosmopolitanism as Cultural Capital: Exploring the Intersection of Globalization, Education and Stratification." *Cultural Sociology* vol. 8, no. 3. 2014.

Ishida, Hiroshi and David Slater, eds. *Social Class in Contemporary Japan: Structures, Sorting and Strategies*. New York: Routledge 2010.

Jarvis, Jonathan. "Lost in Translation: Obstacles to Converting Global Cultural Capital to Local Occupational Success." *Sociological Perspectives* vol. 63, no. 2. 2020.

Kelly, William. "At the Limits of New Middle-class Japan: Beyond 'Mainstream Consciousness'." In *Social Contracts under Stress*, edited by Olivier Zunz, Leonard Schoppa, and Nobuhiro Hiwatari. New York: Russell Sage Foundation 2002.

Kim, Jongyoung. "Aspiration for Global Cultural Capital in the Stratified Realm of Global Higher Education: Why Do Korean Students Go to US Graduate Schools?" *British Journal of Sociology of Education* vol. 32, no. 1. 2011.

Kim, Nak Nyeon and Jongil Kim. "Top Incomes in Korea, 1933-2010: Evidence from Income Tax Statistics." *Hitotsubashi Journal of Economics* vol. 56. 2015.

Kim, Sangjoon. "Globalisation and Individuals: The Political Economy of South Korea's Educational Expansion." *Journal of Contemporary Asia* vol. 40, no. 2. 2010.

KLI. *2016 KLI Labor Statistics*. Seoul: Korea Labour Institute 2019. 8. 1.

Koo, Hagen. *Korean Workers: The Culture and Politics of Class Formation*. Ithaca, NY: Cornell University Press 2001.

_____. "The Global Middle Class: How Is It Made, What Does It Represent?" *Globalizations* vol. 13, no. 4. 2016.

_____. "Rising Inequality and Shifting Class Boundaries in South Korea in the Neoliberal Era." *Journal of Contemporary Asia* vol. 51, no. 1. 2019.

KOSIS. "Korean Statistical Information Service." Data on Household Income Distribution. Seoul: KOSIS 2017.

Kotz, David. *The Rise and Fall of Neoliberal Capitalism*. Cambridge, MA: Harvard University Press 2015.

Kwack, Sung Yeung and Young Sun Lee. "The Distribution and Polarization of Income in Korea: A Historical Analysis, 1965-2005." *Journal of Economic Development* vol. 32, no. 2. 2007.

Lan, Pei-Chia. *Raising Global Families: Parenting, Immigration, and Class in Taiwan and the US*. Stanford, CA: Stanford University Press 2018.

Lee, Yean-Ju and Hagen Koo. "'Wild Geese Fathers' and a Globalised Family Strategy for Education in Korea." *International Development Planning*

Review vol. 28, no. 4. 2006.

Lee, Yoonkyung. "Labor after Neoliberalism: The Birth of the Insecure Class in South Korea." *Globalizations* vol. 12, no. 2. 2015.

Lett, Denise. *In Pursuit of Status: The Making of South Korea's "New" Urban Middle Class.* Cambridge, MA: Harvard East Asian Monographs 1998.

Li, Cheng, ed. *China's Emerging Middle Class.* Washington, DC: Brookings Institution Press 2010.

Liechty, Mark. *Suitably Modern: Making Middle-Class Culture in a New Consumer Society.* Princeton: Princeton University Press 2002.

López, A. Ricardo and Barbara Weinstein. "We Shall be All: Toward a Transnational History of the Middle Class." In *The Making of the Middle Class: Toward a Transnational History.* edited by A. Ricardo López and Barbara Weinstein. Durham, NC: Duke University Press 2012.

Markovits, Daniel. *The Meritocracy Trap: How America's Foundational Myth Feeds Inequality, Dismantles the Middle Class, and Devours the Elite.* New York: Penguin Books 2019.

Milanovic, Branko. *Global Inequality: A New Approach for the Age of Globalization.* Cambridge, MA: Harvard University Press 2016.

Nussbaum, Martha with Respondents. "Patriotism and Cosmopolitanism." *For Love of Country: Debating the Limits of Patriotism.* Boston: Beacon 1996.

OECD (Organization of Economic Cooperation and Development). *Strengthening Social Cohesion in Korea.* Paris: OECD 2015.

_____. *Under Pressure: The Squeezed Middle Class.* Paris: OECD Publishing 2019.

Ong, Aihwa. "Flexible Citizenship among Chinese Cosmopolitans." In *Cosmopolitics: Thinking and Feeling Beyond the Nation,* edited by Pheng Cheah and Bruce Robbins. Minneapolis: University of Minnesota Press 1998.

Owensby, Brian. *Intimate Ironies: Modernity and the Making of Middle-Class Lives in Brazil*. Stanford, CA: Stanford University Press 1999.

Parrenñas, Rachel. *Children of Global Migration: Transnational Families and Gendered Woes*. Stanford, CA: Stanford University Press 2005.

Pe-Pua, R., C. Mitchell, S. Castles, and R. Iredale. "Astronaut Families and Parachute Children: Hong Kong Immigrants in Australia." In *The Last Half-Century of Chinese Overseas*, edited by Elizabeth Shin. Hong Kong: Hong Kong University Press 1998.

Piketty, Thomas. *Capital in the Twenty-First Century*, translated by Arthur Goldhammer. Cambridge, MA: Harvard University Press 2014.

Reeves, Richard. *Dream Hoarders: How the American Upper Middle Class Is Leaving Everyone Else in the Dust, Why That Is a Problem, and What to Do about It*. Washington, DC: Brookings Institution 2017.

_____. "Stop Pretending You're Not Rich." *New York Times*, 2017. 6. 10.

Savage, Mike, N. Cunningham, F. Devine, S. Friedman, D. Laurison, L. Mackenzie, A. Miles, H. Snee, and P. Wakeling. *Social Class in the 21st Century*. New York: Penguin Books 2015.

Schor, Juliet. *The Overspent American: Why We Want What We Don't Need*. New York: Basic Books 1999.

Seth, Michael. *Education Fever: Society, Politics, and the Pursuit of Schooling in South Korea*. Honolulu: University of Hawaii Press 2002.

Shin, Kwang-Yeong and Ju Kong. "Why Does Inequality in South Korea Continue to Rise." *Korean Journal of Sociology* vol. 48, no. 6. 2014.

Steger, Manfred and Ravi Roy. *Neoliberalism: A Very Short Introduction*. The 2nd edition. Oxford: Oxford University Press 2021.

Stewart, Matthew. "The Birth of the New American Aristocracy." *The Atlantic*, 2018. 6. 15.

Stiglitz, Joseph. "Inequality: Of the 1%, by the 1%, for the 1%." *Vanity Fair*,

May 2011.

_____. *The Price of Inequality: How Today's Divided Society Endangers Our Future*. New York: W. W. Norton 2012.

Wacquant, Löic J. D. "Making Class: The Middle Class(es) in Social Theory and Social Structure." In *Bringing Class Back In*, edited by Scott McNall, Rhonda Levine, and Richard Fantasia. New York: Westview 1991.

Wallerstein, Immanuel. *The Modern World System* vol. I. New York: Academic Press 1974.

Waters, Johanna. "Transnational Family Strategies and Education in the Contemporary Chinese Diaspora." *Global Networks* vol. 5, no. 4. 2005.

Weenink, Don. "Cosmopolitan and Established Resources of Power in the Education Arena." *International Sociology* vol. 22, no. 4. 2007.

Yang, Jonghoe. "Class Culture or Culture Class? Lifestyles and Cultural Tastes of the Korean Middle Class." In *East Asian Middle Classes in Comparative Perspective*, edited by Hsin-Huang Michael Hsiao. Taipei: Academia Sinica 1999.

Yang, Myungji. "The Making of the Urban Middle Class in South Korea (1961-1979): Nation-Building, Discipline, and the Birth of the Ideal Nation Subjects." *Sociological Inquiry* vol. 82, no. 3. 2012.

_____. *From Miracle to Mirage: The Making and Unmaking of the Korean Middle Class, 1960-2015*. Ithaca, NY: Cornell University Press 2018.

Zunz, Olivier. "Introduction: Social Contracts Under Stress." In *Social Contracts Under Stress: The Middle Classes of America, Europe, and Japan at the Turn of the Century*, edited by Olivier Zunz, Leonard Schoppa, and Nobuhiro Hiwatari. New York: Russell Sage Foundation 2002.

Zunz, Olivier, Leonard Schoppa, and Nobuhiro Hiwatari, eds. *Social Contracts Under Stress: The Middle Classes of America, Europe, and Japan at the Turn of the Century*. New York: Russell Sage Foundation 2002.

"A Wrenching Choice." *Washington Post*, 2005. 1. 9.

"For English Studies, Koreans Say Goodbye to Dad." *New York Times*, 2008. 6. 8.

"Is Wellness the New Status Symbol?" *Sydney Morning Herald*, 2015. 1. 22.

"Looking Like Money: How Wellness Became the New Luxury Status Symbol." *Vogue*, 2015. 1. 15.

특권 중산층
한국 중간계층의 분열과 불안

초판 1쇄 발행 / 2022년 11월 15일
초판 2쇄 발행 / 2022년 12월 28일

지은이 / 구해근
펴낸이 / 강일우
책임편집 / 곽주현 신채용
조판 / 황숙화
펴낸곳 / (주)창비
등록 / 1986년 8월 5일 제85호
주소 / 10881 경기도 파주시 회동길 184
전화 / 031-955-3333
팩시밀리 / 영업 031-955-3399 편집 031-955-3400
홈페이지 / www.changbi.com
전자우편 / human@changbi.com

ⓒ 구해근 2022
ISBN 978-89-364-8687-7 03330